So werden Sie reich wie Norwegen

Clemens Bomsdorf hat als freier Journalist und Nordeuropa-Korrespondent lange in Skandinavien gelebt. In den Jahren 2012 bis 2014 war er bei *The Wall Street Journal,* der größten amerikanischen Wirtschaftszeitung, angestellt. Als Mitglied des Korrespondentenverbundes Weltreporter schrieb er vor allem über die nordischen Länder, Finanzen sowie Kultur. Veröffentlichungen u. a. in *Focus, Die Zeit, The Wall Street Journal, National Geographic, Die Welt, Wirtschaftswoche* und *The Art Newspaper.* Clemens Bomsdorf hat die Kölner Journalistenschule absolviert und an der dortigen Universität Volkswirtschaftslehre studiert sowie an der Stockholm School of Economics einen Master of Science in International Economics and Business erworben. Ein Jahr nach Erstauflage dieses Buches begann er, für die Königlich Norwegische Botschaft in Berlin zu arbeiten. Anregungen und Kommentare nimmt der Autor gerne entgegen unter norwegen@reichwie.de. Besuchen Sie auch die Website des Autors zum Thema: www.reichwie.de/norwegen. Twitter: @reichwie

Clemens Bomsdorf

SO WERDEN SIE REICH WIE NORWEGEN

Genial einfach ein Vermögen aufbauen

Campus Verlag
Frankfurt/New York

Haftungsausschluss: Investieren in Fondsanteile, Wertpapiere, Immobilien oder andere Vermögenswerte heißt stets und notwendigerweise Risiken eingehen. Vermögensanlagen in u. a. Aktien, Anleihen, Bankguthaben, Edelmetalle, Rohstoffe und Immobilien sind mit beträchtlichen Verlustgefahren verbunden. Die vielfältigen historischen Daten, die in diesem Buch enthalten sind, bieten keine Gewähr für zukünftige Renditen oder Erträge. Autor und Verlag geben keine Garantie für die Richtigkeit der Daten und Berechnungen. Eine Haftung für Schäden, die aus der Befolgung der in diesem Buch gegebenen Hinweise resultieren, wird nicht übernommen. Die Aussagen in diesem Buch spiegeln die persönlichen Ansichten des Autors wider, sind rein didaktischer Natur und sind nicht als Finanzberatung oder Anlageempfehlungen (z. B. im Sinne des Wertpapierhandelsgesetzes) zu verstehen.

MIX
Papier | Fördert gute Waldnutzung
FSC www.fsc.org FSC® C089473

ISBN 978-3-593-51261-7 Print
ISBN 978-3-593-44464-2 E-Book (PDF)
ISBN 978-3-593-44463-5 E-Book (EPUB)

2., aktualisierte Auflage 2020

Umschlaggestaltung: total italic, Thierry Wijnberg, Amsterdam/Berlin
Umschlagmotiv: © Shutterstock/Snapdude
Satz: Fotosatz L. Huhn, Linsengerich
Druck und Bindung: Beltz Grafische Betriebe GmbH, Bad Langensalza
Beltz Grafische Betriebe ist ein Unternehmen mit finanziellem Klimabeitrag (ID 15985-2104-1001).
Printed in Germany

Campus Verlag® / www.campus.de

Inhalt

Vorwort zur Neuauflage: Warum das Investieren nach norwegischem Vorbild in guten wie in schlechten Zeiten richtig ist

Bestseller – das ist ein Prädikat, mit dem man sich nicht selber schmückt. Wenn es aber andere offiziell verteilen und es damit sozusagen amtlich ist, dann darf es auch mal zitiert werden. Kurz nachdem dieses Buch im Frühjahr 2018 erstmals erschienen war, landete es auch schon auf den Bestsellerlisten bei den führenden deutschen Wirtschaftsmedien *Handelsblatt* (Platz 2) und *Manager Magazin* (Platz 5).

Das große Interesse zeigte sich auch daran, dass ich in Deutschland, der Schweiz und Norwegen in den vergangenen Jahren Vorträge zum Thema »Investieren wie der norwegische Ölfonds« halten durfte. *ARD, Deutschlandfunk, Frankfurter Rundschau, Rheinische Post, Süddeutsche Zeitung, Weser-Kurier,* ja, sogar das *Neue Deutschland* berichteten positiv über das Buch. Im Ausland schaffte es *So werden Sie reich wie Norwegen* in die *New York Times* und in mehrere norwegische Medien, darunter den öffentlich-rechtlichen Rundfunk *NRK* und die führende Tageszeitung *Aftenposten.* Ich musste also einen Nerv getroffen haben, indem ich Kleinanlegern einen riesigen weltweit agierenden Staatsfonds zum Vorbild empfahl.

Nun ist es Zeit für eine überarbeitete Neuauflage. Diese halten Sie gerade in den Händen. Herzlichen Glückwunsch! Mit diesem Buch kann es Ihnen gelingen, ohne allzu viel Zeitaufwand und Strapazen für Ihre Nerven, über die Jahre ein kleines Vermögen aufzubauen! Der norwegische Ölfonds schaffte bis Ende 2019 über 190.000 Euro pro Einwohner!

Die norwegische Formel ist nachhaltig und spiegelt ein Konzept wider, das darauf ausgelegt ist, einmal eine Strategie festzulegen und dann langfristig zu agieren, statt hektisch zu re-agieren. Für den Privatanleger heißt das vor allem: Kein Stress durch ständiges Umschichten oder Nachdenken über taktische Manöver, sondern Zeit für das wesentliche – das Leben.

Dementsprechend bleibt sich dieses Buch treu und enthält im Vergleich zur Erstauflage keine grundlegenden Änderungen. Vielmehr geht es um interessante Aktualisierungen. Auf dem Markt für Finanzprodukte hat sich in den vergangenen Jahren einiges getan. Deshalb wurden für diese Ausgabe die Tabellen mit Hinweisen auf Produkte, mit denen Sie die Strategie des Ölfonds einfach umsetzen können, auf den neusten Stand gebracht.

Selbstverständlich sind auch die jüngsten Ergebnisse des norwegischen Ölfonds enthalten. Sowohl der riesige Erfolg aus dem Jahr 2019 (plus 20 Prozent!) als auch die durch die Corona-Krise bedingte Schwäche im ersten Quartal 2020 (minus 15 Prozent) wurden berücksichtigt. Manch einer mag sich angesichts des Rückschlags Anfang 2020 gefragt haben, ob es wirklich eine gute Idee sei, langfristig in Aktien anzulegen. Wer in dieser Phase zweifelnd verkauft hat, realisierte Verluste und ließ sich die durch die Erholung bedingten Gewinne entgehen.

Mittlerweile ist das zweite Quartal 2020 ungefähr in der Mitte angelangt und der Fonds hat erneut einige starke Wochen hinter sich, was einmal mehr zeigt, dass die norwegische Strategie stimmt. Dank der unglaublichen Transparenz des Ölfonds lässt sich mitten im Frühjahr erkennen, dass ein großer Teil des Quartalsverlusts bereits wieder wettgemacht worden ist. Was manch einem wie ein Desaster vorkam, ist langfristig betrachtet der zwischenzeitliche Rückschlag, der hingenommen werden muss. Über die Jahre berechnet, hat sich keine Anlageklasse so gut bewährt wie Aktien! Auch nicht Gold, das hat nur zwischendurch mal gute Zeiten, zeigen die Statistiken.

Selbst unter Berücksichtigung von Einzahlungen und Wechselkurseffekten zeigt sich hier: was kurzfristig Angst macht, gehört bei einer langfristigen Strategie einfach dazu und sollte ausgesessen werden. Das zahlt sich aus.

Nicht umsonst schrieben etliche Medien im Frühjahr 2020, dass Norwegen das Land sei, das die besten Chancen habe, auch in turbulenten Zeiten schnell wieder auf die Beine zu kommen und gut dazustehen. In den Artikeln verwiesen die Autoren auf den Global Resilience Index, der misst, wie widerstandsfähig ein Land ist und Norwegen nimmt seit Jahren die Spitzenposition ein.[1] Zur Stabilität des Landes trägt auch das große Finanzvermögen bei.

Tun Sie es also Norwegen gleich und werden sie noch resilienter! Damit in Zukunft für Sie dieser oft zitierte Satz nicht mehr gilt: »Die Deutschen arbeiten für ihr Geld, aber sie lassen ihr Geld nicht arbeiten.«[2]

Von Lesern habe ich seit dem erstmaligen Erscheinen des Buches viel Lob erhalten. Nicht wenige meinten, es hätte ihnen die Augen geöffnet und einen Weg aufgezeigt, selber mehr aus dem eigenen Geld zu machen, statt an Banken und Versicherungen viele Gebühren abzugeben. Doch es gab auch diejenigen, die sagten: »Klassische Fonds und andere provisionsgetriebene Finanzprodukte sind auch mir zu teuer, alles selber machen, mag ich aber doch nicht. Ich gehe zu einem professionellen Finanzberater, der keine Provision, sondern Honorar nimmt. Dank *So werden Sie reich wie Norwegen* kann ich mit dem jetzt auf Augenhöhe sprechen und kostengünstig investieren.« Auch dagegen ist natürlich nichts einzuwenden und das ist ebenso ein guter Grund, dieses Buch zu lesen.

Clemens Bomsdorf
Berlin, Mai 2020

Vermögensaufbau – aber wie?

Seit einigen Jahren kann einem, was die Wirtschaft und die eigene finanzielle Zukunft angeht, angst und bange werden. Erst die Finanzkrise und der Aktiencrash, dann die Griechenlandkrise und auch noch die der Banken – und als ob das nicht schon genug wäre, rutschte die Weltwirtschaft direkt in die Nullzinsphase und dann kam auch noch die Corona-Krise hinzu. Die Schlagzeilen verschiedener Medien sprechen Bände, ein paar Beispiele: »Wohin mit dem Geld?« (Süddeutsche Online, 8. März 2020). »Die Deutschen sparen falsch« (ARD Börse, 24. März 2019). »Nach Zins-Schock und Versicherungs-Kahlschlag: Wo bekomme ich JETZT noch was für mein Geld?« (*Bild*, 15. Juni 2014); »Schlechte Zeiten für Sparer« (*Handelsblatt*, 12. Oktober 2016); »Folgen der Krise überdauern das Jahrzehnt« (*Frankfurter Allgemeine Zeitung*, 28. Juli 2017); »Altersvorsorge: Mehr zahlen, weniger bekommen« (*Die Zeit*, 13. September 2017); »CRASH-GEFAHR: Krisen-Barometer steigt über den Wert von 1929« (*Die Welt*, 9. Januar 2018). Anders als früher werfen weder Tages- noch Festgeld und erst recht nicht das Sparbuch eine ordentliche Rendite ab. »Wie soll ich bei solchen Voraussetzungen das, was ich monatlich zur Seite legen kann, lohnend investieren?«, fragen sich immer mehr Menschen. Zugleich scheint es wichtiger denn je, ein kleines (oder größeres) Finanzpolster anzusparen, nicht zuletzt, weil der Sozialstaat weiter zurückgebaut wird. Am augenscheinlichsten ist das bei der gesetzlichen Rente. Die dürfte bei kaum noch einem Arbeitnehmer ausreichen.

Von Freunden und Bekannten jeglichen Alters höre ich laufend, dass sie frustriert sind, weil ihre Bank sie mit schlechten Angeboten abspeist, während sie gerne mehr aus ihrem Geld machen würden. Dabei handelt es sich um unterschiedliche Menschen. Sicher können auch

Sie sich in einem dieser Typen wiedererkennen: Einige verdienen nicht sonderlich gut, sind aber gerade deshalb darauf angewiesen, das Beste nicht nur aus ihrer Arbeitskraft, sondern auch ihrem Ersparten zu machen. Andere haben am Monatsende meist erheblich mehr übrig, als sie gerade brauchen, und möchten dieses Geld für sich arbeiten lassen. Dritte wiederum liegen irgendwo dazwischen. Das brachte mich ins Grübeln – und auf eine Idee.

Gut zu wissen
Weise norwegische Politiker haben den Ölfonds etabliert, um für die Zukunft aller Norweger vorzusorgen. So wie Privatpersonen regelmäßig Geld zur Seite legen, macht es Norwegen mit seinen Überschüssen aus dem Geschäft mit Öl und Gas. Durch kluges Investieren an den internationalen Finanzmärkten ist daraus mittlerweile der größte Staatsfonds der Welt geworden. Pro Einwohner Norwegens sind umgerechnet über 190.000 Euro angelegt (Stand: 1. Januar 2020). Mit einer jährlichen → **Rendite** von 6 % hat der Ölfonds sich seit 1998 besser entwickelt als der deutsche Leitindex DAX.[3] Im selben Zeitraum – und das bei erheblich geringerem Risiko!

Verglichen werden hier und im Folgenden die jeweiligen veröffentlichten durchschnittlichen Jahresrenditen, die jeder schnell bei www.nbim.no und zum Beispiel bei www.finanzen.net einsehen kann. Das macht es jedem Leser leicht, die Daten nachzuprüfen.

Vom norwegischen Ölfonds zur norwegischen Finanzformel

Lange Jahre habe ich für Medien wie *Wirtschaftswoche*, *Die Welt* und *Focus* über den wohl bekanntesten und bedeutendsten Großinvestor aus dem Norden, den norwegischen Ölfonds, berichtet und dessen konsequente und zugleich wenig riskante Strategie gelobt, mit der er es zum größten Staatsfonds der Welt gebracht hat.[4] Jetzt möchte ich diese auch

Ihnen zur Nachahmung empfehlen. Norwegen fördert seit 1971 Öl und investiert die Gewinne aus dem Rohstoffgeschäft seit 1996 weltweit, seit 1998 auch in Aktien. Die ausgeschütteten Gewinne (➔ **Dividenden**) der staatlichen Anteile am Ölriesen Equinor, Steuern auf das Geschäft mit dem schwarzen Gold und Zahlungen aus staatlichen Direktbeteiligungen an Ölfeldern fließen allesamt in den norwegischen Ölfonds, der offiziell »*Statens Pensjonsfonds Utland*«, also »Staatlicher Pensionsfonds Ausland«, heißt. So soll dafür gesorgt werden, dass die heimische Wirtschaft nicht überhitzt und auch zukünftige Generationen etwas vom norwegischen Wohlstand haben.

Der norwegische Ölfonds hat sein Versprechen gehalten und das Vermögen über die Jahre und Jahrzehnte gemehrt. Von 1998 bis Ende 2019 beträgt dessen durchschnittliche jährliche Rendite 6 % brutto, selbst die Schwäche im ersten Quartal 2020 – während der Corona-Krise – hat nicht einmal einen Prozentpunkt gekostet. (später erfahren Sie den Unterschied von Brutto- und Nettorendite; weil historische Renditen meist brutto angegeben werden, geschieht dies hier um der Vergleichbarkeit willen auch) – das ist mehr als beim DAX.[5] Ende 2019 waren pro Norweger über 190.000 Euro an den internationalen Finanzmärkten angelegt. Ich halte den norwegischen Ölfonds aus sieben Gründen für das ideale Vorbild für Sie als Privatanleger:

1. Er ist erfolgreich.
2. Er ist transparent.
3. Er investiert in seriöse Anlageprodukte.
4. Er hat die Kosten im Griff.
5. Er legt Geld so an, dass die Strategie ohne großen Zeitaufwand nachgeahmt werden kann.
6. Er folgt ethischen Vorgaben.

All das gilt trotz seiner Größe, weil – und das ist der 7. Grund – die Norweger das Geld fast ausschließlich in ➔ **Aktien** und ➔ **Anleihen** investieren, die jeder – als auch Sie – über seine Bank oder Onlinebank ganz einfach kaufen kann.

Gut zu wissen

Ein kleines Vermögen anzuhäufen ist für jeden möglich. Auch Norwegen hat vor 20 Jahren bei null angefangen: Als am 31. Mai 1996 das erste Geld in den Ölfonds floss, entsprach das pro Norweger nur ein paar Euro. Daraus ist bis heute fast dreimal so viel wie das jährliche norwegische Bruttoinlandsprodukt geworden.

Weil der Fonds erst seit 1998 breit gestreut anlegt und die Jahresberichte die → **Performance** und Investments ab diesem Zeitpunkt detailliert dokumentieren, sind vor allem die vergangenen rund 20 Jahre interessant, um die Strategie des Ölfonds nachzuahmen. In der Regel betrachtet dieses Buch die Jahreszahlen des Fonds. Die Jahresberichte sind besonders umfangreich und weniger von kurzfristigen Schwankungen beeinflusst. Der neueste vorliegende Jahresbericht ist der von 2019, dem 22. Jahr des Fonds. Um ganz aktuell zu sein, wird aber stellenweise auch auf das erste Quartal 2020 verwiesen.

Auch andere Ökonomen und Journalisten loben das norwegische Investmentvehikel regelmäßig für dessen Anlagestrategie. »Der norwegische Ölfonds geht den typischen Fehlern von Privatanlegern weit aus dem Weg«, schreibt Gerald Braunberger für die *Frankfurter Allgemeine Zeitung*.[6] Für Helmut Steuer, seit vielen Jahren Nordeuropa-Korrespondent des *Handelsblatt*, ist er »ein Vorbild aus dem Norden«[7] mit »atemberaubenden Vermögenszuwächsen«[8], eine Gruppe internationaler Wirtschaftswissenschaftler konstatiert, das norwegische Modell »maximiert die Chance eines langfristigen Investmenterfolgs«[9], und Annika Janssen lobt in der *Handelszeitung* aus dem Bankenland Schweiz: »Der Fonds investiert breit, nachhaltig und erfolgreich.«[10] Thomas Klemm rät in der *Frankfurter Allgemeinen Sonntagszeitung*: »Anleger, schaut auf Norwegens Staatsfonds!«[11]

Trotz des vielen Lobes ist die Anlagestrategie des Ölfonds bisher nicht detailliert so analysiert und erklärt worden, dass Privatanleger sie verstehen und sich zunutze machen können. Dabei ist das gar nicht so schwer. Was liegt also näher, als zu schauen, was jeder von den Norwegern lernen kann? Genau das habe ich getan, um aus der Anlagestrategie des norwegischen Ölfonds jene Aspekte herauszukristallisieren, die Privatanlegern beim Vermögensaufbau helfen können.

Wer die Vorgaben an den Fonds und dessen Zusammensetzung über die Jahre zusammenführt und analysiert, kann daraus für die eigene Anlagestrategie lernen. Schließlich suchen die Investmentmanager die Investitionsziele nicht nach dem Zufallsprinzip aus, sondern handeln den von der Politik vorgegebenen Rahmenbedingungen folgend so, dass die erwartete Rendite maximiert wird.

Die Anlagestrategie des Ölfonds ist kein Geheimnis. Deshalb kann sie eigentlich jeder nachahmen. Die Betonung liegt auf »eigentlich«, denn um die Essenz herauszuarbeiten, muss man sich zunächst durch die Jahresberichte und andere Dokumente des Fonds und der Politik quälen. Diese sind zwar auf der Website des Fonds sowie beim norwegischen Finanzministerium auffindbar, aber nicht nur sehr umfangreich, sondern zudem in sehr trockenem Finanzenglisch verfasst, und manches ist sogar nur auf Norwegisch zugänglich. Dank der norwegischen Transparenz konnte ich für dieses Buch die wesentlichen Punkte der Portfoliozusammensetzung und -entwicklung sowie die Entscheidungen dahinter für Sie aufbereiten und daraus Regeln zusammenstellen, die für Privatanleger gelten sollten.

Um zu gewährleisten, dass Sie alle Schritte nicht nur nachvollziehen, sondern bei Bedarf oder Interesse auch nachrecherchieren können, greife ich in Bezug auf den Ölfonds nur auf Informationen zurück, die von norwegischer Seite ins Internet gestellt wurden. Hinzu kommen Daten anderer Anbieter, die bis auf ganz wenige Ausnahmen allesamt ebenfalls online zu finden sind.

Wie dieses Buch aufgebaut ist

Kapitel 1 zeigt, dass auch Sie eine Chance haben, mithilfe einer strategischen Geldanlage nachhaltig ein Vermögen aufzubauen, und gibt Ihnen einen Vorgeschmack darauf, was Sie erreichen können, wenn Sie »norwegisch« investieren.

Kapitel 2 wirft einen ersten Blick auf den norwegischen Ölfonds, damit Sie gleich zu Anfang wissen, was ihn ausmacht und wie er sich entwickelt hat. Es geht darin um Politik und Personen sowie die lehrreiche Geschichte des norwegischen Ölabenteuers. Dass das Land so wohlhabend geworden ist, hat auch mit einer besonderen Einstellung zum Leben zu tun. Politiker und Bevölkerung sind es gewohnt, vorausschauend statt kurzfristig zu denken – das sollten Sie auch tun, wenn Sie finanziell erfolgreich sein wollen. Sie erfahren ebenfalls, was es zu beachten gilt, um Renditen von Geldanlagen richtig zu bewerten. Außerdem lernen Sie, welche große Rolle der Zufall an der Börse spielt und wie Sie das für sich nutzen können, indem Sie sich an einer Investmentstrategie orientieren, die auch beim Ölfonds zu erkennen ist.

Kapitel 3 nimmt den Ölfonds ganz genau unter die Lupe und zeigt, welche Rolle Aktien, Anleihen sowie Immobilien spielen und wie sich das über die Jahre auf die Rendite ausgewirkt hat. Dieser Überblick soll Ihnen ein Gefühl für Marktentwicklungen geben. Sie erfahren, wie die Vorgaben, die der Fonds von der Politik bekommt, sich in seinem **→ Portfolio** niederschlagen, und erhalten Anregungen, um daraus zu lernen.

Kapitel 4 beleuchtet die Leitlinien der Anlagestrategie des norwegischen Ölfonds aus Sicht eines Privatanlegers und leitet aus allem, was Sie bisher erfahren haben, acht Schritte her, um die norwegische Finanzformel umzusetzen.

In **Kapitel 5** geht es um genau diese praktische Umsetzung der norwegischen Finanzformel. Hier erfahren Sie, wie Sie Ihren persönlichen Zukunftsfonds nach norwegischem Vorbild realisieren. Dazu gehört unter anderem die Klärung der Frage, wie Sie persönlich Ihr Investment auf Aktien und Anleihen verteilen und welche Summe Sie monatlich wie anlegen sollten. Ich präsentiere Ihnen an dieser Stelle beispielhaft auch ein paar Finanzprodukte, in die Sie investieren können, wenn Sie mögen.

Kapitel 6 behandelt das Thema ethisches Investment genauer. Der norwegische Ölfonds folgt bei der Auswahl seiner Geldanlagen ethischen Kriterien. Welche Maßstäbe er anlegt und was er erreicht hat, erfahren Sie hier, und wie Sie selber ethischer investieren können. Die in Kapitel 5 vorgestellten Produkte genügen ethischen Ansprüchen ebenfalls.

In **Kapitel 7** dient der norwegische Ölfonds ausnahmsweise einmal als Negativbeispiel. Hier lernen Sie von einigen Punkten in dessen Strategie, die Sie als Privatanleger so nicht umsetzen sollten – ganz einfach, weil es doch ein paar Punkte gibt, wo sich milliardenschwere Fonds und Einzelpersonen unterscheiden. Natürlich bekommen Sie an der Stelle auch Hinweise, wie Sie es besser machen können.

Kapitel 8 schließlich widmet sich noch einmal der Psychologie und legt dar, warum der eigentlich so einfache wie erfolgversprechende norwegische Ansatz bisher von wenigen Privatanlegern verfolgt wird. Sie erfahren, welche allzu menschlichen Unzulänglichkeiten dem Erfolg an der Börse oft im Wege stehen, und lernen, sich in Zukunft von diesen nicht von einer langfristig guten Performance abbringen zu lassen.

Um Finanzmärkte zu verstehen, müssen Sie die wichtigsten Grundbegriffe kennen. Erklärungen finden Sie über das Buch verteilt in Kästen mit dem Titel »**Was ist eigentlich…?**«, zusätzliche kurze Definitionen enthält das **Glossar** am Ende des Buches. Die darin enthaltenen Begriffe sind im Buch mit einem Pfeil gekennzeichnet: ➔. Weitere Kästen, überschrieben mit »**Gut zu wissen**«, bringen Essenzen aus den jeweiligen Abschnitten noch einmal auf den Punkt oder liefern Ergänzungen. Im Internet lassen sich heutzutage die wichtigsten Daten von Märkten und Wertpapieren sowie viele weitere Finanzinformationen finden. Im **Anhang** finden Sie daher neben **Literaturhinweisen** auch einige interessante **Links**.

1 Keine Panik, sondern Erfolg trotz Finanzkrise

Aufgrund der aktuellen Niedrigzinsphase und einer ungewissen Zukunft sollten wir alle uns intensiver um unsere Finanzen kümmern. »Intensiv«, »Finanzen« und »kümmern« in einem Satz – das klingt nach einer anstrengenden und langweiligen Aufgabe. Das muss es aber nicht sein! Für *So werden Sie reich wie Norwegen* habe ich die norwegische Finanzformel aus der Anlagestrategie des norwegischen Ölfonds abgeleitet. Damit können Sie es mit 2 Euro täglich schaffen, in weniger als 10 Jahren 10.000 Euro extra auf dem Konto zu haben. Mit einer Sparrate von nicht einmal 10 Euro pro Tag erreichen Sie nach 22 Jahren sogar 190.000 Euro oder mehr, so wie es dem norwegischen Ölfonds gelungen ist – pro Einwohner!

Investieren, nicht bloß sparen

Üblicherweise wird unter »sparen« so viel wie »weniger ausgeben« und »etwas zur Seite legen« verstanden. Der Begriff »Sparstrumpf« macht es noch deutlicher: Es geht lediglich darum, Geld aufzuheben, nicht jedoch, es bewusst für sich arbeiten zu lassen. Ein großer Fehler! Denn Geld muss angelegt, muss investiert werden, um in Zukunft mehr und nicht weniger wert zu sein als heute. Klassisches Sparen ist schlichtweg nicht mehr genug.

Gut zu wissen

Weil alle Welt immer vom »Sparen« spricht, damit oft aber »Investieren« meint, verwende ich diese Begriffe ebenfalls synonym. Demnach ist damit immer gemeint, Geld nicht nur zur Seite zu legen, sondern sinnvoll anzulegen und für sich arbeiten zu lassen. Sonst ist es wie eine Ausbildung, die nicht genutzt wird. Weil es dabei darum geht, in 10, 20 oder 30 Jahren eine gute Summe Geld mehr zur Verfügung zu haben, nennen Sie Ihre nach norwegischem Vorbild strukturierte Geldanlage doch einfach »Zukunftsfonds«.

Ein Kapitalpolster aufzubauen darf nicht länger denen vorbehalten bleiben, die es eigentlich gar nicht brauchen, während viele andere mit schlechten und teuren Anlageprodukten daran gehindert werden, wenigstens ein kleines Vermögen anzuhäufen. Keine Frage, der Kapitalismus ist an manchen Stellen zu wenig reguliert, an manchen sicher auch zu viel. Einen großen Vorteil bringt er bestimmt mit sich: Nahezu jeder hat die Möglichkeit, nicht nur mit seiner klassischen Arbeitskraft Geld zu verdienen, sondern auch durch Geldanlage. In Deutschland herrscht in dieser Hinsicht noch Nachholbedarf, während in anderen Industrieländern, wie etwa den USA, Großbritannien und Schweden, die Anlegerquote erheblich höher ist.

»Aktien? Würde ich nie kaufen, ich habe einfach viel zu viel Angst, Geld zu verlieren!« Dieses Argument höre ich ständig von Freunden und Bekannten und kann es verstehen – allerdings nur bedingt. Denn Verlust ist nicht gleich Verlust. Aktien haben es so an sich, dass sie im Wert schwanken. Deshalb sieht, wer in sein → **Depot** schaut, dort sicher irgendwann mal ein Minus. Damit ist aber noch lange kein Teil des investierten Geldes auf Dauer weg. Klingt verwirrend und schwer nachvollziehbar? Anhand einiger Beispiele wird das Prinzip bestimmt klarer.

Was ein klassischer finanzieller Verlust ist, ist ziemlich einfach: Er tritt immer ein, wenn Sie irgendwie Geld verlieren. Egal ob Sie es auf der Straße verlieren oder einen Rucksack oder eine andere Ware, die Sie nicht mehr umtauschen können, unbenutzt für den halben Preis wieder verkaufen müssen – in beiden Fällen haben Sie unter dem Strich Geld verloren. Sie haben, anders als bei einem erfolgreichen Kauf, weniger als zuvor, sind also ärmer geworden. Wenn Sie heute eine Aktie für 10 Euro kaufen und morgen für 8 Euro wieder verkaufen, haben Sie – unabhängig von den anfallenden Kosten – 2 Euro Verlust gemacht. Auch das leuchtet ein. Wenn Sie die Aktie aber behalten und nur im Depot 2 Euro weniger ausgewiesen werden, spricht man hingegen von einem Buchverlust. Buchverluste sind zunächst einmal nur halb so schlimm, denn sie könnten auch nur vorübergehend sein, weil der Preis der Aktie wieder steigen und somit die Verluste ausgleichen und sogar in Gewinne umwandeln kann.

Besitzen Sie eine Wohnung oder ein Haus? Dann können Sie mit hoher Wahrscheinlichkeit davon ausgehen, dass Sie zumindest zwischenzeitlich herbe Buchverluste erlitten haben. Das gilt vor allem für die Zeit kurz nach dem Kauf. Denn die hohen Gebühren für Makler und Grundbucheintrag werden Sie vermutlich nicht wieder reinholen, wenn Sie die Immobilie wenige Monate später wieder veräußern würden. Immobilienpreise schwanken, aber weil Häuser nicht wie Aktien ständig gehandelt werden und sich fast niemand einmal im Jahr, geschweige denn täglich hinsetzt und überprüft, was seine Immobilie aktuell wert ist, merken nur wenige, dass sie mit Haus oder Wohnung von Zeit zu Zeit oder gar auf Dauer (dies gilt vor allem unter Berücksichtigung der Kosten) Buchverluste hingenommen haben.

Gut zu wissen

Nur realisierte finanzielle Verluste (engl. *realized loss*) sind wirkliche Verluste. Alles andere ist zunächst nur halb so schlimm und eher psychologisch problematisch. Wenn eine Geldanlage im Wert fällt, aber aufgrund Ihrer Strategie in Ihr Depot gehört, werden Sie den Verlust nicht realisieren, sondern hoffentlich wieder aufholen oder durch Gewinne an anderer Stelle ausgleichen.

Was Sie von diesem Buch erwarten können – und was nicht

So werden Sie reich wie Norwegen leitet Sie an, Schritt für Schritt die norwegische Finanzformel umzusetzen. Auf diese Weise ahmen Sie als Privatanleger die Strategie des norwegischen Ölfonds nach. Indem

Sie der Anleitung und den Tipps folgen, können Sie schon in ein paar Wochen ein privates → **Portfolio** besitzen, das wie jenes des milliardenschweren staatlichen norwegischen Investmentvehikels strukturiert ist und damit langfristig ähnlich erfolgreich sein sollte.

So werden Sie reich wie Norwegen bietet aber nicht nur eine konkrete Anleitung zum Investieren, sondern liefert auch Hintergrundwissen zur Finanzwirtschaft. Sie lernen, wie Märkte funktionieren, welche Rolle Psychologie spielt und warum die Strategie des norwegischen Ölfonds die richtige ist. Schließlich sollen Sie dieser nicht blind folgen, sondern sie aus Überzeugung anwenden. Das nötige Finanzvokabular bekommen Sie im Laufe der Lektüre erklärt.

Gut zu wissen

An den Finanzmärkten ist es wie in der internationalen Luftfahrt: Es wird meist Englisch gesprochen. Selbst wenn zwei deutschsprachige Investoren sich unterhalten, fallen die entscheidenden Begriffe häufig auf Englisch. Deshalb werden neben den deutschen Begriffen bei der Erklärung von Fachausdrücken hier sowie im Glossar auch die englischen genannt – falls sie nicht ohnehin identisch sind wie bei dem Wort → **Inflation**.

An den Finanzmärkten kann systematisch nur erfolgreich sein, wer auch weiß, dass allzu menschliches Fehlverhalten der dauerhaften Umsetzung mancher klugen Strategie im Wege stehen kann. Wer versteht, wieso dies so ist, dem fällt es leichter, diese Hindernisse zu überwinden und langfristig erfolgreich zu sein. Deshalb erfahren Sie ganz konkret, warum viele Menschen sich so verhalten, dass bei der Geldanlage unterm Strich wenig herumkommt, und was genau sie falsch machen. Das erläutere ich anhand der Wirtschaftspsychologie. Schon mehrfach wurden Wissenschaftler aus diesem Forschungszweig, der in Fachkreisen *Behavioural Finance* genannt wird, mit dem Nobelpreis geehrt – zuletzt Ende 2017 der US-Ökonom Richard Thaler.

Gut zu wissen

Obwohl zahlreiche Untersuchungen zeigen, dass die meisten Privatanleger und nach Kosten auch → **Fonds** schlechtere Anlageergebnisse erzielen als der Markt, glauben viele, dass ausgerechnet sie den → **Index** doch schlagen können. Wer die psychologischen und logischen Erklärungen dieses Irrtums versteht, hat gute Chancen, erfolgreicher zu investieren als bisher – weil er Kosten senkt, Risiken mindert und auf den Markt setzt, statt diesem langfristig teuer hinterherzuhinken.

Viele Finanzratgeber preisen komplizierte Methoden zur Aktienauswahl an, die enorme Gewinne versprechen, letztlich aber vor allem schwer verständlich und allenfalls mit enormem Zeitaufwand umsetzbar sind. Diese Strategien sind meiner Meinung nach von nicht professionellen Anlegern kaum zu realisieren. Dementsprechend bleiben die versprochenen Gewinne aus, wobei ohnehin fraglich ist, ob diese dauerhaft zu erwirtschaften sind. Zudem bin ich davon überzeugt, dass viele Privatleute gut gemeinten und theoretisch sehr hilfreichen Ratschlägen zur Geldanlage oft alleine deshalb nicht folgen, weil deren Umsetzung nicht nur einmalig, sondern regelmäßig viel Aufwand erfordert. Wer hat dazu schon Zeit, geschweige denn Lust? Es gibt doch so viel Wichtigeres und Spannenderes im Leben, als in der Freizeit andauernd akribisch Excel-Tabellen zu aktualisieren!

Daher zeige ich Ihnen in *So werden Sie reich wie Norwegen*, wie Sie mit wenig Aufwand bei niedrigen Kosten einen guten Schnitt machen können. Das heißt eine überdurchschnittliche Rendite erwirtschaften – mehr als Ihnen in der Regel Ihr Sparbuch und die teuren Standardprodukte, wie etwa Aktien- oder Immobilienfonds der Banken, oder auch eine vermietete Wohnung nach Zeit und Kosten bringen. Wenn Sie für Ihre Geldanlage nur ein- bis viermal im Jahr ein paar Stunden aufwenden müssen, hat das einen weiteren entscheidenden Vorteil: Sie können entspannt(er) das Leben genießen. Schließlich ist Geld nicht alles. Das wissen auch die Norweger und spielen, weil sie auch nicht monetären Reichtum zu schätzen wissen, beim World Happiness Index der Vereinten Nationen in der obersten Liga mit.

Mithilfe der norwegischen Finanzformel ist es möglich, 4 % bis 7 % jährliche Rendite statt der derzeit üblichen 0 % bis 0,7 % – also das Zehnfache oder mehr (!) – zu erreichen. Wenn Sie Ihre Geldanlage nach norwegischem Vorbild gut strukturieren und die Kosten im Blick haben, genügt es, genauso gut abzuschneiden wie der Markt, und schon stehen Sie besser da als die meisten Sparer, die ihr Geld in schlecht verzinste und/oder teure Produkte stecken. Das ist doch erheblich reizvoller als ein kompliziertes Modell, das angeblich dauerhaft 12 % und mehr pro Jahr abwirft, aber letztlich nur ein uneingelöstes Versprechen bleibt.

Gut zu wissen

Viele Finanzratgeber prahlen mit unrealistischen Versprechen wie »im Handumdrehen zum Millionär«. Das tut dieses Buch explizit nicht. Stattdessen bietet es Ihnen mit der norwegischen Finanzformel eine Hilfestellung an, um auf realistische Weise erheblich bessere Ergebnisse bei der Geldanlage zu erzielen als bisher.

Was Sie mit der norwegischen Finanzformel erreichen können

Jeder mag seine eigenen Gründe haben, Geld anzulegen, doch eines ist allen gemein: In der Zukunft wollen wir mehr haben. Was liegt also näher, als sich als Erstes damit zu beschäftigen, was mit einem Investment mithilfe der norwegischen Finanzformel konkret in Euro und nicht nur in Prozenten möglich ist?

Der norwegische Ölfonds hat binnen 22 Jahren pro Norweger ein Volumen von mehr als 190.000 Euro erreicht. Stellen Sie sich vor, Sie hätten bereits im Jahr 1998, also vor gut zwei Jahrzehnten, auf die norwegische Strategie gesetzt. Dann hätten Sie jetzt 190.000 Euro mehr in Ihrem »Zukunftsfonds«! Das ist genug Geld, um in Berlin eine Mini-Wohnung zu kaufen, in Halle und anderen kleineren Städten bekommen Sie dafür gar eine große. Natürlich reicht diese Summe auch für zwei Tesla S. Ebenso gut könnten Sie damit das Studium gleich mehrerer Kinder finanzieren, ein bis zwei Jahrzehnte Ihre Rente aufbessern, bedeutender Sponsor bei Ihrem lokalen Fußballverein oder großzügiger Unterstützer von Greenpeace oder Amnesty International werden.

Jetzt fragen Sie sich sicherlich, welcher Einsatz, welches Investment nötig gewesen wäre, um wie der Ölfonds binnen 22 Jahren auf diese Summe zu kommen. Mit der norwegischen Finanzformel und der historischen Rendite des Ölfonds reichten dafür 300 Euro im Monat. Das ist viel Geld, gar keine Frage, aber rechnen Sie mal aus, was Lebensversicherung, Bausparvertrag und dergleichen – andere Formen der Geldanlage, die bei heutigem Vertragsabschluss kaum etwas abwerfen – so kosten. Abgesehen davon lässt sich an vielen Stellen ein wenig Geld sparen, das Sie dann in Ihren Zukunftsfonds stecken können.

Gut zu wissen

Die norwegische Finanzformel ist leicht zu modifizieren. Wenn Sie bereit sind, mehr Risiko einzugehen, können Sie mehr erreichen. Wer weniger risikobereit ist und sich auch mit einer geringeren Rendite zufriedengibt, ist ebenfalls gut beraten, sich an den Norwegern zu orientieren. Der Ölfonds hat das Risiko und damit die Renditeerwartungen mit der Zeit verändert, und zwar nach oben geschraubt.

Eine solch lange Anlagedauer bedeutet, dass die Rendite, die Sie erwirtschaften, nur anfangs keine so große Rolle spielt, mit der Zeit aber immer bedeutender wird – bis der monatliche Vermögenszuwachs durch kluges Investieren größer ist als das, was Sie regelmäßig zur Seite legen (mehr dazu in Kapitel 5). Das gesamte Volumen des norwegischen Ölfonds besteht aktuell gut zur Hälfte aus Einzahlungen, während die andere Hälfte Gewinne aus der Geldanlage sind. Je länger Ihr Zeithorizont, desto mehr profitieren Sie vom sogenannten Zinseszinseffekt. Auf 44 Jahre statt auf 22 berechnet wären bei gleichem monatlichen Einsatz von 300 Euro nicht 380.000 Euro, also doppelt so viel, herausgekommen, sondern Sie könnten sich, wenn die exakte Ölfondsrendite von 6,09 % angelegt wird, über satte 990.000 Euro (also fast eine Million!) freuen – dank Zinseszinseffekt. Selbst mit der durch das 1. Quartal 2020 leicht abgeschwächten Rendite kämen sie noch auf über 820.000 Euro.

Gut zu wissen

Der Zinseszinseffekt sorgt dafür, dass die Zuwächse aus dem Kapital nach einigen Jahren mehr einbringen können als das zugeführte Geld. Ein Rechenbeispiel finden Sie im Abschnitt »Wie sich der Zinseszins auf Ihr Kapital auswirkt« in Kapitel 5.

Tabelle 1 zeigt, welche Summen Sie mit welchen monatlichen Sparbeträgen über bestimmte Zeiträume erreichen können, wenn Sie die norwegische Finanzformel anwenden und die historische Rendite des Ölfonds erreichen. Die Sparrate wird dabei, wie auch bei den obigen Berechnungen, um 2 % pro Jahr erhöht, das entspricht der von der Europäischen Zentralbank angestrebten Preissteigerungsrate (Inflation). Schon mit 100 Euro im Monat kann sehr viel erreicht werden. Jene gut 122.000 Euro, die Sie damit über 30 Jahre ansparen können, wären beispielsweise genug, damit Sie sich 15 Jahre lang jeden Monat 1.000 Euro auszahlen lassen können.

Wie Sie sehen: Größere Summen sind greifbar nahe, wenn Sie Ihre Investments mithilfe der norwegischen Finanzformel strukturieren und für sich arbeiten lassen. Das setzt voraus, dass Sie die entsprechenden Renditen erreichen. Historische Vergleiche zeigen, dass das durchaus realistisch ist, wobei ein Risiko natürlich immer bleibt.

Gut zu wissen

Der norwegische Ölfonds hat, seit er breit investiert, von 1998 bis 2019 eine durchschnittliche jährliche Rendite von 6 % erwirtschaftet. Die alle drei Monate aktualisierte Zahl finden Sie unter *www.nbim.no.* NBIM steht übrigens für Norges Bank Investment Management, das ist die Abteilung der norwegischen Zentralbank, welche die Ölgelder im Staatsauftrag verwaltet.

Tabelle 1: Erspartes Vermögen bei 6%-Ölfonds-Rendite und 2 %-Dynamik

jährliche Rendite	Sparzeit in Jahren	monatliche Sparrate (fett); ersparte Summe (mager, gerundet), jeweils in Euro			
		30	**100**	**300**	**1.000**
6 %	**10**	5.300	17.700	53.000	177.000
6 %	**20**	16.000	53.300	160.000	533.000
6 %	**22**	19.000	63.700	190.000	637.000
6 %	**30**	36.500	122.000	365.000	1.218.000

2 Der norwegische Ölfonds, Ihr Vorbild

Wie kam es eigentlich, dass Norwegen seinen milliardenschweren Ölfonds aufbauen konnte? Zum einen liegt dies am ziemlich klugen Umgang dieses kleinen Landes mit seinem Grund und Boden, noch bevor klar war, dass dieser voll von Schätzen – nämlich Öl und Gas – ist. Zudem war Norwegen das Glück beschieden, auch als reiches Land Bürokraten sowie Politiker zu haben (und zu wählen), die zukunftsweisende Entscheidungen für das ganze Land fällten, statt einfach kurzfristige Wahlgeschenke zu machen. Diese Kombination macht das Land zum Vorbild in Finanzdingen. In diesem Kapitel erfahren Sie nicht nur, wie Norwegen zu seinem Reichtum gekommen ist, sondern auch einige Hintergründe und Vorgaben für seine Anlagestrategie.

Ein glücklicher Fund mit weitreichenden Folgen

Öl vor der eigenen Küste zu finden kommt einem Lottogewinn gleich; das schwarze Gold ist sozusagen flüssiges Geld. Einmal in ausreichender Menge entdeckt, sodass sich die Förderung lohnt, muss der wertvolle Rohstoff nur ans Licht geholt und verkauft werden. Doch die Suche nach Öl ist eine langwierige und kostspielige Angelegenheit. Die Bohrungen sind aufwändig und teuer, besonders unter Wasser. Schwimmende Kolosse mit enormen Aufbauten graben dort, wo Öl vermutet wird, Tausende von Metern unter dem Meeresgrund. Deshalb wird zunächst viel Zeit darauf verwandt, diesen genauestens zu untersuchen, um herauszufinden, wo überhaupt eine realistische Chance darauf besteht, den wertvollen Rohstoff zu finden.

Gut zu wissen
Die Suche nach Öl ist mit der Suche nach guten Aktien vergleichbar: Man liegt immer mal wieder daneben, muss dieses Risiko und die damit verbundenen Rückschläge und glücklosen Investitionen aber aushalten, um langfristig erfolgreich zu sein. Glücklicherweise gibt es Möglichkeiten, die Risiken bei Ölsuche wie Geldanlage zu reduzieren. Wie letzteres geht, erfahren Sie im Laufe der Lektüre.

Lottogewinn Öl als Weihnachtsgeschenk

Olav Christiansen war gerade dabei, seine Sachen zusammenzupacken und sein Büro im Industrieministerium in Oslo zu verlassen, als sein Telefon klingelte. Es war *lille julaften* 1969, der Vorabend des Heiligen Abends. Ein weiteres Jahr ohne Erfolg bei der Suche nach lohnenden Ölreserven vor der norwegischen Küste ging allmählich zu Ende. In der Leitung war Ed Jobin, damals Chef der US-amerikanischen Ölgesellschaft Phillips Petroleum (heute ConocoPhillips). »Olav, fröhliche Weihnachten! Ich glaube, wir haben uns ein Ölfeld geschenkt, sagte er mir«, erinnert sich Christiansen in dem norwegischen Dokumentarfilm *Öl!*.

Phillips Petroleum hatte den Fund schon im Spätsommer gemacht, informierte die norwegische Regierung aber erst am 23. Dezember darüber. Zuvor sollten Ergebnisse weiterer Bohrungen abgewartet werden, um eine Vorstellung von der Größe und der Kommerzialisierbarkeit des Ölfelds zu bekommen. Im Laufe des Herbstes zeigte sich, dass es alle Erwartungen übertraf: Es war der bis dato weltweit größte Offshore-Erdölfund der Geschichte! Auch wenn es lange dauern sollte, das ganze Vorkommen zu fördern, würde es ganz klar wirtschaftlich sein.

Das später Ekofisk genannte Feld ging im Jahr 1971 in Produktion, hat seither rund 660 Millionen Standardkubikmeter Ölequivalent gefördert[12] und dürfte noch weitere Jahrzehnte aktiv sein.[13] Wegen seiner großen wirtschaftlichen wie symbolischen Bedeutung gilt Ekofisk sogar als norwegisches Kulturerbe – wie die berühmte hölzerne Stabkirche in

Reinli in Südnorwegen oder die Felszeichnungen in Alta, ganz im Norden des Landes. »Ekofisk ist in mehrfacher Hinsicht einzigartig. In der Ölsprache wird ein solches Vorkommen wegen seiner Größe ›Elefant‹ genannt. Es ist, was das eingelagerte Öl angeht, das größte Feld auf norwegischem Sockel. Das Hauptreservoir liegt 3.000 Meter in der Tiefe«, so Kristin Øye Gjerde vom norwegischen Ölmuseum in Stavanger.[14]

Erste Weichenstellung Richtung Reichtum

Lange Jahre hatte niemand glauben wollen, dass vor der norwegischen Küste wertvolle Rohstoffe eingelagert sein könnten: »Die Möglichkeit, dass es Kohle, Öl oder Schwefel auf dem Kontinentalsockel längs der norwegischen Küste gibt, kann außer Acht gelassen werden«, hieß es im Jahr 1958 in einem Schreiben an das Außenministerium.[15] Absender war Norges Geologiske Undersøkelse (NGU), die staatliche Abteilung, die Untergrund und Bodenschätze untersucht. Und wenn sich jemand mit den norwegischen Landmassen und deren Potenzial auskannte, dann NGU.

Zum Glück für die norwegische Wirtschaft sahen das ausländische Experten anders. Bereits im Herbst 1962 tauchten Geologen von Phillips Petroleum in der norwegischen Botschaft in Bonn auf. Sie wollten sich den norwegischen Sockel, also das Unterwassergebiet vor der Küste des Landes, genauer anschauen.[16] Denn drei Jahre zuvor war im niederländischen Groningen nahe der Nordsee Gas gefunden worden. Internationale Ölgesellschaften begannen deshalb, sich auch für andere Teile dieses europäischen Meeres zu interessieren. Phillips Petroleum fiel auf, dass die großen Konkurrenten sich auf die zentraler gelegenen Länder Dänemark und Großbritannien konzentrierten, während Norwegen im Grunde außer Acht gelassen wurde. Das relativ kleine Unternehmen erkannte seine Chance und bat darum, vor der gesamten norwegischen Küste seismische Untersuchungen machen zu dürfen. Geophysiker sollten die Beschaffenheit des Meeresbodens erforschen, um Rückschlüsse auf mögliche Bodenschätze zu ziehen.

Zu diesem Zeitpunkt waren die Seegrenzen zwischen Norwegen, Großbritannien und Dänemark noch nicht gezogen. Ein junger Jurist namens Carl August Fleischer und sein Chef, Einar-Fredrik Ofstad, beide im Außenministerium beschäftigt, sorgten dafür, dass ihr Heimatland nicht nur Anspruch auf den norwegischen Sockel erhob, sondern auch festlegte, dass jegliche dort vorkommenden Bodenschätze dem norwegischen Staat gehörten, wobei private Unternehmen an der Förderung beteiligt werden konnten. Diese beiden Bestimmungen waren entscheidend für den späteren norwegischen Reichtum: Ohne Hoheit über den Kontinentalsockel kein norwegisches Öl, und ohne Hoheit über die Bodenschätze drohte ein eventuelles Ölgeschäft der Bevölkerung nicht zugute zu kommen. Asle Skredderberget schlussfolgert in seinem Buch *Usannsynlig rik* (dt.: Unglaublich reich), dass der Paragraf, der Norwegen die Ressourcen zuschlägt, »nicht nur die Grundlagen für den norwegischen Ölsektor in den 1960ern, 1970ern und 1980ern gelegt hat, sondern auch das Fundament dafür ist, dass Norwegen in den 1990ern einen Fonds etablieren konnte, der es möglich machen sollte, lang ins nächste Jahrhundert von den Ölressourcen zu leben. Ohne diesen Paragrafen hätte Norwegen heute keinen Ölfonds«.[17]

Schon hier zeigt sich, was beim norwegischen Ölgeschäft sowie dem Ölfonds immer wieder deutlich wird: Die damit befassten Staatsbediensteten und Politiker versuchen stets, das norwegische Gemeinwohl und somit das Interesse aller Norweger in den Mittelpunkt zu rücken, statt nur die Elite (zu der sie durchaus selbst gehören) und die Großindustrie im Blick zu haben. Viele rohstoffreiche Länder haben am Ende wenig von ihren Bodenschätzen gehabt, weil sie damit falsch umgegangen sind. In etlichen Ölförderländern, vor allem in Südamerika und Afrika, versickert der Reichtum heute noch in den Taschen einiger weniger, während große Teile der Bevölkerung nichts davon haben.

Miserable Trefferquote

Der Run auf norwegisches Öl und Gas kam im Sommer 1966 in Gang – und startete mit einem Flop! Denn gefunden wurde nichts. Umso größer war die Freude, als das Rigg Ocean Traveler von Phillips Petroleum im darauffolgenden Jahr bei einer Bohrung an anderer Stelle auf Öl stieß. Doch sie währte nur kurz, denn das Balder genannte Reservoir stellte sich zum damaligen Zeitpunkt als zu unbedeutend heraus, um wirtschaftlich zu sein. Erst im Jahr 1999 gelang es, dieses Feld gewinnbringend zu erschließen. Im Ölgeschäft gilt es, einen langen Atem zu haben. Mehrere Jahre bohrten die großen Ölgesellschaften dieser Erde, darunter Esso und Shell, vor der Küste Norwegens ein Loch nach dem anderen – und mehr als 30 Mal hieß es: Fehlanzeige! Die Zahl der seismischen Untersuchungen und Probebohrungen übersteigt die der erfolgreichen Funde bei Weitem.

Auch Phillips Petroleum erging es nicht besser und im Jahr 1969 wollte das kleine Unternehmen schon aufgeben. Doch Norwegen beharrte darauf, dass entweder wie abgemacht weitergesucht oder im Ausgleich Geld an den Staat gezahlt wurde. Denn damit mit jeder Lizenz, die Norwegen vergab, auch wirklich die Chance stieg, dass Öl gefördert wurde, hatte die Regierung in die Verträge eine Verpflichtung zur Suche nach Erdölvorkommen aufnehmen lassen. Anfang 1969 war das Management von Phillips Petroleum nicht gut auf diese Klausel zu sprechen. Am liebsten hätte es die Nordsee wieder verlassen, statt weiterhin ebenso teure wie scheinbar erfolglose Bohrungen voranzutreiben. Da sich jedoch die Kosten für weitere Bohrungen kaum von den drohenden Strafzahlungen unterschieden, entschloss sich das Unternehmen im Sommer 1969, es ein letztes Mal zu versuchen. Diese Entscheidung sollte es nicht bereuen, denn der nächste Versuch war ein Volltreffer: Ekofisk – 3.000 Meter unter dem Meeresgrund. Das Feld enthielt nicht nur Öl und Gas, sondern war auch kommerzialisierbar und zudem von einer solchen Größe, dass es alle bisherigen Offshore-Funde in den Schatten stellte; nicht nur in Norwegen, sondern weltweit.

Im Jahr 1971 wurde erstmals Öl aus Ekofisk gefördert und verkauft. In den Jahrzehnten seit der Erschließung installierte Phillips Petroleum zahlreiche Ölplattformen, um den wertvollen Rohstoff aus dem riesigen Feld abzupumpen, zu verarbeiten und abzutransportieren. Aktuell listet der Betreiber ConocoPhillips zwölf solche Anlagen, die sich zum Teil sogar unter Wasser befinden.[18] Seither gab es vor der Küste Norwegens so viele erfolgreiche Probebohrungen, dass 101 weitere Felder hinzukamen. Bis zum Jahreswechsel 2016/17 erschöpften sich nur in einigen davon die Ressourcen, sodass zu dem Zeitpunkt 80 Felder weiterhin aktiv waren.[19]

Noch heute werden aus Ekofisk Öl und Gas gefördert. Und schon als im 35-jährigen Jubiläumsjahr der Entdeckung die Wertschöpfung des Feldes errechnet wurde, kam man auf umgerechnet über 150 Milliarden Euro oder rund 37.500 Euro pro Kopf der norwegischen Bevölkerung. Angesichts solcher Zahlen ist es kein Wunder, dass Norwegen mit dem Geld aus dem Öl- und Gasgeschäft einen dermaßen großen Fonds aufbauen konnte. Der Reichtum des Landes liegt unter dem Meeresgrund – und an den internationalen Finanzmärkten.

Der weise Umgang mit dem Geldsegen

Selbst wenn es viele Staaten gibt, die dank Bodenschätzen ähnlich plötzlich wie Norwegen reich wurden, hat es bislang kein einziger geschafft, so gut mit dem unerwarteten Wohlstand umzugehen. Im Gegenteil, manche Volkswirtschaften leiden sogar unter ihren Bodenschätzen. Dass (Öl-)Reichtum auch schädliche wirtschaftliche Auswirkungen haben kann, mag überraschen; Volkswirte sprechen dann vom Ressourcenfluch (engl. *ressource curse*). Zum einen ist problematisch, dass die Elite sich am Reichtum, der eigentlich der gesamten Bevölkerung zustehen sollte, bereichert, Gelder abzweigt und andere Sektoren sowie häufig auch Bildung und Umweltschutz völlig vernachlässigt. Zum anderen kann der starke Erfolg einer Exportbranche (Norwegen exportiert den Großteil der Rohstoffe) zu einer Stärkung der Landeswährung führen. Das erschwert es anderen Branchen, wettbewerbsfähig zu bleiben. Wird hingegen ein Großteil des durch den Rohstoffexport verdienten Geldes im Ausland investiert – so wie es der norwegische Ölfonds tut –, drückt das auf den Wechselkurs und entlastet die Wirtschaft, statt dass die »Holländische Krankheit« ausbricht.

Was ist eigentlich ... die Holländische Krankheit?

Vor einigen Jahrzehnten entdeckten die Niederlande große Gasressourcen in ihrem Land, agierten jedoch nicht so vorausschauend wie Norwegen: Man investierte die Einnahmen also nicht im Ausland. Die aufstrebende Branche versprach hohe Renditen und zog riesige Investitionssummen an. Die alteingesessenen Industrien hingegen wurden ebenso wie andere neue Sektoren vernachlässigt. Der hohe Exportanteil des Gases ließ in der Folge den Wechselkurs des Guldens in die Höhe schießen, andere Branchen verloren dadurch an Wettbewerbsfähigkeit und die Kreditaufnahme wurde billiger. Der steigende Wechselkurs hatte den Effekt, dass Zinszahlungen und Kreditsummen in Fremdwährung gemessen in heimischer Währung mit der Zeit sanken. Gleichzeitig stieg aufgrund der starken Währung die Konsumentennachfrage nach Importen, was die heimische Wirtschaft weiter schwächte. Auch weil der Boom-Sektor bereit war, höhere Löhne zu zahlen, und so die Lohnkosten auch für die anderen Branchen steigen ließ, litt der Rest der Volkswirtschaft.

Als der Boom vorbei war, brach das niederländische Wirtschaftswachstum ein. Mit dem Preis für den Rohstoff fiel die heimische Währung, damit gingen nicht nur die Einnahmen zurück, sondern die in Fremdwährung aufgenommenen Schulden stiegen und die Volkswirtschaft geriet unter Druck. Seither sprechen Volkswirte von der »Dutch Disease«, zu Deutsch der »Holländischen Krankheit«. Geprägt wurde der Begriff im Jahr 1977 vom englischen Wirtschaftsmagazin *The Economist*.

Der Ölfonds ist gewissermaßen die norwegische Medizin gegen die Holländische Krankheit: Indem die Einnahmen aus dem Rohstoffgeschäft im Ausland in Fremdwährung angelegt werden, wird die Nachfrage nach norwegischen Kronen eingeschränkt und die heimische Währung geschwächt. So spart Norwegen für eine Zukunft ohne Öl und sorgt dafür, dass andere Branchen stark bleiben. Für dieses vorausschauende Handeln gibt es sogar Lob von dem US-amerikanischen Ökonomen und Nobelpreisträger Joseph Stiglitz. Er sagte einmal: »Norwegen kann dafür, dass es so klug ist, Naturressourcen so anzulegen, dass sie mehreren Generationen zugutekommen, bewundert werden.«[20]

Gesteuert wird der norwegische Ölfonds von einem tristen, vor allem in Brauntönen gehaltenen Achtzigerjahrebau mitten in Oslo aus, dem Hauptsitz der norwegischen Zentralbank. Zu ihr gehört auch Norges Bank Investment Management (NBIM), die Abteilung, welche die Ölgelder im Staatsauftrag verwaltet. In einem der schlichten Büros sitzt Yngve Slyngstad, zwölf Jahre lang Chef des weltweit größten Staatsfonds, er gibt diesen Posten voraussichtlich im Laufe des Jahres 2020 auf. Weil Slyngstad den Fonds über zehn Jahre geprägt hat und er als einer der wichtigsten Menschen der internationalen Finanzszene gilt, haben seine Aussagen aus dieser Zeit auch darüber hinaus große Bedeutung.[21] Die Aufgabe des Ölfonds definiert Slyngstad folgendermaßen: »Staatliches Sparen so zu unterstützen, dass kommenden Generationen das Ölvermögen ebenfalls zugutekommt.«

So reich ist der norwegische Ölfonds

Der 27. Februar 2020 war ein ziemlich guter Tag in der Geschichte des norwegischen Ölfonds, denn an diesem Donnerstag präsentierte das Management ein sattes Plus. Der Ölfonds hatte im Vorjahr eine Rendite von 19,9 % erzielt, der Aktienanteil sogar 26 %. »2019 war ein großartiges Jahr in der Geschichte des Fonds, getrieben von positiven Ergebnissen auf Aktien in allen Hauptmärkten und allen Sektoren«, kommentierte Fondschef Yngve Slyngstad in der offiziellen Mitteilung den Jahresabschluss. Er konnte die durchschnittliche jährliche Rendite, die der Ölfonds seit seiner Auflage im Jahr 1998 erzielt hatte, auf 6,09 % anheben.

Dank der enormen Wertsteigerung der Anlagen legte das Fondsvolumen zum Stichtag 31. Dezember 2019 auf umgerechnet 1.023 Milliarden Euro zu – das ist mehr als eine Billion! Alleine die Dividendenzahlungen der Aktien betrugen über 17 Milliarden Euro. Binnen acht aufeinanderfolgender Jahre hatte der Ölfonds nur einmal mit einem Minus abgeschlossen.Das ist ziemlich gut, wird aber nicht ewig so weitergehen. Darauf war schon auf der Halbjahrespressekonferenz im August 2017 hingewiesen worden. In Zukunft werde die Wertentwicklung wieder mehr schwanken, hieß es dort. Das habe der Markt schließlich so an sich. Und tatsächlich war das 1. Quartal 2020 auch für den Ölfonds wegen der Corona-Krise ein schwaches. Sein Wert sank ganz knapp unter die 1-Billion-Kronen-Marke. Doch schon im April hatte der Fonds sich wieder zu einem großen Teil erholt und die fünfstellige Milliardensumme wieder überschritten. Nichts desto trotz werden solche Schwankungen weiter vorkommen, langfristig sollte das Risiko aber mit einem Renditeaufschlag belohnt werden.

Gut zu wissen

Die Rendite des norwegischen Ölfonds gibt NBIM immer in dessen internationaler Kaufkraft an, das Volumen allerdings in Norwegischen Kronen. Für dieses Buch sind Norwegische Kronen mit Daten der norwegischen Zentralbank – sowie in Einzelfällen der Website Oanda – in Euro umgerechnet worden. Wenn Sie beim Nachrechnen Abweichungen feststellen sollten, liegt das an Rundungen und/oder daran, dass Sie womöglich Wechselkurse zu einem anderen Zeitpunkt gewählt haben. So gibt es beispielsweise, wie auch bei Aktien, für Tage, Monate und Jahre Eröffnungs-, Schluss- und mittlere Kurse..

Norwegen ist eines der wenigen Länder, die agieren wie ein vernünftiger Mensch. Statt immer mehr Schulden anzuhäufen – ein Verhalten, das Privatleute längst in den Ruin getrieben hätte und das etlichen Staaten und letztlich auch der Weltwirtschaft seit Jahren erhebliche Probleme bringt –, wird beständig gespart und investiert. Das Land hat in Form des Ölfonds ein immenses Vermögen auf der hohen Kante, während die meisten anderen Staaten mächtig in den Miesen sind. Deutschland erwirtschaftet derzeit zwar einen Haushaltsüberschuss, hat jedoch pro Kopf rund 24.000 Euro Schulden! Das zeigt die Schuldenuhr des Bundes der Steuerzahler.[22] Darum gilt für Norwegen, was Sie sicherlich auch gerne für sich geltend machen würden: Es ist für die Zukunft gut gerüstet – auch wenn mal ein paar harte Jahre kommen.

Es ging nicht immer nur aufwärts: die Performance des norwegischen Ölfonds

Bei einer Geldanlage ist die Rendite entscheidend. Seit 1998 hat der Ölfonds im Schnitt wie erwähnt jährlich 6 % erwirtschaftet. Das bedeutet, dass aus 100.000 Euro Startkapital binnen 20 Jahren[23] über 320.000 Euro werden. Wer Glück hat, bekommt derzeit noch 0,2 % bis 0,6 % auf dem Festgeldkonto. Damit würden im selben Zeitraum aus 100.000 Euro lediglich 104.000 Euro bis 113.000 Euro. Solch eine spärliche Rendite droht geringer auszufallen als die Preissteigerung – damit wird das angesparte Geld immer weniger wert statt mehr (siehe Kasten »Was ist eigentlich ... Inflation?« im Abschnitt »Kosten, Inflation und Steuern« in diesem Kapitel). Der Ölfonds hingegen hat eindeutig real zugelegt. Dabei war der Anlageerfolg des Ölfonds von Jahr zu Jahr sehr unterschiedlich, wie Sie in Tabelle 2 sehen können. Doch nicht nur das. Analog zu der Theorie, dass mit mehr Risiko auch mehr Rendite einhergeht – und sie bestätigt sich einmal mehr –, entwickelten sich die → **Anlageklassen** mit der Zeit verschieden.

Was ist eigentlich ... Rendite?

So wie beim Ackerbau zum Beispiel Kartoffeln als Ertrag herauskommen, gibt es auf Finanzanlagen Geld als Ertrag. Das nennt sich dann Rendite (engl. *yield/return*). Häufig wird auch der Begriff → **Performance** benutzt. Um die Rendite unterschiedlicher Anlagen vergleichbar zu machen, wird diese als Anteil des ursprünglichen Investments ausgedrückt. Im Englischen wird der Begriff *yield* üblicherweise für feste Auszahlungen wie Dividenden und Zinsen gebraucht, *return* bezieht sich zusätzlich auf Kursentwicklungen.

Während beim Ackerbau der Ertrag vielleicht in Tonnen Kartoffeln pro Hektar Anbaufläche beschrieben würde, ergibt sich bei Investments ein Prozentwert (*rate of return*). Wenn Sie beispielsweise 10.000 Euro eingesetzt haben und 15.000 herausbekommen, beträgt die Rendite 50 %, denn 5.000 von 10.000 sind 50 %.

Entscheidend für den Anlageerfolg ist die Rendite über die gesamte Laufzeit. Wenn Ihr Geld über 20 Jahre angelegt werden soll, ist es wichtig, dass Sie nach 20 Jahren Ihr Ziel erreicht haben. Was zwischendurch passiert, ist überspitzt gesagt irrelevant, lediglich ein Buchverlust oder -gewinn (siehe Kapitel 1). Dennoch ist es üblich, die jährliche Rendite (engl. *annual yield/annual rate of return*) zu errechnen – vor allem, um vergleichen zu können. Dazu wird am 31. Dezember der Wert einer Anlage zu dem am 1. Januar desselben Jahres eingesetzten Kapital in Bezug gesetzt. Sollten zwischendurch Dividenden oder andere Erträge ausgezahlt worden sein, so werden auch diese in die Berechnung miteinbezogen, ebenso wie Zu- und Verkäufe. Daraus ergibt sich dann die Bruttorendite vor ➔**Inflation**, Kosten und Steuern. Der Begriff Nettorendite wird häufig unterschiedlich benutzt und berücksichtigt zumindest die Kosten (für Handel sowie Depotgebühren). Die Nettorendite fällt also niedriger aus, weil sie sich aus der Bruttorendite minus Kosten ergibt. Danach fallen dann auch noch Steuern an. Um diese gekürzt, ergibt sich die Nettorendite nach Steuern, die allerdings oft auch lediglich einfach als Nettorendite bezeichnet wird. Kosten sowie Steuern bleiben bei offiziellen Aufstellungen von Renditen konkreter Produkte häufig unberücksichtigt, da individuell verschieden. Kosten lassen sich zum Teil erheblich senken, indem Sie eine günstige Bank und preiswerte Produkte wählen. Wer seinen ➔**Freibetrag** noch nicht voll ausgeschöpft hat, bei dem mindern die Steuern beispielsweise die Rendite weniger als bei jemandem, der auf den kompletten Gewinn Steuern zahlen muss.

Dazu noch ein Rechenbeispiel: Aktien, die am 1. Januar eines Jahres für 10.000 Euro gekauft wurden, werden am Jahresende für 10.573 Euro wieder verkauft. Das entspricht einer Wertsteigerung von 573 Euro und damit 5,73 % (573 geteilt durch 10.000 mal 100) Bruttorendite. Allerdings berechnete die Bank 33 Euro für den Handel und 20 Euro Depotgebühr, sodass nach diesen insgesamt 50 Euro Kosten als Gewinn 520 Euro und damit ein Plus von 5,2 % als Nettorendite verbleiben. Aus der jährlichen Rendite von 5,73 % vor Kosten werden also 5,2 % nach Kosten, die Kostenquote liegt bei diesem Beispiel bei 0,53 %. Die 520 Euro sind steuerpflichtig, aber nur wenn der jährliche Freibetrag in Höhe von derzeit 801 Euro pro Person schon ausgeschöpft wurde. Gab es Dividendenzahlungen, so werden diese auf der Gewinnseite verbucht (und sind ebenfalls steuerpflichtig).

Neben den Begriffen Brutto- und Nettorendite fällt häufig auch die → **reale Rendite** (*real rate of return*), die üblicherweise niedriger ist, weil sie inflationsbereinigt ist. Letztlich ist sie jedoch die entscheidende. Die reale Rendite kann vor oder nach Steuern und/oder Kosten berechnet werden.

Wenn die Preise jährlich um 1,5 % steigen und Ihre Anlage exakt so viel zulegt, haben Sie real nichts gewonnen, denn Sie können sich immer noch nur genauso viel kaufen wie am Jahresanfang, weil sich Kaufkraftverlust und Rendite ausgleichen. Deshalb gilt es stets, die reale (Netto-)Rendite im Auge zu behalten, wenn Sie wissen möchten, wie erfolgreich Sie beim Investieren waren. Das klingt nach viel Rechnerei, entscheidend ist zunächst aber, zu wissen, dass Geld durch die Inflation mit der Zeit an Wert verliert, wenn es nicht gewinnbringend – also zu einer Rendite, die höher ist als die Inflationsrate – angelegt wird. (Siehe Kasten »Was ist eigentlich … Inflation?« im Abschnitt »Kosten, Inflation und Steuern« in diesem Kapitel).

Während die jährliche durchschnittliche Rendite seit 1998 für den gesamten Ölfonds 6 % beträgt, reicht die Spannweite der jährlichen Performance von –23,3 % bis +25,6 %. Das sind die Werte für das Crashjahr 2008 und das darauffolgende, in welchem sich die Märkte rasch wieder erholten. Werden diese beiden Extremfälle ausgeklammert, ist 2002 das Jahr mit der schlechtesten (–4,7 %) und 2019 das mit der besten Performance (+19,9 %), wobei die Extremwerte bei den Aktien viel weiter auseinanderliegen als bei Anleihen. Bei den Immobilieninvestments liegen die Extremwerte zwischen –4,4 % für 2011 und +11,7 % für 2013. Allerdings ist die Vergleichbarkeit stark eingeschränkt, da der Ölfonds erst seit 2011 in Immobilien investiert.

Tabelle 2: Jährliche Renditen des Norwegischen Ölfonds

Jahr	Rendite gesamter Fonds	Rendite Anleihen-part	Rendite Aktienpart	Rendite Immobilien (ab 2017 nur nicht-gelistete)	zum Vergleich Dax
2019	19,9 %	7,6 %	26,0 %	6,8 %	25,5 %
2018	−6,1 %	0,6 %	−9,5 %	7,5 %	−18,3 %
2017	13,7 %	3,3 %	19,4 %	7,5 %	12,5 %
2016	6,9 %	4,3 %	8,7 %	0,8 %	6,9 %
2015	2,7 %	0,3 %	3,8 %	10,0 %	9,6 %
2014	7,6 %	6,9 %	7,9 %	10,4 %	2,7 %
2013	16,0 %	0,1 %	26,3 %	11,8 %	25,5 %
2012	13,4 %	6,7 %	18,1 %	5,8 %	29,1 %
2011	−2,5 %	7,0 %	−8,8 %	−4,4 %	−14,7%
2010	9,6%	4,1%	13,3%		16,1%
2009	25,6%	12,5%	34,3%		23,8%
2008	−23,3%	−0,5%	−40,7%		−40,4%
2007	4,3%	3,0%	6,8%		22,3%
2006	7,9%	1,9%	17,0%		22,0%
2005	11,1%	3,8%	22,5%		27,1%
2004	8,9%	6,1%	13,0%		7,3%
2003	12,6%	5,3%	22,8%		37,1%
2002	−4,7%	9,9%	−24,4%		−43,9%
2001	−2,5%	5,0%	−14,6%		−19,8%
2000	2,5%	8,4%	−5,8%		−7,5%
1999	12,4%	−1,0%	34,8%		39,0%
1998*	9,3%	9,3%	12,9%		17,2%
durchschn. Rendite	6,0%				5,6%

* Das Aktienportfolio wurde erst im Laufe des Jahres 1998 aufgebaut und hatte entsprechend geringen Einfluss auf die Performance des Fonds für das gesamte Jahr 1998. Der Anleihenanteil und der gesamte Fonds weisen nur gerundet die gleiche Jahresrendite auf, ungerundet ist die Rendite der Anleihen niedriger als die des gesamten Fonds, der durch die Aktienrendite gepusht wird.

Die DAX-Performance basiert auf den Jahresendwerten des links angegebenen Jahres in Relation zu denen des Vorjahres.

Gut zu wissen

Seit Anfang 1998 hat der Ölfonds den DAX geschlagen. Die seither und bis Ende Dezember 2019 erreichte durchschnittliche Jahresrendite liegt für den deutschen Leitindex bei 5,3 % jährlich, für den Ölfonds hingegen bei 6,1 % (lesen Sie ruhig nochmal die Hinweise zum Renditevergleich vom Anfang des Buches). Weil der Fonds bei seiner Strategie darauf achtet, das Risiko zu reduzieren, ist dieses bessere Ergebnis sogar mit deutlich geringerem Risiko erwirtschaftet worden, denn die Rendite des Fonds schwankte dank eines optimierten Vermögensklassenmix erheblich weniger stark als die des DAX.

Derartige Renditeunterschiede gibt es nicht nur, wenn Anleihen mit Aktien verglichen werden. So entwickeln sich einzelne Branchen von Jahr zu Jahr sehr unterschiedlich und auch regional gibt es Differenzen. Im Jahr 2010 – ein zufällig ausgewähltes Jahr – war beispielsweise die Hälfte der Gelder aus dem Aktienteil des Fonds in Europa angelegt, 35 % in Nordamerika (USA und Kanada; kleinere Anteile Afrika und Naher Osten wurden hier zugeschlagen) und 15 % in Asien und Ozeanien. In Europa legten die im Ölfonds enthaltenen Aktien um 8 % zu. Nicht schlecht also, doch weniger als halb so viel wie in den beiden anderen Regionen. Dort betrug das Plus jeweils 19 %. Auf den gesamten Aktienanteil bezogen lag der Wert bei 13 %. Länderübergreifend legten Aktien der Basisindustrien wie Chemie und Metall um 25 % zu, während Finanzaktien, vor allem wegen der europäischen Schwäche, nur bei 4 % lagen, nur Versorger schnitten mit –2 % schlechter ab. Egal welches Jahr man sich genauer anschaut, immer zeigen sich Unterschiede in der Performance, also der finanziellen Entwicklung. Mal schneidet die eine, mal die andere Region besser ab. Gleiches gilt für Branchen.

Gut zu wissen

Der Ölfonds ist sehr breit gestreut und ändert die Zusammensetzung seines Portfolios nicht laufend grundlegend, sodass es für die Rendite keine so große Rolle spielt, wann welche Branche oder welche Region vorne liegt. Entscheidend für ein gutes Portfolio ist allein, dass die durchschnittliche Rendite gut ist und die Verwaltung des Kapitals weder viel Zeit noch viel Geld kostet.

Investmentmanager – auch diejenigen, die für den Ölfonds arbeiten – versuchen, Markt und Unternehmen so gut zu begreifen, dass sie durch die Auswahl bestimmter Papiere (Stock-Picking) eine bessere Performance erwirtschaften als der Markt. Im Fall des Ölfonds ist das nur als leichtes Stock-Picking zu bezeichnen. Denn er bildet sehr breit den Markt ab, setzt nur gewisse Akzente, indem einzelne Papiere über- oder untergewichtet werden. Von 1998 bis Ende 2019 haben sie in Norwegen so jährlich eine um 0,23 Prozentpunkte höhere Rendite erwirtschaftet als der Benchmark-Index, der sich für die Aktien aus dem globalen Index vom britischen Anbieter FTSE und für die Anleihen aus Bloomberg-Indizes zusammensetzt (mehr dazu in Kapitel 3).

Gut zu wissen

Die Benchmark ist eine Messlatte – meist ein Index –, um die Performance zu vergleichen. Solche Indizes nutzt ein passiver Investor, um sie (unter Umständen leicht modifiziert) nachzubilden.[24]

Für einen milliardenschweren Fonds macht das in Euro gerechnet natürlich einen ziemlichen Unterschied, der durchaus den mit der aktiven Verwaltung der Gelder verbundenen enormen Aufwand wettmachen kann. Zudem ist der Ölfonds so groß, dass es nicht immer umsetzbar ist, einen Index gänzlich passiv nachzubilden.

Auch als Privatanleger sollten Sie die Nachkommastellen bei der Performance nicht verschenken, aber ebenso wenig um jeden Preis ausreizen. Ob die durchschnittliche jährliche Performance beispielsweise 6,0 % oder 0,2 Prozentpunkte mehr beträgt, also 6,2 %, macht auf 20 Jahre zwar einen Unterschied, rechtfertigt aber nicht jeden Aufwand. Während monatlich angelegte 300 Euro im ersten Fall nach

Ablauf der Sparzeit zu 160.000 Euro führen, ergeben sich im zweiten Fall rund 3.400 Euro mehr, also 170 Euro pro Jahr und damit wohl keine Summe, für die es sich lohnt, jahrelang alle paar Wochen mehrere Stunden vor dem Computer zu verbringen und das Portfolio häufiger umzuschichten.

Bedenken Sie zudem, dass es zahlreiche Untersuchungen gibt, die besagen, dass jene Privatinvestoren, die viel handeln, schon unabhängig vom zeitlichen Aufwand in der Regel weniger Rendite erwirtschaften als die, die nicht ständig ver- und zukaufen. Das liegt daran, dass Ersteren zu selten gelingt, was sie anstreben, nämlich besser als der Markt (gemessen an der passenden Benchmark) zu sein. Stattdessen realisieren sie allenfalls geringe Gewinne oder gar Verluste und darüber hinaus fallen durch häufiges Handeln mehr Gebühren an, die wiederum die Rendite drücken.

Gut zu wissen

Ein Renditeplus von 0,5 % oder mehr jährlich lässt sich häufig relativ einfach erwirtschaften, indem Sie die Kosten Ihrer Geldanlage drücken. Wählen Sie dafür schlichtweg eine Bank und Produkte mit niedrigeren Gebühren und handeln Sie – abgesehen von Sparplänen – nicht so häufig.

Wie Erfolge berechnet werden

Bei der Berechnung und Bewertung von Renditen ist aus folgenden Gründen Vorsicht geboten:

- Es gibt verschiedene Möglichkeiten, durchschnittliche Renditen zu berechnen.
- Zinseszinseffekte werden häufig unterschätzt.
- Wechselkurseffekte wirken sich bei Investition in ausländische Papiere auf die Rendite aus, können aber langfristig vernachlässigt werden.
- Kosten schmälern die Rendite.

- Preissteigerungen mindern die Kaufkraft von Wertsteigerungen und müssen berücksichtigt werden, um die reale Rendite zu errechnen.
- Kapitalgewinne sind steuerpflichtig, sofern der Freibetrag überschritten wird, das heißt, die Rendite wird weiter geschmälert.

Durchschnittsrendite und der Zinseszinseffekt

Der Erfolg einer Geldanlage wird in der Regel in der durchschnittlichen jährlichen Rendite angegeben, die über einen bestimmten Zeitraum erwirtschaftet wurde. Wenn eine Anlage von 1.000 Euro binnen eines Jahres um 50 Euro zulegt, bedeutet das eine jährliche Rendite von 5 %. Das ist noch ganz leicht. Kniffliger wird es bei der Wertsteigerung über mehrere Jahre hinweg: Eine Anlage von 1.000 Euro, die binnen drei Jahren 150 Euro, also 15 %, im Wert steigt, hat nicht etwa eine durchschnittliche jährliche Rendite von 5 % (50 Euro pro Jahr), sondern weniger, nämlich nur 4,8 %. Das liegt daran, dass der Zinseszinseffekt berücksichtigt werden muss, denn die Rendite aus dem Vorjahr erwirtschaftet stets auch Gewinn. Aus 1.000 Euro wurden im ersten Jahr 1.048 Euro, bis Ende des zweiten Jahres legten diese um weitere 4,8 % (50 Euro) auf 1.098 Euro zu, die 52 Euro einbrachten (4,8 % von 1.098). Daher die Endsumme von 1.150 Euro. (Alle Zahlen sind um der Lesbarkeit willen leicht gerundet.)

Eine durchschnittliche Jahresrendite von 5 % ergäbe in dem Fall knapp 1.158 Euro (siehe dazu auch den Abschnitt »Wie sich der Zinseszins auf Ihr Kapital auswirkt« in Kapitel 5), also etwas mehr. Der Zinseszinseffekt kommt erst mit der Zeit stark zum Tragen und sorgt letzten Endes dafür, dass bei längeren Sparzeiträumen die Zinsen häufig höher ausfallen als die stabile Sparrate.

Gut zu wissen
Renditen, auch unter Berücksichtigung von Zinseszinsen, lassen sich mit dem Taschenrechner, Tabellenkalkulationsprogrammen oder noch einfacher im Internet unter www.zinsen-berechnen.de kalkulieren.

Arithmetisches versus geometrisches Mittel

Bei durchschnittlichen jährlichen Renditen, wie sie der Ölfonds angibt, handelt es sich nicht einfach um das arithmetische Mittel aus allen jährlichen Werten (um beim oben genannten Fall zu bleiben, wären das 15 % durch 3 gleich 5 %, da 150 Euro 15 % von 1.000 Euro sind), sondern um ein sogenanntes geometrisches Mittel. Letzteres berücksichtigt Zinseszinseffekte und dass es einen Unterschied macht, ob ein Fonds erst um 20 % steigt und dann um 10 % fällt oder kontinuierlich um 5 % steigt. Das arithmetische Mittel würde in diesem Fall eine Durchschnittsrendite von 5 % angeben ((20 – 10) ÷ 2 = 5). Im Falle eines geometrischen Mittels sieht es anders aus. Nehmen wir als Ausgangswert 100 an, dann steigt die Anlage um die erwähnten 20 % auf 120 und fällt dann um 10 %, also 12, auf 108. Es ergibt sich damit eine Gesamtrendite von 8 %. Die durchschnittliche Jahresrendite liegt in diesem zweijährigen Beispiel bei 3,9 %.

Wechselkurseffekte

Beim norwegischen Ölfonds und generell bei der Anlage in Fremdwährungen – also anderen als der eigenen, aus denen die Sparsumme stammt, in Ihrem Fall vermutlich Euro – ist zu berücksichtigen, dass die prozentuale jährliche Wertentwicklung unterschiedlich ausfallen kann, je nachdem, ob diese in der Währung des Anlageprodukts oder der Heimatwährung berechnet wird. Das ist dann der Fall, wenn die Wechselkurse schwanken (→ **Wechselkurseffekt**), und damit sehr gewöhnlich.

Nehmen wir an, ein Investment in den USA erwirtschaftet in einem Jahr ein Plus von 10 % in US-Dollar. Dann wird die Performance in Euro üblicherweise schlechter oder besser ausfallen. Wenn der Euro gegenüber dem Dollar in dem Zeitraum an Wert verloren hat, wirkt sich das positiv auf die in Euro gemessene Rendite aus. Denn man bekommt für 100 Dollar mehr Euro als am Jahresanfang (anders ausgedrückt: für dieselbe Anzahl Euro müssen weniger Dollar gezahlt werden; der in EUR-USD angegebene Wechselkurs ist in dem Fall gefallen). Ein starker Euro wirkt entsprechend negativ, denn es sind mehr Dollar als am Jahresanfang notwendig, um 100 Euro zu kaufen. Wechselkurse schwanken. Das ist ein Risiko wie auch eine Chance, das bei der langfristigen Geldanlage aber vernachlässigt werden kann, zumal eine Absicherung nicht praktikabel ist. Wechselkurse schwanken über mehrere Jahrzehnte hinweg meist gar nicht so stark und werden durch entsprechende Entwicklungen der Wertpapiere in andere Richtung zu einem Teil aufgefangen.

Was ist eigentlich … Volatilität?
Währungen, Aktienkurse, Anleihenpreise und die Werte diverser anderer Instrumente haben eins gemeinsam: Auf den Märkten schwanken sie. Allerdings ist das Auf und Ab unterschiedlich stark. Gradmesser für diese Schwankungen ist die Volatilität. Diese errechnet sich daraus, wie stark der Kurs im Laufe eines festgelegten Zeitraums (häufig ein Jahr) von seinem Durchschnittswert abweicht. Ein Wertpapier, das im Jahresverlauf um 10 % steigt, aber zwischendurch immer wieder mal 50 % mehr oder 70 % weniger wert war, weist eine erheblich höhere Volatilität auf als eines, das dieselbe jährliche Steigerung viel stetiger, also zum Beispiel nur in einer Schwankungsbreite von +/- 5 % mitmacht. Mit der Volatilität wächst die Gefahr, zu einem Zeitpunkt verkaufen zu müssen, da die Kurse eingebrochen sind, sie ist damit ein Maß für das Risiko.

Der Ölfonds legt in diversen Währungen an, nicht aber in Norwegischen Kronen. Die Performance – also die Wertsteigerung innerhalb eines bestimmten Zeitraums in Prozent gemessen – gibt NBIM üblicherweise basierend auf dem entsprechenden **➔ Währungskorb**, also einem Bündel an relevanten Währungen, und damit der internationalen Kaufkraft des Fonds an. Das Volumen des Ölfonds hingegen wird in Kronen angegeben. Weil Ihnen als Leser Euro-Summen mehr sagen, wird dieser Wert im Buch in der Regel umgerechnet in Euro angegeben, die Rendite aber gemessen am Währungskorb. Nur zum Vergleich an dieser Stelle einmal beide Werte: Die Rendite des Ölfonds, gemessen in Kronen, lag in 2019 bei 22 %. Gemessen im Währungskorb war sie aber mit 20 % etwas niedriger. Das liegt daran, dass die Krone in dem

Zeitraum fiel. Ein Blick auf die Performance für die Jahre 1998 bis 2019 offenbart einen geringen Unterschied: Auf den langen Zeitraum bezogen betrug die durchschnittliche jährliche Wertentwicklung in Kronen 7,2 %, im Währungskorb hingegen 6,1 %. Etwas gegen diese Differenz tun zu wollen wäre mit Kosten (für Währungsgeschäfte) verbunden und hieße letztlich, von der eigentlichen Strategie abzurücken.

Gut zu wissen

Wenn Sie in Deutschland oder andernorts in der Eurozone leben, sollten Sie stets die Renditen basierend auf Euro errechnen. Schließlich sparen Sie in Euro und um von Ihrer Geldanlage Güter in Euro kaufen zu können. Behalten Sie dabei aber stets im Kopf, dass ein starker Euro zwischenzeitlich auf die Rendite drücken kann und ein schwacher die umgekehrten Auswirkungen hat.

Kosten, Inflation und Steuern

Es gibt drei weitere Faktoren, die nicht nur bei der Geldanlage berücksichtigen werden müssen: Kosten, Inflation und Steuern. Alle drei mindern die reale Rendite (siehe Kasten »**Was ist eigentlich … Rendite?**«). Wie Sie die Kosten beeinflussen und so Ihre Rendite steigern können, wird in Kapitel 5 im Abschnitt »Am Ende gewinnt immer die Bank? Bloß nicht.« noch ausführlich erläutert. Die anderen beiden Werte sind schwer zu beeinflussen.

So schwanken die Inflationsraten von Land zu Land und Jahr zu Jahr zum Teil erheblich. Sie kennen es sicher: Ständig wird alles teurer. Die Waren im Supermarkt, das Zeitungsabo, die Monatskarte für Bus und Bahn, das Auto. Diese Preissteigerung nennt sich Inflation. In den vergangenen Jahren lag die Inflationsrate für Deutschland unter 2 %, zum Teil sogar nahe null, im historischen Schnitt aber deutlich höher.[25] Die Europäische Zentralbank hält 2 % für den anzupeilenden Wert. So stark sollten die Preise also in Zukunft im Schnitt pro Jahr steigen. Das bedeutet, dass Sie Ihre Sparsumme jährlich entsprechend erhöhen sollten, denn 1.000 Euro heute sind wegen der Inflation weniger wert als 1.000 Euro in sieben Jahren. Glücklicherweise werden in der Regel nicht nur die Waren, die Sie im Supermarkt kaufen, jedes Jahr ein klein wenig teurer, sondern Ihr Gehalt steigt auch. Deshalb können Sie die Sparrate erhöhen, ohne auf Konsum verzichten zu müssen. Ja, häufig wächst das Gehalt sogar schneller als die Preise. Deshalb gehen die Rechenmodelle in diesem Buch üblicherweise davon aus, dass die Sparrate jedes Jahr um 2 % steigt. Das bedeutet keinen Konsumverzicht, solange die angenommene Inflationsrate von der Gehaltssteigerungsrate erreicht oder übertroffen wird.

Was ist eigentlich … Inflation?

Wenn ich das Preisniveau von Städten vergleiche, dann schaue ich mir gerne die Bier- und Kaffeepreise an. In Oslo habe ich für eine kleine Flasche Bier kürzlich 110 Norwegische Kronen gezahlt, etwas mehr als 11 Euro. In Hamburg hingegen musste ich für die gleiche Menge 3,30 Euro zahlen.

Bier und Kaffee gehören zu den Dingen, welche die meisten von uns recht regelmäßig kaufen dürften, und zwar in so kleinen Mengen, dass wir uns an den Einzelpreis erinnern. Dieser scheint mit der Zeit immer weiter zu steigen. Kostete das Bier in Hamburg vielleicht vergangenes Jahr noch 3 Euro, so sind es jetzt 30 Cent mehr. So ist es mit vielen Waren. Diese Preissteigerung, die bedeutet, dass unser Geld immer weniger wert wird (schließlich bekommt man pro Euro immer weniger Bier), nennt sich Inflation. Ähnlich wie die Rendite lässt sie sich durch eine jährliche prozentuale Änderung ausdrücken. Im Falle des Hamburger Bieres sind das 10 % (0,30 geteilt durch 3,00).

Zum Glück ernähren wir uns nicht vom Bier allein. Das wäre nicht nur enorm gesundheitsschädigend, sondern zumindest in diesem Fall auch teuer. Eine jährliche Preissteigerungsrate von 10 % ist für Europa außergewöhnlich hoch.

Um zu ermitteln, wie stark die Ausgaben von Verbrauchern im Schnitt pro Jahr steigen, werden die Preisänderungen von diversen

Waren berücksichtigt. Dieser sogenannte Warenkorb spiegelt wider, wofür ein durchschnittlicher Verbraucher sein Geld ausgibt. Aus der jährlichen Preissteigerung ergibt sich dann die Inflationsrate (*inflation*), die das Statistische Bundesamt regelmäßig veröffentlicht. Sie können die Werte online unter www.destatis.de finden. Natürlich kann Ihre persönliche Inflationsrate davon abweichen, sollte aber in der Regel nah dran liegen, deshalb sind die offiziellen Daten ein guter Richtwert. Wichtig ist die Inflationsrate, weil sie wie Gebühren den Erfolg einer Anlage schmälert (siehe Kasten »Was ist eigentlich ... Rendite?«).

Eine Faustregel, um den Kaufkraftverlust von Geld, das zinslos herumliegt, zu berechnen, ist die 72er-Regel. Diese Zahl geteilt durch die jährliche Inflationsrate ergibt, binnen wie viel Jahren die Kaufkraft sich halbiert. Zielwert für die Inflation im Euroraum sind 2 %. In dem Fall betrüge die Kaufkraft von 1.000 Euro nach 36 Jahren nur noch 500 Euro. Diese Faustregel lässt sich umgekehrt auch verwenden, um zu ermitteln, nach wie vielen Jahren sich ein Kapital bei gegebenem Zinssatz verdoppelt hat. Werden 1.000 Euro zu 2 % jährlichen Zinsen angelegt, so sind nach 36 Jahren 2.000 Euro auf dem Konto, bei 6 % Zinsen ergäbe sich dieser Betrag bereits nach 12 Jahren.

Seit Anfang 1998 beträgt die durchschnittliche jährliche Rendite des Ölfonds 6,1 % in den vergangenen drei Jahren (2017–2019) wurden gar über ein Drittel mehr erreicht: 8,6 % nd in 2019 noch mehr: die erwähnten 19,9 %.[26] Nach Kosten und Inflation lag die durchschnittliche jährliche Rendite seit Auflegung bei 4,2 % und auch bei den anderen Werten ungefähr zwei Prozentpunkte niedriger. Das sind also die Werte für die reale Nettorendite in diesen Zeiträumen.

Renditen von Investments werden üblicherweise ohne Einbeziehung der Preissteigerung angegeben. Relevant ist zwar letztlich der reale Nettowert. Dennoch kann es Sinn ergeben, historisch auf Bruttowerte zu schauen. Denn weil sie so häufig sind, haben Anleger für diese üblicherweise ein besseres Gefühl. (Oder wissen Sie, wie hoch Ihr Festgeldzins für das vergangene Jahr nach Inflation war?) Deshalb werden in diesem Buch für die historische Rendite des Ölfonds Bruttowerte angegeben. Wenn es darum geht, dass Sie über die Zusammensetzung des Portfolios für Ihre eigene Geldanlage entscheiden, wird aber die erwartete zukünftige reale Rendite – also unter Berücksichtigung der Preissteigerung – ins Spiel gebracht. Der Grund dafür ist ganz simpel: Wenn Sie berechnen, wie viel Geld Sie zu einem bestimmten Zeitpunkt in der Zukunft haben wollen, werden Sie sicher keine Inflation über 20 Jahre berücksichtigen, sondern einen Betrag im heutigen Geldwert nennen.

Zu guter Letzt müssen Sie daran denken, dass auch Kapitalgewinne zu versteuern sind. Von der Rendite möchte der Staat genauso wie von Ihrem Arbeitseinkommen etwas abhaben. Allerdings gibt es einen Freibetrag. Zudem werden Kapitalerträge in Deutschland gegenwärtig anders besteuert als Erwerbseinkommen und sind auch nicht sozialversicherungspflichtig. Die Inflation bleibt wie die Steuer bei der Berechnung von Renditen üblicherweise zunächst unberücksichtigt. Solange Sie sich darüber im Klaren sind, ist das nicht weiter problematisch, zumal Inflationsrate und Steuersatz veränderlich sind. Sie sollten, wenn Sie den realen Gewinn einer Anlage im Vorfeld berechnen wollen, gewisse Annahmen treffen, was Steuer und Inflation betrifft, um am Ende nicht überrascht zu werden. Was die Preissteigerung angeht, ist diese schon berücksichtigt, sobald von realer Rendite die Rede ist. Ansonsten bietet sich an, 2% als jährliche Rate anzunehmen, weil die Europäische Zentralbank auf dieses Ziel hinarbeitet. Bei den Steuern ist es schwieriger.

Aktuell wird die Steuer auf Dividendenerträge unter Berücksichtigung des Freibetrags von deutschen Banken in Form der Abgeltungssteuer automatisch abgeführt. Sie beträgt 25% plus Solidaritätszuschlag und gegebenenfalls Kirchensteuer. Kursgewinne werden ebenfalls mit diesen Sätzen, aber erst bei Realisierung besteuert. Wer also spart und später sein Vermögen allmählich auflöst, zahlt auch erst dann Steuern, denn Buchgewinne werden in Deutschland nicht versteuert – falls es bis dahin nicht zu einer Neuregelung kommt. Dass das passieren könnte, ist ein weiterer Grund, die Steuerzahlungen zwar im Hinterkopf zu behalten, aber zunächst nicht mit einem konkreten Satz zu berücksichtigen. So gelten seit 2018 erneut veränderte Regeln.[27] Der Effekt von Steuern lässt sich zudem anders als der von Inflation viel leichter vorstellen. Gehen Sie einfach davon aus, dass die Auszahlungen aus dem Zukunftsfonds wie Einkommen auch versteuert werden müssen.

Gut zu wissen

In diesem Buch wird bei der Anwendung der norwegischen Finanzformel für zukünftige Erträge mit der realen erwarteten Rendite gerechnet, denn diese berücksichtigt die Preissteigerung. Die Steuer hingegen bleibt unberücksichtigt. Zwar gilt üblicherweise, dass 25 % Kapitalertragsteuer plus Soli und gegebenenfalls Kirchensteuer anfallen, doch der konkrete persönliche Steuersatz hängt von Ihrer individuellen Situation ab. Nur Sie und Ihr Steuerberater (und das Finanzamt) wissen genug, um sagen zu können, ob und welche Steuern Sie auf Kapitalgewinne zahlen müssen. Die Sätze sind unterschiedlich – zum Beispiel in Abhängigkeit davon, ob Sie womöglich noch Produkte halten, die zu einem Zeitpunkt gekauft wurden, da andere Regeln galten, und inwieweit Sie Ihren Freibetrag schon ausgeschöpft haben (oder teilweise für Familienmitglieder anlegen, die ebenfalls einen Freibetrag haben). Der besseren Lesbarkeit zuliebe werden die meisten Zahlen gerundet angegeben, deshalb gibt es bei jährlichen Renditen in der Regel maximal eine Nachkommastelle. Die magische Rendite des Ölfonds liegt bei 6,1 %, gerundet bei 6 %.

Wertentwicklung und Einzahlungen

Aus den im Mai 1996 eingezahlten umgerechnet rund 230 Millionen Euro sind bis Ende 2019 unglaubliche 10.088 Milliarden Kronen, also rund 1.022 Milliarden oder über eine Billion Euro geworden. Das Erstaunliche: Nur rund die Hälfte davon geht auf Einzahlungen zurück. In etwa genauso viel wurde durch die geschickte Anlage der Gelder erwirtschaftet. Dazu hat auch der Zinseszinseffekt beigetragen. Durch diesen nimmt die Bedeutung des Ertrags für die Performance einer Geldanlage mit den Jahren stets zu.

Gut zu wissen

Privatanleger tendieren oft dazu, sich in turbulenten Zeiten zurückzuhalten oder gar zu verkaufen. Sie steigen erst dann wieder ein, wenn der Markt sich längst gefestigt hat. Dadurch entgeht ihnen ein Großteil der Rendite, Verluste nehmen sie aber mit – eine denkbar schlechte Kombination. Ein Vergleich der Jahresrendite mit den im selben Jahr sowie im darauffolgenden Jahr getätigten Einzahlungen des norwegischen Ölfonds macht deutlich: Beim Fonds gibt es keinen solchen Zusammenhang. Egal, ob es an den Kapitalmärkten aufwärts oder abwärts geht (und als breit diversifizierter Investor entwickelt der Ölfonds sich stets ähnlich), wie groß auch immer die Schwankungen sind: Es wird stoisch weiter investiert (siehe Tabelle). So ergibt sich nicht das Dilemma, auf den perfekten Zeitpunkt zum Markteinstieg zu warten (das nennt sich dann Market-Timing) und deshalb womöglich nie zu kaufen. Einen weiteren positiven Effekt dieser Strategie lernen Sie noch kennen: Rebalancing (siehe Kapitel 5).

Die durchschnittliche Jahresrendite wird alle drei Monate auf den neusten Stand gebracht und ist bis Ende des Jahres 2019 im Vergleich zu Ende 2018 von 5,5 %, vor allem wegen der guten Aktienmarktentwicklung, auf 6,1 % gestiegen.[28] Sie schwankt weniger als die Rendite aufeinanderfolgender Quartale oder Jahre. Langfristig ist sie die entscheidende. Denn sie zeigt, wie sich alle bisherigen jährlichen Einzelrenditen auf den Ölfonds ausgewirkt haben.

Gut zu wissen

In diesem Buch wird die bisherige Rendite des Ölfonds als konstanter jährlicher Durchschnittswert für alle Berechnungen benutzt, die zeigen, was Privatanleger mit der Ölfondsperformance mit einer Einmalanlage und/oder regelmäßigen konstanten Sparraten erreicht hätten. Der Fonds hingegen hat quasi bei null angefangen und schwankende

Sparraten gehabt, die in Kombination mit den ebenfalls schwankenden Renditen zur durchschnittlichen Jahresrendite von 6 % geführt haben. Deshalb ist die konstante Verwendung der 6 % eine Vereinfachung, die den Erfolg anschaulicher macht und akzeptabel ist.

Die Fondsperformance wäre damit der Zinssatz, der dazu führt, dass eine feste Summe, angelegt über die bisherige Zeitspanne der Fondsperformance, zum selben Ergebnis führt, wie wenn dieser Ausgangswert das ständige Auf und Ab, das der Fonds von Quartal zu Quartal und Jahr zu Jahr (die schwankenden Renditen dieser Zeiträume unter Berücksichtigung des Volumens) wirklich durchgemacht hat, mitgemacht hätte.

Im zuletzt abgeschlossenen Jahr, für den es zum Zeitpunkt der Fertigstellung dieses Buches bereits einen Bericht gab, 2019, lag die Rendite der vorangegangenen zwölf Monate (also die Jahresrendite für 2019) bei 19,9 %. Aktien schnitten mit 26 % am besten ab, gefolgt von Immobilien (10,4 %) und Anleihen (7,6 %). Der Ölfonds war zum Stichtag 31. Dezember 2019 zu 70,8 % in Aktien investiert, zu 26,5 % in Anleihen und zu 2,7 % in Immobilien.

Gut zu wissen

Die Analyse der Einzahlungen und der Wertentwicklung des Fonds führt zu zwei zentralen Erkenntnissen.

1. Die Fondsrendite schwankt von Jahr zu Jahr. Wichtig ist allein die durchschnittliche Rendite bis zu dem Zeitpunkt, an dem das Geld benötigt wird.
2. Die Höhe der jährlichen Einzahlung erfolgt unabhängig von der Marktlage.

Damit lautet eine Komponente der norwegischen Finanzformel **Beständigkeit**.

Tabelle 3: Die norwegische »Sparrate«: Einzahlungen in den Ölfonds von 1998 bis 2019

Jahr	Einzahlung (Auszahlung) in Euro	pro Kopf in Euro	pro Kopf pro Monat in Euro	jährliche Rendite totaler Fonds
2019	1.824.854.519	340	28	19,9 %
2018	3.417.669.351	641	53	– 6,1 %
2017	(6.198997.998)	(1.171)	(984)	13,7 %
2016	(11.302.597.445)	(2.149)	(179)	6,9 %
2015	4.802.859.377	921	77	2,7 %
2014	17.597.624.919	3.407	284	7,6 %
2013	30.606.887.190	5.991	499	16,0 %
2012	36.926.040.886	7.310	609	13,4 %
2011	34.776.582.912	6.975	581	–2,5 %
2010	22.730.678.923	4.620	385	9,6 %
2009	19.361.860.572	3.985	332	25,6 %
2008	46.718.738.594	9.735	811	–23,3 %
2007	39.175.077.664	8.270	689	4,3 %
2006	35.771.953.795	7.642	637	7,9 %
2005	27.474.929.127	5.921	493	11,1 %
2004	16.484.500.985	3.579	298	8,9 %
2003	12.993.665.588	2.839	237	12,6 %
2002	16.650.460.219	3.658	305	–4,7 %
2001	31.183.223.177	6.893	574	–2,5 %
2000	18.493.632.026	4.107	342	2,5 %
1999	2.888.051.889	645	54	12,4 %
1998	4.629.688.676	1.041	87	9,3 %

Kein Freifahrtschein: An diese Vorgaben muss sich der Ölfonds halten

Für die Zusammensetzung des Ölfonds sind die Vorgaben der Politik und das Handeln des Fondsmanagements ausschlaggebend. Die Politiker legen die grobe Linie fest, die der Fonds in gewisser Eigenständigkeit umsetzt.

Die wesentlichen Bestimmungen können auf folgende sieben Fragen zurückgeführt werden:

1. Welche Aufteilung des Vermögens auf die zwei Hauptanlageklassen passt am besten zur grundsätzlichen Risikoentscheidung?
2. Was ist mit Immobilien?
3. Wie soll der Anleihenteil zwischen Staaten und Unternehmen aufgeteilt werden?
4. Wie sollen die Gelder auf die großen entwickelten Märkte, vor allem Europa und Nordamerika, verteilt werden?
5. Welche Bedeutung sollen Schwellenländer haben?
6. Welche Rolle sollen die Aktien kleinerer Unternehmen, sogenannte Small Caps, spielen?
7. Welche Aktien und Anleihen sollten aus ethischen Gründen ausgeschlossen werden?

Änderungen in der Anlagestrategie des Ölfonds gehen auf Reformen des Regelwerks zurück, die manchmal von NBIM angestoßen werden. Dazu zählt vor allem die Aufteilung auf die Anlageklassen (Frage 1). Die hat sich fast ausschließlich in einer Erhöhung der Aktienquote in mehreren Schritten gezeigt, die Erweiterung um Immobilien (Frage 2) spielt hingegen eine kleinere Rolle. Weitere Änderungen über die Zeit betrafen die Zusammensetzung innerhalb der einzelnen Vermögensklassen und lassen sich auf die Beantwortung der restlichen Fragen zurückführen.

Gut zu wissen

Obige Fragen sollten Sie sich als Privatanleger bei der Zusammenstellung Ihres Portfolios ebenfalls stellen. Wie Sie zu einer Entscheidung gelangen, erfahren Sie in Kapitel 5.

Auf den folgenden Seiten erhalten Sie zunächst einen Überblick über die wichtigsten Vorgaben sowie worauf diese beruhen. Das Kapitel danach beantwortet dann alle Fragen anhand der konkreten Zusammensetzung des Ölfonds. Dazu zählt auch ein Blick auf theoretisches Finanzwissen, das erklärt, warum die Wahl des Ölfonds sinnvoller ist, als was viele Privatanleger bisher machen. Da ethisch-moralisches Handeln bei der Geldanlage ein zunehmend wichtiges Thema ist, habe ich dem Aspekt Ethik ein eigenes Kapitel gewidmet.

Sicherheit versus Rendite

Als der Ölfonds von der Politik initiiert wurde, stand Sicherheit ganz hoch im Kurs. An den Finanzmärkten heißt Sicherheit letztlich nichts anderes als Kapitalerhalt, und zwar zu jeder Zeit. Schwankungen sollten also vermieden werden, damit das Fondsvermögen grob gesagt, wann immer es angeschaut wurde, nominal (also unabhängig von der Inflation) mindestens so hoch war wie bei der Kontrolle zuvor. Deshalb durfte die erste Einzahlung von 1996 lediglich investiert werden wie die Währungsreserven der Zentralbank, also vergleichsweise kurzfristig und sicher.

Allerdings war bereits bei der Auflage des Fonds klar, dass niemand das Geld schon in zwei Jahren wieder ausgeben wollte. Vielmehr galt es, langfristig von den Öleinnahmen zu profitierten. Das legte die Politik schon bei seiner Gründung gesetzlich fest: Rohstoffvermögen sollte in Finanzvermögen umgewandelt werden, damit auch spätere Generationen der Norweger etwas davon haben. Aufgrund dieser langen zeitlichen Perspektive ist die kurzfristige Sicherheit letztlich irrelevant. Wenn Sie auf eine bestimmte Summe für eine längere Zeit – sagen wir 10 oder 20 Jahre – nicht angewiesen sind, spielen Schwankungen während dieses Zeitraums letztlich keine Rolle. Ob Ihr Geld nach 5 Jahren um satte 30 % geschrumpft ist, ist unerheblich, solange nach weiteren 5 beziehungsweise 15 Jahren die Endsumme stimmt. Es gilt, am Ende der Saison in der Tabelle ganz oben zu stehen, ein einzelner Spielausgang ist nicht entscheidend.

Es war also nur logisch, den langfristig orientierten Ölfonds früh für andere Anlageklassen zu öffnen. Um eine höhere durchschnittliche

Rendite zu erzielen, änderte die Politik nach und nach die Portfoliostruktur des Ölfonds so, dass riskantere, aber zugleich chancenreichere Investments eine zunehmende Rolle spielten. Schon ab 1998 kam mit Aktien eine neue Anlageklasse hinzu, die fortan einen Anteil von 40 % am Fondsvermögen ausmachen sollten. Erst ab diesem Zeitpunkt ist der Ölfonds für dieses Buch relevant, denn erst hier beginnt die Zeit des Wachstums, während anfangs der Kapitalerhalt im Vordergrund stand. Durch die anfängliche Beschränkung auf recht entwickelte Märkte setzte man auch hier auf ein relativ geringes Risiko: Zugelassen waren im Wesentlichen Investments in Industrieländer. Zwei Jahre später durften dann auch Papiere einiger Schwellenländer (*Emerging-Markets*) ins Portfolio.

Was ist eigentlich ... eine Anlageklasse?

Geld kann in alles Mögliche gesteckt werden. Ordnungsverliebt wie Finanzmarktprofis sind, haben sie Anlageklassen (engl. *asset class*) gebildet. Der englische Begriff *asset* bedeutet Vermögenswert, in den investiert werden kann, deshalb ist in diesem Zusammenhang des Öfteren auch die Rede von Vermögensklasse. Die in einer Anlageklasse enthaltenen Anlageformen ähneln sich stark, was Risiko und Rendite angeht, und reagieren ähnlich auf eine Änderung der äußeren Gegebenheiten.

Die typischen Anlageklassen sind Aktien (equities), Anleihen (bonds) und Bares (cash equivalents), etwas weiter gefasst bilden auch Immobilien (real estate), Rohstoffe (commodities), Währungen (forex) und andere alternative Investments, wie etwa Kunst, eine eigene Anlageklasse. Einzelne Anlageklassen können weiter untergliedert werden, sodass bei Aktien beispielsweise deutsche Automobilhersteller, US-amerikanische IT-Unternehmen et cetera zusammengefasst werden.

Bei Anleihen wird zwischen Staatsanleihen und Unternehmensanleihen unterschieden. Außerdem fassen Investoren jene mit hohem Zins, aber gleichzeitig hohem Risiko zusammen. Diese heißen dann Hochzinsanleihen, Hochrisikoanleihen oder Junkbonds.

Salopp gesagt steckt hinter der Erhöhung der Aktienquote der Gedanke: »No risk, no fun.« Anders ausgedrückt: Eine langfristig zu erwartende höhere Rendite gibt es nur zum Preis erhöhten Risikos. Mehr Risiko bedeutet jedoch nicht zwangsläufig eine höhere Rendite. Durch eine geschickte Aufteilung des Investments kann das Risiko gesenkt werden, ohne dass die zu erwartende Rendite darunter leidet. Eine Erklärung dazu gibt es, wenn es um die moderne Portfoliotheorie geht (siehe den Abschnitt »Diese mit dem Nobelpreis geehrte Theorie steht hinter Norwegens Anlagemix« in diesem Kapitel).

Die simpelste Unterscheidung ist an den Finanzmärkten die zwischen sicheren Anleihen und weniger sicheren Aktien, wobei es hundertprozentige Sicherheit nicht gibt. Für Unternehmensanteile wird eine sogenannte **→ Risikoprämie** gezahlt. Nur wenn die erwartete Rendite eines riskanten Wertpapiers wie der Aktie höher ist als die einer Staatsanleihe mit bester Bonität, wird ein Investor bereit sein, in Erstere zu investieren. Denn sonst gäbe es die höhere Rendite ja auch bei geringerem Risiko. Im Schnitt und auf längere Sicht muss die Erwartung sein, dass Aktien mehr abwerfen, sonst würde sie schließlich niemand kaufen. Allerdings kommt es zwischenzeitlich zu größeren Wertschwankungen. Deshalb gilt die Regel: Je höher der Aktienanteil eines Vermögens, desto größer das Auf und Ab.

Im Jahr 2000 gab es bei den festverzinslichen Anlagen des Ölfonds eine bedeutsame Änderung: Die Papiere mussten nicht mehr staatsgarantiert sein, das bedeutet, die Art der Papiere, in die investiert werden konnte, wurde erweitert. Zugelassen wurden zudem Anleihen in weniger stabilen Währungen. Diese bringen eine höhere Rendite, aber auch ein höheres Risiko mit sich und verhalten sich damit ein wenig wie Aktien.

Gut zu wissen

Vor allem wegen der Größe des Fonds setzte NBIM die beschlossenen Änderungen nicht immer sofort komplett um. Wundern Sie sich also nicht, wenn Daten zum Ölfonds, zum Beispiel aus den Quartalsberichten, erst allmählich die Werte der neuen Vorgaben annehmen. Zudem lässt das Regelwerk des Fonds auch Schwankungen zu. Entsprechende Prozentwerte sind deshalb nur Zielgrößen. Auch Sie sollten zulassen, dass diese in einem zuvor festgelegten Rahmen unter- oder überschritten werden dürfen.

Kaufen, wenn alle anderen verkaufen, und was das mit Rebalancing zu tun hat

Im Jahr 2007 kam dann der nächste große Schritt: Die Politiker beschlossen erneut, den Aktienanteil zu erhöhen, diesmal auf 60 %. In großem Stil setzte NBIM die Aufstockung des Aktienanteils erst ab 2008 um. Das aber war das Jahr des großen Crashs und eignet sich deshalb bestens, um die mit Aktien verbundenen Chancen und Risiken zu veranschaulichen. Der Zeitpunkt zur Aufstockung des Aktienanteils mitten in der Finanzkrise, als die Kurse drastisch fielen, war zufällig, hatte aber durchaus Vorteile. »Das war ein Glückstreffer. Die Krise sorgte dafür, dass der Fonds Aktien im Ausverkauf erwerben konnte«, urteilte die Zeitung *Aftenposten.*[29] Allerdings mussten auch etliche Anleihen zu sehr schlechten Kursen verkauft werden.[30]

Norwegen hielt trotz Krise eisern am 60-Prozent-Ziel fest und kaufte, während andere in Panik ihre Aktien abstießen. Die Preise fielen dramatisch und erreichten unerwartete Tiefstände, die sich dann wieder und wieder nur als Zwischentief herausstellen sollten. Es ging kontinuierlich weiter abwärts – bis zum Frühjahr 2009. Abbildung 1 zeigt exemplarisch die Entwicklung des deutschen Leitindex DAX 30 und des amerikanischen Nasdaq Composite.

Ende 2008 hatte der Ölfonds einen Aktienanteil von 49,6 %; bis Ende 2009 stieg dieser auf 62,4 %. Im Jahr 2009 erwirtschaftete er eine Rendite von 25,6 % – nach einem Verlust in fast derselben Höhe im Jahr zuvor.

Auch ohne Erhöhung des Aktienanteils hätte Norwegen in den Jahren 2008 und 2009 billig dazugekauft, wenngleich nicht ganz so viel. Das Anlagevermögen prozentual auf mehrere Anlageklassen aufzutei-

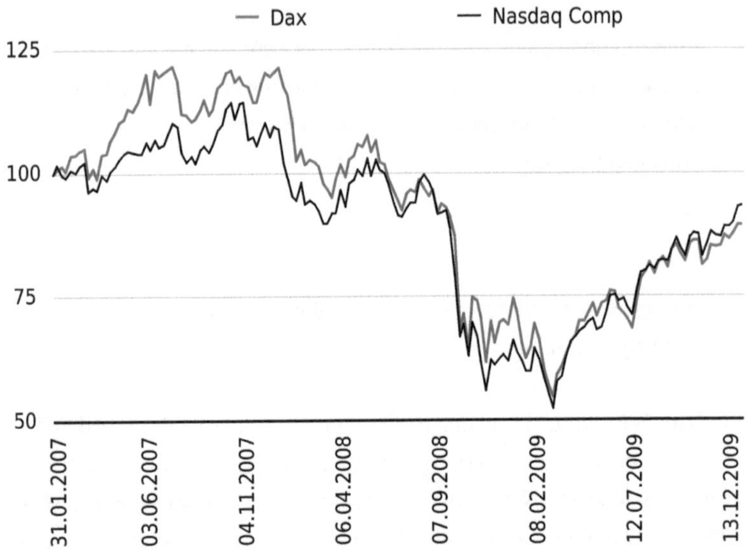

Abbildung 1: Performance von DAX und Nasdaq Comp in den Jahren 2007 bis 2010

len bringt es nämlich mit sich, zu handeln: Anteile an den Investments, die günstiger werden, werden zugekauft, während teurer werdende abgestoßen werden. So bleibt das einmal vorgegebene Verhältnis der Anlageklassen langfristig stabil. In der Finanzsprache heißt dieser Vorgang, der zurück zum ursprünglichen Vermögensklassenmix führt, Rebalancing oder ➔ **Umschichtung**, wobei durch den deutschen Begriff die Wiederherstellung eines früheren Status quo nicht so deutlich wird.[31] Dieser Effekt tritt im Übrigen stets auf, solange die unterschiedlichen Anlageklassen sich nicht genau gleich entwickeln.

Dazu ein Beispiel: Angenommen, Ihr privates Portfolio hat ein Gesamtvolumen von 100.000 Euro mit einem Aktienanteil von 40 %, den Rest machen Anleihen aus. Demzufolge sind 40.000 Euro in Aktien und 60.000 Euro in Anleihen investiert. Der Einfachheit halber sei angenommen, es handele sich dabei um je 1.000 Aktien und Anleihen zu einem identischen Preis von je 40 Euro. Nun fallen die Aktien drastisch im Wert und sind im Jahr darauf pro Stück nur noch 26 Euro und insgesamt also nur noch 26.000 Euro wert, während die Anleihen auf insgesamt 61.000 Euro gestiegen sind (und der Stückpreis auf 40,67 Euro).

In Ihrem Depot liegen nun also 87.000 Euro, wobei Aktien jetzt nur noch einen Anteil von 30 % ausmachen (26.000 ÷ 87.000 × 100) und Festverzinsliches 70 % (61.000 ÷ 87.000 × 100). Die Stückzahl ist jeweils gleich geblieben, der Durchschnittspreis je Aktie also stark gefallen, während der je Anleihe leicht gestiegen ist. Um den Aktienanteil wieder auf 40 % (jetzt bezogen auf 87.000, also auf 34.800) zu erhöhen, werden nun einige der im Preis leicht gestiegenen festverzinslichen Papiere mit Gewinn verkauft, während Aktien billiger als zuvor zugekauft werden. Wenn die Aktien jetzt eine Aufholjagd starten, etwa weil das Vertrauen in die Weltwirtschaft wieder gewachsen ist, ist der Ausgangswert von 100.000 schneller erreicht und dementsprechend auch schneller überschritten, als wenn nicht umgeschichtet worden wäre, um wieder einen Aktienanteil von 40 % zu erreichen. Der Grund dafür ist, dass der Aktienanteil erhöht wurde, als deren Preis gerade niedriger war. Das nennt sich Rebalancing-Effekt.

Zu Zeiten der Finanzkrise hat der Ölfonds davon profitiert. »NBIM hat das Ziel von 60 % in Aktien im Juni erreicht – nach zwei Jahren und 1.010 Milliarden Kronen Aktieninvestition. Der lange Zeitraum war vorteilhaft, waren wir doch in der Lage, von fallenden Aktienkursen während der Finanzkrise zu profitieren«, heißt es im Bericht für das Jahr 2009. Allerdings darf nicht verschwiegen werden, dass der Fonds nicht so viel Glück hatte, alle Papiere zum Tiefstpreis kaufen zu können. Viele Aktien fielen zunächst weiter, nachdem zugeschlagen worden war. Das bringt der Markt halt mit sich.

Tabelle 5 zeigt die Änderungen des Vermögensklassenmix des Ölfonds über die Jahre hinweg. Gestartet wurde ohne Aktien, deren Anteil dann allmählich erhöht wurde. Ab 2011 wurden Immobilien als dritte Vermögensklasse aufgenommen. Derzeit befindet sich der Fonds auf dem Weg in die Zukunft, das heißt, das Fondsmanagement ist dabei, die neuesten Vorgaben der Politik umzusetzen und den Aktienanteil auf 70 % zu erhöhen.

Einstieg in den Immobilienmarkt

Mitten in der Finanzkrise erlaubte das Finanzministerium dem Fondsmanagement, künftig bis zu 5 % des Fondsvolumens direkt in Immo-

Tabelle 4: Der Rebalancing-Effekt kann zu einer höheren Performance führen. Das Beispiel in der Tabelle zeigt auch, dass nicht immer exakt die gewünschten Prozentwerte erreicht werden können und nicht jeder Euro investiert werden kann (zu Anfang von Jahr 2 gibt es ein Barvermögen von 6 Euro), Kosten bleiben unberücksichtigt, um die Rechnung übersichtlich zu belassen. Die Kosten wären aber niedriger als die Kursgewinne durch Umschichtung.

	Depotanteil	**Anteil in Euro**	**Stückpreis in Euro**	**Anzahl**	**Depotanteil**	**Anteil in Euro**	**Stückpreis in Euro**	**Anzahl**
	Ausgangslage (Jahr 1 Anfang)				Jahr 1 Ende			
Aktien	40 %	40.000	40,00	1.000	30 %	26.000	26,00	1.000
Anleihen	60 %	60.000	40,00	1.500	70 %	61.000	40,67	1.500
Total	100 %	100.000	40,00	2.500	100 %	87.000	34,80	2.500
	Jahr 2 Anfang				Jahr 2 Ende			
Aktien	40 %	34.814	26,00	1.339	49 %	52.221	39,00	1.339
Anleihen	60 %	52.180	40,67	1.283	51 %	53.886	42,00	1.283
Total	100 %	86.994	33,18	2.622	100 %	106.107	40,47	2.622
	ohne Umschichtung Jahr 2 Anfang (identisch)				ohne Umschichtung Jahr 2 Ende			
Aktien	40 %	34.814	26,00	1.339	38 %	39.000	39,00	1.000
Anleihen	60 %	52.180	40,67	1.283	62 %	63.000	42,00	1.500
Total	100 %	86.994	33,18	2.622	100 %	102.000	40,80	2.500

bilien zu investieren. Um Immobilien im großen Stil aufkaufen zu können, musste der Ölfonds erst einmal die entsprechenden Experten einstellen. Es dauerte deshalb bis 2011, bis NBIM die ersten Liegenschaften erwarb. Wenn die Norweger etwas machen, dann richtig. So kauften sie sich einen 25-prozentigen Anteil an The Crown Estate's Quadrant 3 Regent Street Portfolio des britischen Königshauses[32] sowie weitere Prachtimmobilien – fast ausschließlich Büros und Läden – in Paris. Der Anteil am Gesamtfonds betrug zum Jahresende 2011 dennoch nur 0,3 %.

Der Einstieg ins Immobiliengeschäft war für den Ölfonds ein großer Schritt. Nicht nur weil es völlig neuer Expertise bedurfte und deshalb Personal mit anderen Qualifikationen als die bisherigen Manager. Dass für Anteile an Immobilien nicht täglich ein Börsenhandel stattfindet, forderte zudem das Transparenzprinzip des Ölfonds heraus (mehr dazu im Abschnitt »So hält der Ölfonds die Bürger auf dem Laufenden«). Denn wo kein Handel, da kein nachweisbarer Marktpreis. Mindestens einmal jährlich schätzen externe Gutachter den aktuellen Marktpreis der Immobilien. Das gibt allerdings nur einen groben Anhaltspunkt.

Tabelle 5: Die Veränderungen des Anlageklassenmix

Anlage-klasse / Phase	Status quo	Umbau	Ausbau	Aufbau	Start
Start der Phase	2020	2011	2007	1998	1996
Zielwert Aktien	70 % (60–80 %)	60 %	60 %	40 %	0 %
Zielwert Anleihen	30 % (20–40 %)	40 %	40 %	60 %	100 %
Immobilien (max. Wert, wird auf andere angerechnet)	bis 7 %	5 %	0 %	0 %	0 %

Gut zu wissen

Die für den Immobilienmarkt typische Intransparenz ist sicher ein Grund dafür, warum viele Privatanleger einen Hauskauf stets für eine gute Idee halten. Das ist es bei näherem Hinsehen aber nicht immer. Wenn Sie eine Immobilie besitzen, gilt: Anders als bei Aktien gibt es keinen Depotauszug. Niemand teilt Ihnen einmal im Jahr den aktuellen Verkehrswert Ihres Hauses oder Ihrer Eigentumswohnung mit. Ebenso wenig erhalten Sie eine Aufstellung, die Sie über die Nettowertsteigerung (oder den -verlust) informiert. Dabei würden Mieteinnahmen oder -ersparnisse sowie Ausgaben für Instandhaltung und zur Bedienung des Kredits berücksichtigt. Auch der zeitliche Aufwand für die Verwaltung einer Immobilie sollte nicht unberücksichtigt bleiben. Damit ist Ihnen als Besitzer einer Immobilie oft gar nicht klar, wie gut oder schlecht sich Ihr Investment entwickelt hat.

Immer wieder Diskussionen um die Quote

Im Sommer 2017 beschloss die Politik, die Aktienquote auf 70 % zu erhöhen. Erneut lautete das Argument, so die zu erwartende Rendite im Niedrigzinsumfeld steigern zu können. Die norwegische Zentralbank hatte sich sogar eine Quote von 75 % gewünscht, um die vorhergesehene schwache Entwicklung bei festverzinslichen Papieren aufzufangen.[33] Der Entscheidung war eine intensive Diskussion vorausgegangen. Eine eigens eingesetzte Kommission kam zu dem Schluss, dass 70 % sinnvoll seien.[34]

Strittig war die Erhöhung des Aktienanteils, weil damit natürlich die Gefahr zeitweiliger drastischer Verluste steigt. Was aber selbst am Ende solcher Phasen im Ölfonds übrig bleibt, wird bei kluger Anlagepolitik in der Regel immer noch mehr sein als bei einer weniger riskanten Strategie – das gilt auch für Ihr privates Portfolio. Die Durchschnittsrendite des Ölfonds beinhaltet ja bereits Verlustjahre. Selbst wenn diese darüber hinaus unvorhergesehen eintreffen, sind sie zu verkraften, wenn der Wert des Ausgangsportfolios mittlerweile so groß ist, dass selbst ein starker Preisverfall beim Aktienanteil nicht dazu führt, dass das Gesamtportfolio stärker schrumpft, als wenn von Anfang an auf die weniger risikoreichere Variante gesetzt worden wäre. Anhand eines Rechenbeispiels mit einer sicheren und einer riskanteren Anlage möchte ich verdeutlichen, warum mehr Risiko sich in vielen Fällen am Ende bezahlt macht. Nehmen Sie an, Sie wollen 15 Jahre sparen und starten Ihr Investment mit einer Einmalinvestition von 10.000 Euro.

- **Sichere Anlage:** Das Geld wird absolut sicher angelegt zu 1 % jährlichem Zins und Sie zahlen wie in vorherigen Beispielen monatlich 300 Euro ein und passen diese Rate wie gehabt jährlich an die 2 %ige Inflation an. Nach 10 Jahren haben Sie 52.400 Euro auf dem Konto und nach dem Ablauf der kompletten Sparphase sind es 78.500 Euro.
- **Riskantere Anlage:** Sie entscheiden sich für eine riskantere Portfoliostruktur, die abgesehen von einem kurzen, aber heftigen Crash eine durchschnittliche jährliche Rendite von 5 % bringt. Nach zehn Jahren haben Sie 66.800 Euro. Dann gibt es einen Kurssturz von 25 % (wir nehmen der Einfachheit halber an, dieser ereignet sich am ersten Tag des elften Jahres). Ihnen verbleiben 50.100 Euro, die Sie mitsamt Sparrate für die restlichen 5 Jahre anlegen. Erneut gibt es im Schnitt 5 % jährliche Rendite. Am Ende der 15-jährigen Laufzeit wird Ihr Vermögen auf rund 85.200 Euro angewachsen sein.

Trotz des zwischenzeitlichen Tiefs hätten Sie also bei der Risikovariante am Ende immer noch 6.700 Euro oder 8,5 % mehr als bei der sicheren Geldanlage. Ohne Crash wären Sie mit der riskanteren Variante auf ein Endkapital von 111.000 Euro gekommen. Generell gilt: Je höher das Startkapital im Verhältnis zur Sparrate und je länger Zeit nach dem Crash noch bleibt bis zum Ende der Sparzeit, desto besser fahren Sie mit der riskanteren Strategie. Selbst wenn der Kurssturz sich erst ganz am Ende der Sparphase ereignet hätte, wäre mit dieser noch ein um mehr als 6 % besseres Ergebnis erzielt worden als mit der sicheren, und wenn sich der Kurssturz bereits nach 5 Jahren ereignet hätte, wären Sie auf 92.000 Euro gekommen – 13.500 Euro oder 17 % mehr als bei der sicheren Variante. Je höher Startsumme und Sparrate, desto höher der Effekt.

Dazu noch ein Hinweis: Ein solch drastischer Verlust ist bei einer durchschnittlichen Performance von 5 % pro Jahr eher unwahrscheinlich. Zum einen hat selbst der Ölfonds eine höhere Rendite erreicht, obwohl er über die Jahre durchaus herbe Rückschläge hinnehmen musste. Seine durchschnittliche Rendite setzt sich aus jährlichen Renditen zwischen –23 % und +26 % zusammen (siehe Abschnitt »Es ging nicht immer nur aufwärts: die Performance des Fonds im Überblick«). Das zeigt zum anderen, dass ein Wertverfall von 25 % für eine nach dem Muster des Ölfonds gestrickten Anlage, wenn von historischen Daten ausgegangen wird, eher unwahrscheinlich ist. Schließlich hat dieser in einem Jahr nie mehr als 23 % an Wert verloren, wobei die Aktienquote damals niedriger war als heute.

Gut zu wissen

Es gibt eine einfache Maßnahme, um das Risiko eines größeren Wertverlusts zu dem Zeitpunkt, an dem das Geld benötigt wird, zu begrenzen: Richten Sie die Portfoliostruktur am Zeithorizont Ihres Investments aus. Je länger das Ende des Anlagezeitraums noch weg ist, eine desto höhere Aktienquote wählen Sie. So wie der Ölfonds allmählich den Aktienanteil erhöht hat, könnten Sie diesen allmählich wieder absenken, je näher der Zeitpunkt rückt, an dem Sie das angesparte Vermögen anrühren wollen. Machen Sie das und nehmen Sie damit eine Idee des Ölfonds auf. Seien Sie aber vorsichtig, wenn es kurz vor dem Ende der Sparperiode einen Crash am Aktienmarkt gegeben hat. Dann könnte es gut sein, dass Sie in jedem Fall zuerst Anleihen verkaufen sollten – auch wenn das zunächst unvernünftig klingen mag. Aber Sie müssen den Aktien Zeit lassen, sich zu erholen. Mehr dazu erfahren Sie in Kapitel 5.

Was ist innerhalb der Anlageklassen erlaubt?

Die schrittweise Veränderung der Gewichtung von Aktien und Anleihen sowie Immobilien im Portfolio ist nicht die einzige Vorgabe, die

die Politik dem Fondsmanagement macht. In allen drei Anlageklassen darf der Fonds längst nicht einfach kaufen, was er möchte. Details regelt das »Mandat für die Verwaltung« aus dem Jahr 2010, das seither mehrfach geändert wurde, zuletzt im Januar 2020. Das Mandat sowie die Investmententscheidungen der NBIM-Manager sind ausschlaggebend dafür, wie der Ölfonds sich zusammensetzt. Für Sie als Privatanleger ist dies und welche Strategie dahintersteht wichtig, nicht aber, wessen Entscheidungen – also die der Politik oder der Investmentmanager – dazu geführt haben. Deshalb wird der Einfachheit halber hier nicht immer differenziert, sondern der Fokus liegt auf Ergebnis und Strategie. Am lockersten sind die Vorschriften für Immobilien. Hier heißt es, dass das Portfolio »geografisch, über Sektoren und Objekte gut diversifiziert sein soll«.[35] Darüberhinaus gibt es nur grobe Vorgaben, zum Beispiel in wie viel Prozent des Immobilienvermögens in welcher Region investiert sein sollen und in wieweit Einkaufszentren, Büros, Freizeitparks oder Wohngebäude zu bevorzugen sind. Es gibt also letztlich nur eine grobe Richtschnur. Wenn beispielsweise nur in den USA oder nur in Europa angelegt würde, wären diese Kriterien ebenso wenig erfüllt, wie wenn ausschließlich Häfen für Superyachten gekauft würden.

Gut zu wissen

Das Ölfondskriterium »gut diversifiziert« in puncto Immobilienanlage erfüllen Sie mit Ihrem selbst genutzten oder vermieteten Eigenheim wohl eher nicht. Einen riesigen Batzen des eigenen Vermögens in ein einziges Investment zu stecken ist alles andere als gut diversifiziert (nicht umsonst wird der Begriff Klumpenrisko benutzt). Unter welchen Umständen ein Haus- oder Wohnungskauf trotzdem sinnvoll sein kann, erfahren Sie in Kapitel 5.

Während die Aufteilung des Portfolios auf Aktien und Anleihen prozentual ganz einfach geregelt ist (mit der Zielvorgabe 70 % zu 30 % – exklusive Immobilien), gibt es für die Zusammensetzung der jeweiligen Teile erheblich komplexere Vorgaben. Für Anleihen ebenso wie für Aktien wurden Benchmark-Indizes gewählt, die zur Orientierung dienen sollen. Dabei kann die (Teil-)Struktur des eigenen Portfolios sich an dem jeweiligen Index anlehnen und/oder dieser dient als Vergleichsmaßstab für die Performance der eigenen Anlage. Das Fondsmanagement von NBIM orientiert sich an der Zusammensetzung der Indizes. Allerdings gilt es wie bereits erwähnt nicht, diese einfach eins zu eins zu kopieren. Stattdessen darf teilweise davon abgewichen werden und teilweise ist dies auch zwingend nötig (mehr dazu in Kapitel 5).

Als Privatanleger sollten Sie diesem Grundsatz ebenso folgen. Ziehen Sie einen beziehungsweise mehrere Indizes heran, aber folgen sie diesen nicht zwingend starr. Definieren Sie Abweichungen wie Unter- oder Übergewichten bestimmter Regionen oder Segmente vorab und folgen Sie dann der auf diesen Modifikationen aufbauenden Portfoliostruktur.

Für alle Vermögensklassen des Ölfonds gilt, dass weder Geld in Norwegen investiert werden darf noch in norwegischen Kronen. Dadurch wird das Risiko vermindert, dass die Heimatwährung zu stark und die nationale Wirtschaft überhitzt wird. Das ist eines der wesentlichen Prinzipien, denen Sie als kleiner Privatanleger nicht folgen müssen (mehr dazu in Kapitel 7).

Gut zu wissen

Eine weitere Komponente der norwegischen Finanzformel ist die **Aufteilung** auf die Vermögensklassen Aktien, Anleihen sowie gegebenenfalls Immobilien und weitere Anlageklassen. Zusammen ergeben sie 100 % des Fondsvermögens. Wie die Aufteilung aussieht, hängt von Ihren persönlichen Präferenzen, der gewünschten Sicherheit und Renditeerwartung ab. Dies bestimmt sich vor allem aus der Risikotoleranz und Ansparzeit und damit auch daraus, was mit dem Geld bezweckt wird (siehe dazu den Abschnitt »Investmenthorizont« in Kapitel 4).

Vorgaben für Aktien

Die aktuelle Benchmark des Ölfonds für Aktieninvestments ist der FTSE Global All Cap. In diesem Aktienindex sind (Stand: Ende März 2020)[36] ungefähr 8.000 Unternehmen der Standardgrößensegmente Large, Medium und Small Cap sowohl aus entwickelten wie aufstrebenden Volkswirtschaften (meist Emerging-Markets oder kurz EM genannt) enthalten.

Was ist eigentlich ... ein Index?
Indizes dienen immer dazu, etwas zusammenzufassen. Alle Börsen weltweit haben verschiedene Indizes. Der für Deutschland wohl bekannteste ist der DAX (Abkürzung für Deutscher Aktienindex) auch DAX 30 genannt, weil er die 30 größten Unternehmen enthält. Daneben gibt es noch den MDAX für mittlere Werte und für kleinere den SDAX. Der Tech-DAX repräsentiert Technologieunternehmen. Diese Indizes werden von der Deutschen Börse herausgegeben, das heißt, sie entscheidet über die Kriterien von deren Zusammensetzung. In den USA gibt es S&P 500, Nasdaq Comp und dergleichen.

International wird viel mit den großen Indizes von Anbietern wie MSCI oder FTSE gearbeitet. Für deren Hauptindizes spielt ebenfalls die Bedeutung der Unternehmen an der Börse die Hauptrolle. Sie verwenden aber etwas andere Kriterien, sodass der MSCI Deutschland rund 60 Werte enthält und neben den DAX-Konzernen auch kleinere repräsentiert. Darüber hinaus wählen diese und diverse andere Anbieter börsennotierte Unternehmen nach gewissen weiteren Kriterien aus und bilden noch speziellere Indizes. So enthält beispielsweise der Barclays Women in Leadership Total Return Index nur Unternehmen, die entweder eine Vorstandschefin haben oder deren → **Aufsichtsrat** zu mindestens 25 % aus Frauen besteht, der Natur-Aktien-Index enthält nur besonders nachhaltig agierende Unternehmen und der MSCI Global Health Care Index nur Unternehmen aus dem Gesundheitssektor.

Indizes machen es möglich, regionale, weltweite oder branchenspezifische Wertentwicklungen zusammenzufassen. Anleger messen ihren Erfolg üblicherweise in Relation zu ausgewählten Indizes als sogenannte Benchmark.

Wertpapiere, die Teil eines Index sind, stehen also gemeinsam für einen größeren Markt. Zum DAX 30 gehören unter anderem BMW, Daimler, Volkswagen, BASF und Siemens. Die Wertentwicklung des DAX entspricht der durchschnittlichen Wertentwicklung aller in diesem Index zusammengefassten Aktien. Unternehmen mit einem höheren Börsenwert erhalten dabei mehr Gewicht.

Der DAX wurde 1988 etabliert und ist ein Performanceindex. Das heißt, seine Wertentwicklung wird so berechnet, als würden ausgezahlte Dividenden reinvestiert (Indizes, die dies nicht tun, heißen Kursindizes – für ausländische Indizes ist dies häufig Standard). Im Herbst 2017 überschritt der DAX erstmals die Marke von 13.000 Punkten. Binnen fast 30 Jahren hat der Index sich demnach verdreizehnfacht – oder anders ausgedrückt: um 1.200 % zugelegt. Das entspricht einer durchschnittlichen jährlichen Performance von satten 9 %. Es ist nicht verwunderlich, dass das mehr als beim Ölfonds ist. Zum einen war das Risiko erheblich höher, da die Aktienquote im DAX 100 % beträgt und wenig Diversifikation stattfindet, dementsprechend stark schwankte der Index. Seine Volatilität ist vergleichsweise hoch. Des Weiteren handelt es sich um einen längeren Zeitraum, in den auch einige sehr starke Jahre fallen. Wenn der Fonds damals schon aktiv gewesen wäre, hätte er den DAX vermutlich auch geschlagen. Die Performance des DAX seit 1998, also jenem Jahr, in dem der Ölfonds begann in Aktien anzulegen, fällt mit 5,3 % schwächer aus als die der Norweger – und das bei höherem Risiko. Hätte der Ölfonds schon seit 30 Jahren existiert, hätte dieser den deutschen Leitindex vermutlich auch über diesen Zeitraum geschlagen.[37]

Der Ölfonds weicht in mehrfacher Hinsicht von der vorgegebenen Benchmark ab: Die geografische Gewichtung ist anders und nicht in alle Aktien darf investiert werden, da einige Werte aus ethischen Gründen ausgeschlossen sind. Beides schreibt das Mandat fest, wobei die schwarze Liste der Unternehmen, in die aus ethischen Gründen nicht investiert werden soll, nicht von der Politik, sondern von einem eigenen Ethikrat bestimmt wird (mehr dazu in Kapitel 6). Darüber hinaus setzt der Ölfonds spezielle Schwerpunkte beim Aktieninvestment. Diese sind für Sie als Anleger mindestens so interessant wie die Vorgaben der Politik.

Die veränderte geografische Gewichtung bedeutet, dass Europa im Vergleich zum FTSE Global All Cap stark[38] sowie aufstrebende und alle anderen entwickelten Märkte außer den USA und Kanada leicht übergewichtet werden, während die zwei nordamerikanischen Länder de facto untergewichtet werden, also im Portfolio des Ölfonds eine kleinere Rolle spielen als im Index. Die → **Marktkapitalisierung** – also die Summe aus den Börsenwerten aller in dem jeweiligen Land notierten Unternehmen – gibt die Standardgewichtung an, die dann gemäß den Faktoren nach oben oder unten angepasst wird. In der Folge ergibt sich für den Ölfonds eine andere Mischung im Aktienkorb als bei der Benchmark, denn in den globalen Aktienindizes stehen die USA üblicherweise für mehr als die Hälfte der Marktkapitalisierung. Eine abweichende Gewichtung, wie sie auch der Ölfonds vornimmt – zum Beispiel nach Wirtschaftsleistung, also Bruttoinlandsprodukt –, trägt demnach zur Diversifikation bei.

Gut zu wissen

Der DAX 30 ist der bedeutendste deutsche Aktienindex. Als Leitindex dient er häufig als Vergleichsmaßstab und das ist auch gerechtfertigt. Als Investor nur in den DAX und die Leitindizes anderer Länder zu investieren ist aber nicht empfehlenswert. Denn dann wird ein bedeutender Teil des Marktes ausgeklammert, nämlich all jene Unternehmen, die nicht ganz so riesig sind. Häufig bieten diese sogar attraktivere Renditen. Zudem ist der DAX beispielsweise stark von Automobilwerten dominiert während Internetkonzerne fehlen, weil es davon keine riesigen in Deutschland gibt. Somit bildet der Leitindex also bestimmte Branchen überproportional ab, andere bedeutende und gewinnträchtige fehlen.

Vorgaben für Anleihen

So wie das Verhältnis von Aktien zu Anleihen für den Ölfonds festgelegt ist, ist auch innerhalb der Anleiheninvestments die Aufteilung auf Staats- und Unternehmensanleihen festgeschrieben – und zwar ebenfalls im Verhältnis 70 zu 30. Für Auswahl und Gewichtung der Staatspapiere werden folgende Indizes herangezogen:

- Bloomberg Barclays Global Inflation-Linked (Series-L) Bond Index
- Barclays Global Treasury GDP Weighted by Country Bond Index
- Bloomberg Barclays Global Aggregate Bond Index

Die Größe einer Volkswirtschaft ist dabei ausschlaggebend. Deutschland wird demnach doppelt so stark gewichtet wie Brasilien, Italien oder Kanada und viermal so stark wie die Türkei.

Für Unternehmensanleihen wird der Bloomberg Barclays Global Aggregate Bonds Index herangezogen und modifiziert: Investiert werden darf nur in Anleihen von Firmen, die auf US-Dollar, kanadische Dollar, Euro, britische Pfund, schwedische Kronen, dänische Kronen oder Schweizer Franken ausgestellt sind. Sogar der japanische Yen fällt weg. Das heißt aber nicht, dass keine Anleihen von Firmen aus Japan, anderen asiatischen Ländern oder Südamerika gekauft werden dürfen. Denn es ist durchaus üblich, dass zumindest große Unternehmen dieser Staaten sich in einer der wichtigeren Währungen verschulden, indem sie Anleihen in Fremdwährungen ausgeben. Damit sind besonders stark schwankende Währungen sowie de facto auch kleinere Unternehmen in peripheren Märkten ausgeschlossen. Beides sollte dazu beitragen, dass Unternehmensanleihen stabiler sind, als wenn diese Einschränkungen nicht gelten würden.

Der Anleihenteil des Ölfonds verwirrt mit seinen vielen Benchmark-Indizes und den Einschränkungen. NBIM hat im Herbst 2017 eine grundlegende Änderung vorgeschlagen, die für mehr Übersichtlichkeit und weniger Transaktionen sorgen würde: Fortan soll überhaupt nicht mehr in Unternehmensanleihen investiert und bei Staatsanleihen in weniger Währungen investiert werden. Damit würde die Struktur der Obligationen simpler und besser zu Privatanlegern passen. Kapitel 5, in dem es um die Umsetzung der norwegischen Finanzformel geht, orientiert sich an diesen Reformvorschlägen. Da der Ölfonds derzeit noch anders aufgebaut ist, lernen Sie den Status quo des Anleihenteils in **Kapitel 3** näher kennen.

> **Gut zu wissen**
> Sie müssen sich nicht alle Details zur Aufteilung der Vermögensklassen merken. Für Sie als Privatanleger zählt zunächst allein die Essenz der Vorgaben für Ihr persönliches Portfolio:
>
> 1. Die Aufteilung auf Anleihen und Aktien ist ausschlaggebend fürs Risiko.
> 2. Benchmark-Indizes geben innerhalb der Anlageklassen die Richtung vor und helfen, den Erfolg zu messen.
> 3. Deren Gewichtung sollte modifiziert werden.

So hält der Ölfonds die Bürger auf dem Laufenden

In Nordeuropa ist Transparenz ganz besonders wichtig. Der Bürger soll stets die Möglichkeit haben, zu kontrollieren, was die Machthaber tun. Es muss schon sehr gute Gründe geben, um staatliche Informationen geheim zu halten. Das geht so weit, dass in Norwegen jeder sogar die Steuerzahlungen seines Nachbarn einsehen kann. Schließlich ist das Steuerwesen staatlich und damit vom sogenannten Öffentlichkeitsprinzip umfasst – selbst wenn das vielen nicht gefällt.

Dieser hohe Grad an Transparenz herrscht auch beim staatlichen Pensionsfonds. Ähnlich einem börsennotierten Unternehmen stellt dieser für jedes Quartal einen ausführlichen Bericht vor. So können die Norweger, für die das Geld ja letztlich angelegt wird, nachvollziehen, wie sich das im Ausland investierte Volksvermögen in den vergangenen drei Monaten entwickelt hat. Sie müssen nicht auf Aussagen aus Politik oder Finanzwesen vertrauen, sondern können selbst nachschauen – sogar täglich, denn auf www.nbim.no gibt es einen Liveticker, der den aktuellen Wert des angelegten Vermögens in Kronen laufend angibt. Dort wird allerdings nur die Gesamtsumme angezeigt, nicht wie sich die drei Vermögensklassen Aktien, Anleihen und Immobilien oder einzelne Investments entwickeln.

Die wichtigsten historischen Daten stehen ebenfalls im Internet. Am detailliertesten ist stets der Jahresbericht. Zu diesem gehören mehrere sehr umfangreiche Tabellen. Die wichtigsten Informationen darin sind die Unternehmen, in die der Ölfonds investiert ist, sowie der Wert des jeweiligen Bestands und für welchen Anteil am Unternehmen dieser steht. Darüber hinaus sind der jeweils zugehörige Standort, also das Land und die Region, sowie die Branche aufgelistet. Mithilfe dieser Daten lassen sich etliche interessante Berechnungen anstellen, die der Ölfonds in der Form nicht im Jahresbericht publiziert. Die geben Aufschluss über dessen Strategie und damit einen Hinweis darauf, wo Privatanleger sich inspirieren lassen könnten. Beispielsweise ist es möglich, zu schauen, wie stark der Ölfonds in DAX-30-Werte investiert ist oder wie viele kleinere Anteile er in China hält. Der Ölfonds kauft und verkauft ständig Wertpapiere, einen Überblick über alle Bestände gibt es aber immer nur zum 31. Dezember. Dementsprechend basieren Analysen auf der Zusammensetzung des Ölfonds an diesem Stichtag. Der Strategie gemäß ist der Ölfonds in der

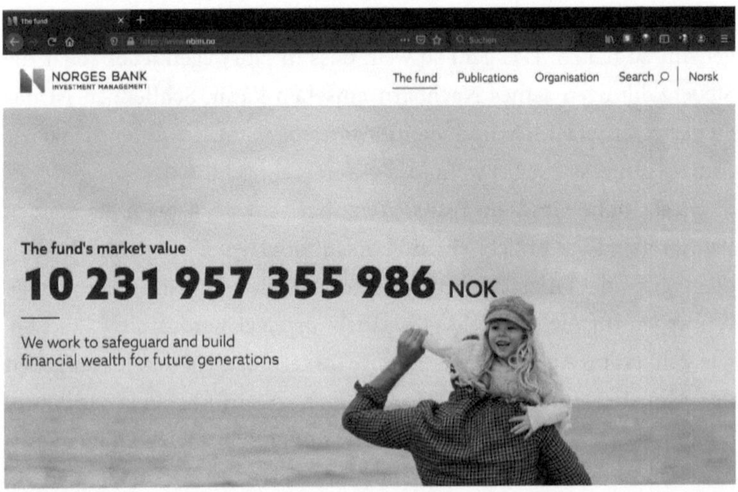

Abbildung 2: www.nbim.no 3. Juni 2020

restlichen Zeit des Jahres ähnlich investiert. Die gute Nachricht lautet: Nichts davon müssen Sie selbst analysieren. Doch einige dieser Zahlen, Daten und Fakten werden Ihnen im Laufe der nächsten Kapitel wieder begegnen.

Gut zu wissen

Eine weitere Komponente der norwegischen Finanzformel ist **Transparenz**. Wer weiß, dass einmal jährlich ständig Rechenschaft abzulegen ist, und laufend erklären können muss, wie die Investments zur Strategie passen, achtet selber darauf, dass das Geld systematisch und nicht nach dem Zufallsprinzip investiert wird.

Alles klar? Die wesentlichen politischen Vorgaben, an die sich der Ölfonds halten muss, in 5 Regeln gegossen, die auch für Privatanleger gelten:

1. **Investitionen erfolgen stetig und langfristig in Abhängigkeit von der eigenen wirtschaftlichen Lage, dabei darf die aktuelle Situation der Märkte keine Rolle spielen:** Die Regierung zahlt alle Gewinne aus dem staatlichen Ölgeschäft in den Fonds ein, egal, ob die Finanzmärkte gerade stabil sind oder es turbulent zugeht.
2. **Das Geld ist nach dem vorgegebenen Schlüssel auf die zwei Vermögensklassen Anleihen und Aktien aufzuteilen:** Die Risikopräferenz ist ausschlaggebend dafür, welcher Anteil in (riskantere) Aktien und welcher in (sicherere) Anleihen investiert wird.
3. **Rebalancing sorgt dafür, dass dieses Verhältnis im Rahmen einer Schwankungsbreite langfristig konstant bleibt:** Das Risiko und damit die Chance sollen in etwa stabil bleiben und ergeben sich aus dem Anlageklassenmix. Wenn sich eine Anlageklasse über einen längeren Zeitraum deutlich anders entwickelt hat als die andere, führt Umschichten dazu, deren ursprüngliche Relation wiederherzustellen.

4. **Innerhalb der Vermögensklassen dienen Indizes als Benchmark:** Der Erfolg des Investments misst sich an Indizes, die auch vorgeben, worein investiert werden darf.
5. **Regelmäßig ist Auskunft darüber zu geben, in welche Wertpapiere das Geld investiert ist und wie sich das Vermögen entwickelt:** Stets zu wissen, welche Papiere im Portfolio liegen, ist notwendig, um zu sehen, ob der eigenen Strategie noch gefolgt wird und ob die reale Rendite von der erwarteten abweicht.

Besser als der Markt? Das ist gar nicht nötig

Unter Ökonomen und Finanzexperten herrscht häufig Uneinigkeit. Ein grundlegender Streitpunkt ist, ob es gelingen kann, auf Dauer besser als der Markt zu sein, also langfristig eine höhere Rendite zu erwirtschaften als der Durchschnitt. Diese Diskussion wird schon seit Jahren geführt.

- Die Befürworter plädieren dafür, aktiv Wertpapiere nach bestimmten Kriterien so auszuwählen, dass sie nicht den Markt widerspiegeln, und laufend umzuschichten. Das ist zeitaufwändig und anspruchsvoll.
- Die Gegner können sich hingegen entspannen. Ihnen reicht es, mit dem eigenen Portfolio den Markt, also zum Beispiel einen bestimmten Index, zu kopieren, also passiv zu investieren.

Den meisten Anlegern gelingt es bei Weitem nicht, den relevanten Marktdurchschnitt zu erreichen. So zitiert die *Frankfurter Allgemeine Zeitung* eine Untersuchung der *Stiftung Warentest*, die nach Analyse von fast 40.000 deutschen Depots zu folgendem Ergebnis kommt: »Das Aktien-Picken erwies sich in den vergangenen zehn Jahren als Renditekiller erster Güte. Die untersuchten Depots brachten im Durchschnitt eine Wertentwicklung von 3,1 Prozent pro Jahr. Mit einer Indexmischung, die die durchschnittliche Vermögensaufteilung der Anleger widerspiegelt, hätten sie dagegen 8,7 Prozent pro Jahr erzielt.«[39] Das Ergebnis liegt höher als das des Ölfonds. Lassen Sie sich davon nicht irritieren, die Stiftung Warentest hat einen anderen Zeitraum untersucht und die Depots haben ein anderes Risiko. Wichtig ist: Die, die viel handelten, erwirtschafteten eine erheblich niedrigere durchschnittliche Rendite.

Gut zu wissen

Ja, der Ölfonds betreibt ein leichtes »Stock-Picking«, das heißt, er kauft bestimmte Papiere und gewichtet diese in seinem Portfolio anders als in den Benchmark-Indizes. Aktien und Anleihen zu analysieren und dann nach bestimmten Kriterien zu sortieren, um sich für oder gegen einen Kauf zu entscheiden, hat durchaus seinen Reiz. Für den privaten Anleger ist es jedoch nicht ratsam; es ist schlichtweg zu zeitaufwändig und kostspielig. Für Privatanleger reicht es vollkommen aus, so gut wie der Markt abzuschneiden und zu diesem Zweck in → **ETFs** zu investieren (mehr dazu in Kapitel 5). Das heißt jedoch nicht, dass Sie nun ohne nachzudenken losziehen und x-beliebige Wertpapiere kaufen sollen. Stattdessen gilt es, eine einfache Strategie anzuwenden, bei der grundlegende Entscheidungen im Vordergrund stehen.

Diese mit dem Nobelpreis geehrte Theorie steht hinter Norwegens Anlagemix

»Die wichtigste strategische Entscheidung, was Risiko und Rendite angeht, ist, in welche Arten von Anlage der Fonds investieren kann und wie viel jeweils in diese fließt«[40], heißt es beim Ölfonds. »Welche« und »wie viel« sind die entscheidenden Stichworte. Es geht um die Frage: In welche Vermögensklasse fließt wie viel des Geldes? Ende Dezember 2019 entfielen 71 % des Ölfonds-Portfolios auf Aktien, 27 % auf Anleihen, der Rest steckte in Immobilien. In allen vier Quartalen des Jahres hatten sich alle drei Anlageklassen positiv entwickelt.

Wie das Vermögen auf die zwei Hauptanlageklassen Aktien und Anleihen aufgeteilt wird, ist eine Grundsatzentscheidung, die sich aus dem gewählten Risiko ergibt. Im vorangegangenen Kapitel haben Sie bereits gelernt, dass bei langfristiger Anlage mehr Risiko eingegangen werden darf als bei kurzfristiger, weil die Chance größer ist, etwaige Verluste wieder aufzuholen. Auch haben Sie erfahren, wie der Ölfonds den Anlageklassenmix geändert und damit das Risiko ebenso wie die Rendite mit der Zeit gesteigert hat. All das ist Teil der übergeordneten Strategie. In welche Einzelwerte, Länder und Regionen investiert wird und welche Wertpapiere wann gekauft oder verkauft werden, hängt hingegen von den Details der Strategie ab. Alle Aufteilungen – die auf die Vermögensklassen sowie die innerhalb von diesen – bezwecken, den nach den eigenen Risikopräferenzen besten Risiko-Rendite-Mix durchzusetzen. Die entsprechenden Zusammenhänge wie »hoher Anleihenanteil gleich niedrigeres Risiko« oder »Übergewichtung bestimmter Aktien gleich weniger Risiko« sind dabei nicht aus der Luft gegriffen, sondern wissenschaftlich begründet durch die mit dem Nobelpreis gewürdigte moderne Portfoliotheorie (MPT). Deren Grundlagen sind klar beim Investment des Ölfonds zu sehen und sollten auch für Ihre Geldanlage weitgehend gelten. Um überzeugt gemäß der MPT anlegen zu können, sei diese Ihnen hier in vereinfachter Form präsentiert. Deren Hintergründe und Annahmen können gut erkannt werden, wenn die Zusammensetzung des Ölfonds über verschiedene Jahre verglichen wird.

Gut zu wissen

Entscheidend für den Erfolg einer Geldanlage und das Risiko, das damit eingegangen wird, ist die Aufteilung auf die unterschiedlichen Anlageklassen. Generell gilt: Je mehr Bares, desto niedriger das kurzfristige Verlustrisiko, desto niedriger aber auch die Aussicht auf langfristigen Anlageerfolg. Wer sein Geld unter der Matratze versteckt, kann auf lange Sicht nur verlieren, weil die Inflation über die Jahre dafür sorgt, dass bar gehaltenes Geld immer weniger wert wird. Selbst Sparbücher und Tagesgeld schaffen es heutzutage nicht die Preissteigerung auszugleichen. Und auch, wenn hohe Zinsen früherer Zeiten anderes suggerieren, gab es auch in der Vergangenheit schon negative reale Zinsen. Bei Aktien verhält es sich genau umgekehrt: Ein höherer Aktienanteil kommt mit höherem kurzfristigen Risiko, aber eben auch mit einer höheren zu erwartenden Rendite.

Das beste Investment ist demnach jenes mit dem perfekten Risiko-Chance-Mix. Doch Anleger sind verschieden. Nehmen Sie an, die jährliche Inflation liegt bei 2 %, Sie starten ihre einjährige Investitionsphase mit 10.000 Euro und haben die Wahl zwischen zwei Portfolios:

- Portfolio A hat eine 90 %ige Chance auf einen Endstand von 12.000 Euro, bringt aber ein kleines Risiko von 10 % mit sich, dass Sie nach einem Jahr mit weniger, nämlich nur noch 9.000 Euro dastehen.
- Portfolio B führt mit 100 %iger Sicherheit am Ende des Jahres zu 10.200 Euro, also 2 % mehr als am Jahresbeginn.

Im Fall A liegt die erwartete Rendite bei 17 % oder 1.700 Euro (90 % von 2.000 Euro Gewinn minus 10 % von 1.000 Euro Verlust). Im Fall B liegt sie bei 2 % oder 200 Euro und gleicht damit exakt den Kaufkraftverlust aus. Wem Kapitalerhalt das Allerwichtigste ist, der würde die mit 90 % Wahrscheinlichkeit erreichte Rendite von 20 %, die mit einem möglichen Verlust von 10 % einhergeht, scheuen. Für andere wäre sie eine traumhafte Aussicht, schließlich ist die erwartete Rendite erheblich höher. Der US-amerikanische Ökonom Harry Markowitz hat eine Theorie entwickelt, die für jeden das optimale Portfolio kreieren kann. Letztlich geht es darum, das Verhältnis von Rendite, Risiko und Liquidität zu optimieren. Diese drei bilden zusammen das sogenannte magische Dreieck, denn üblicherweise können stets nur zwei dieser Ziele zugleich erreicht werden. Liquidität bedeutet im Übrigen Verfügbarkeit, also wie leicht Sie schnell an Ihr Geld kommen. Bei manchen Anlageformen muss man sich auf ein oder mehrere Jahre festlegen. Weil börsengehandelte Aktien wie Anleihen liquide sind, ist Liquidität für die Überlegungen hier wenig relevant.[41] Durch die Auswahl der im Portfolio enthaltenen Werte lässt dieses sich in Bezug auf Risiko und Rendite optimieren. Dabei gilt:

- **Risiko und Rendite hängen zusammen.** Ein Investor ist nur bereit, ein höheres Risiko einzugehen, wenn auch die Renditeerwartung steigt. Man spricht von der Risikoprämie, also dem Renditeaufschlag, mit dem langfristig diejenigen belohnt werden, die bereit sind, bei ihrem Investment höhere Risiken einzugehen.
- **Historische Renditen haben zumindest für kürzere Zeiträume keine Relevanz.** Oder anders ausgedrückt: Zukünftige Kursverläufe sind nicht vorhersagbar. Sie sind vielmehr zufallsgeprägt und weisen eine Schwankungsbreite um einen Mittelwert herum auf (siehe oben »Was ist eigentlich … Volatilität?«). Investoren, die auf Dauer mehr Erfolg als der Markt haben, haben ihre Überrendite nicht dem eigenen Geschick zu verdanken, sondern einfach Glück. Das liegt daran, dass letztlich alle Marktteilnehmer dieselben Informationen zur Verfügung haben und Aktien deshalb zu jedem Zeitpunkt fair bewertet sind. Das besagt – vereinfacht ausgedrückt – die Efficient MarketHypothesis (EMH) (mehr dazu im Abschnitt »Ist das alles Zufall? Theorie und Empirie von Aktienkursen und Renditeerwartung«).

Gut zu wissen

Die besten Aussichten hat, wer einfach nur darauf setzt, dass sein Investment sich so gut entwickelt wie der Markt. Das gelingt am besten, indem passiv investiert wird. Das mag zunächst einerseits schwer nachvollziehbar, andererseits anspruchslos klingen. Tatsächlich gibt es aber diverse Untersuchungen, die zeigen, dass es nach Kosten kaum einem Anleger gelingt, den Markt zu schlagen.[42] Viele erreichen nicht einmal eine marktübliche Performance. Das zu schaffen ist also schon ein Erfolg. Auch der Ölfonds weicht nur sehr geringfügig von den modifizierten Indizes ab und ist damit ein recht passiver Investor. Mehr dazu weiter vorne im Abschnitt »Besser als der Markt? Das ist gar nicht nötig«.

Kursverläufe und Korrelationen

Basierend auf historischen Daten zeigen Markowitz und seine Anhänger, dass es Gruppen von Wertpapieren gibt, deren Kursverläufe sich stark ähneln, sie korrelieren, heißt es in der Fachsprache. Das heißt, dass die Kurse der Wertpapiere ähnlich stark steigen und fallen. Wenn Sie beispielsweise die Jahrescharts aller DAX-Werte auf je eine transparente Folie drucken und diese dann aufeinanderlegen, werden Sie erkennen, dass es möglich ist, einen Trend einzuzeichnen, dem die meisten in etwa folgen. Andere weisen kaum eine solche Korrelation auf oder sogar eine negative. Letzterer Fall heißt, dass sie sich meist in entgegengesetzte Richtungen bewegen. Während beispielsweise Aktien des gleichen Sektors sich in den Kursverläufen häufig ähneln, entwickeln sich Staatsanleihen und Aktienindizes unterschiedlicher. Wenn Sie nun zum Vergleich die Charts von fünf Staatsanleihen ziemlich verschiedener Länder hinzuziehen (zum Beispiel Deutschland, Türkei, Brasilien, Russland und Südafrika), dann dürfte die Korrelation von diesen untereinander sowie zum DAX erheblich geringer ausfallen. Hier setzt die Aufteilung von Portfolios in unterschiedliche Vermögensklassen an, denn diese korrelieren besonders wenig.

Gut zu wissen

Die Vorgabe, den Ölfonds in einen Aktien- und einen Anleihenteil zu splitten (und später auch Immobilien), ist nichts anderes als die Umsetzung eines Grundgedankens der Portfoliotheorie: Vermögensklassen, die geringe Korrelation aufweisen, werden kombiniert, um das Risiko-Rendite-Profil zu steuern. Die Kurse von Anleihen, vor allem jener von wirtschaftlich gut aufgestellten Staaten, schlagen weniger aus, sie sind also sicherer als Aktien. Der Wert eines Portfolios schwankt umso stärker, je größer die Korrelation der enthaltenen Wertpapiere ist. Je breiter diversifiziert wird, desto stabiler ist hingegen die Wertentwicklung.[43]

Hier spielen nicht nur die Vermögensklassen eine Rolle, sondern auch wie diese Teile des Portfolios jeweils aufgebaut sind. Sie müssen sich hier noch nicht in der Lage sehen, detaillierte Schlussfolgerungen zu ziehen. Es reicht, wenn Sie zunächst das Grundprinzip der Korrelation verstehen und dieses nutzen können, um Schwankungen zu reduzieren. Auch Aktien und Anleihen desselben Unternehmens ähneln sich in ihrem Kursverlauf häufig stärker, als es Staatsanleihen zweier sehr unterschiedlicher Länder tun. Der Grund dafür lässt sich ganz einfach erläutern, wenn Sie sich vorstellen, dass ein Unternehmen an den Rand der Pleite rückt. Dann sinkt nicht nur der Aktienkurs, weil die Gewinnerwartungen fallen, sondern es steigt auch das Kreditausfallrisiko (→ **Ausfallrisiko**) und damit sinkt der Preis der Unternehmensanleihe. Aktie und Anleihe desselben Unternehmens korrelieren also stark. Beispielhaft können Sie das erkennen, wenn Sie die Charts von Aktie und Anleihe der Beate Uhse AG über die vergangenen Jahre vergleichen. Beide sind drastisch gefallen, als klar wurde, dass der Versandhändler in argen Schwierigkeiten steckt. Anleihen von Unternehmen zu halten, deren Aktien man schon besitzt, ergibt deshalb wenig Sinn. Jedes Wertpapier, das einem Portfolio hinzugefügt wird, kann die in einem Depot enthaltenen Risiken reduzieren. Je weniger es mit dem bisherigen Depotinhalt korreliert, desto größer ist dieser Effekt. Eine gute Mischung senkt also das Risiko.

Gut zu wissen

Wer auf Papiere setzt, deren Wert sich üblicherweise unterschiedlich auf und ab bewegt (die wenig korrelieren), kann Schwankungen reduzieren. Ein »effizientes Portfolio« ist jenes, das bei gleicher Renditeerwartung wie andere Portfolios weniger Risiko mit sich bringt oder aus einer Gruppe von Portfolios mit gleichem Risiko jenes mit der höchsten Renditeerwartung ist. Dabei gilt, dass mit der Zahl der bereits enthaltenen Posten der Diversifikationseffekt jedes weiteren abnimmt. Häufig heißt es, dass ein Depot mit 20 bis 30 unterschiedlichen Einzelposten ausreichend diversifiziert sei. Das ist aber allenfalls eine Faustregel, denn zum einen hängt viel davon ab, wie stark die Wertpapiere in ihrer Entwicklung korrelieren, zum anderen ist »ausreichend« ein relativer Begriff.[44]

Markowitz' Theorie ist voll von mathematischen Formeln und nicht unumstritten. Unter anderem hat sich gezeigt, dass die vermeintlich sicheren Staatsanleihen gerade in Krisenzeiten eine zunehmende Korrelation mit Aktien aufweisen, also Kursausschläge weniger stark dämpfen als vermutet. Das Anleiheninvestment des Ölfonds hat während der Finanzkrise dennoch dazu beigetragen, die Verluste zu reduzieren – in Zeiten des Aktienbooms dämpften die Anleihen allerdings auch die Gewinne.

Gut zu wissen

Zwei zentrale Punkte der Portfoliotheorie werden von vielen Privatinvestoren bis heute nicht beherzigt, obwohl sie von besonderer Bedeutung für den langfristigen Erfolg sind.

1. Diversifikation senkt das Verlustrisiko und erlaubt die Optimierung eines Portfolios.
2. Langfristig nach Kosten den Markt zu schlagen gleicht einem Wunder. Passives Investieren, also einen oder mehrere Indizes einfach nachzubilden, ist deshalb vorzuziehen. Das soll aber nicht heißen, dass die Geldanlage nicht gewisse Schwerpunkte haben sollte.

Demzufolge sind zwei weitere wichtige Komponenten der norwegischen Finanzformel **Diversifikation und Passivität.**

Ein wichtiger Aspekt der Portfoliotheorie ist, dass das gesamte Kapital des Anlegers optimiert werden muss. Sich nur das Depot bei Ihrer Bank anzuschauen, greift zu kurz. Andere Anlageklassen sind ebenso zu berücksichtigen, dazu zählen Immobilien (auch das selbst genutzte Haus), Kunst und vor allem Ihre Arbeitskraft. Wer jung und gut ausgebildet ist, dessen größtes Kapital ist er selbst (daher der Begriff Humankapital). Generell gilt: Je größer die Summe des kompletten Kapitals, desto höhere Risiken können eingegangen werden. Auch der Investmenthorizont, also die Zeitspanne, die noch vergeht, bis Sie das Geld benötigen, spielt eine Rolle.

Gut zu wissen

Eigentlich gilt es gemäß der MPT, das aus dem gesamten Vermögen bestehende Portfolio dem eigenen Profil gemäß zu optimieren. Dann müsste also jeder Kunstgegenstand ebenso wie das Auto neben Finanzvermögen mitberücksichtigt werden. Doch diese Vorgehensweise widerstrebt den meisten. Auf der Vermögensseite ignorieren sie einen Teil ihres Vermögens (oft alles, was nicht in Bargeld oder Wertpapieren steckt) und bilden fürs Sparen mentale oder reale Konten. Dann wird nicht das Vermögen optimiert, sondern all das Geld, das für je eine bestimmte zukünftige Ausgabe angespart wird (siehe dazu auch den Abschnitt »Investmenthorizont« in Kapitel 4). Das ist vielleicht nicht optimal, aber in Ordnung, denn so funktionieren wir Menschen nun einmal. Behalten Sie aber im Hinterkopf, dass Ihr Vermögen aus viel mehr bestehen dürfte als dem Geld, das in einem bestimmten Depot liegt. Entsprechend sollten Sie Ihre Risikobereitschaft gegebenenfalls anpassen. Wer wie die meisten in Konten denkt, für den spielt natürlich auch das Sparziel eine Rolle. Schließlich sind manche flexibler als andere. Wie Sie die Risikoeinschätzungen vornehmen, erfahren Sie in Kapitel 5, wenn es um das Portfolio Ihres persönlichen Zukunftsfonds geht.

Blick in die Glaskugel – die Prognose zukünftiger Kursverläufe

Während die Vertreter der Portfoliotheorie davon ausgehen, dass Kursverläufe ziemlicher Zufall sind, gibt es jedoch auch andere Meinungen hinsichtlich deren Prognostizierbarkeit. In jeder Bank werden Sie beispielsweise Anhänger der technischen Analyse, auch Chartanalyse genannt, finden. Sie sind der Ansicht, indem sie Aktiencharts, also Grafiken, auf denen bisherige Kursverläufe eingetragen sind, untersuchen und bestimmte Formationen erkennen, zukünftige Kursverläufe einzelner Papiere oder Indizes vorhersagen zu können. Außerdem gibt es die Anhänger der Fundamentalanalyse, die sich betriebswirtschaftliche Kennziffern ansehen, um darauf basierend schlussfolgern zu können, welche Unternehmen beziehungsweise Aktien in Zukunft die Sieger sein werden. Selbst manche Anhänger der Theorie, dass einzelne Kurse nicht prognostizierbar sind, sehen hier Möglichkeiten, wenn es um ganze Portfolios geht, also größere Gruppen von Aktien nach bestimmten Kriterien gezielt ausgewählt werden.

Gut zu wissen

Der Ölfonds bezeichnet sich als indexnah und ist ein ziemlich passiver Investor. Nur in eingeschränktem Maße greift auch der Ölfonds auf die Fundamentalanalyse zurück.[45] Für Sie als Privatanleger ist die auf der Fundamentalanalyse beruhende Auswahl der Norweger nur relevant, insofern diese so nachvollziehbar ist, dass Sie daraus lernen können. Dabei handelt es sich beispielsweise um die geografische Gewichtung. Gezielt nur ganz bestimmte Aktien für ein Investment auszuwählen heißt »Stock-Picking« (aus dem Englischen von stock – Aktie und to pick – wählen).

Ihre Geldanlage sollte nicht allzu sehr zulasten Ihrer Freizeit gehen und auch nicht voraussetzen, dass Sie auch dann, wenn Sie gar nicht können oder wollen, zum Beispiel im Urlaub oder während der Arbeitszeit, handeln müssen. Deshalb sollten Sie nur auf Strategien setzen, die passiv umzusetzen sind und beispielsweise nur einmal im Jahr Umschichtungen erfordern. Genau das ist der Fall, wenn Sie den grundlegenden Entscheidungen des Ölfonds folgen.

Ist es alles Zufall? Theorie und Empirie von Aktienkursen und Renditeerwartungen

Aktienkurse bewegen sich ständig. Dass der Schlusskurs eines häufig gehandelten Papiers an einem Tag genau dem des Vortags entspricht, ist eine Ausnahme. Deshalb verlaufen die Kursentwicklungen von Aktien immer in einem Zickzackmuster, selbst wenn der Trend nach oben oder unten geht.

Die Einführung der Vorsilbe »Schluss« sagt es schon: Kurse schwanken im Tagesverlauf. Der letzte Preis des Tages ergibt den Endstand, der erste dementsprechend den Eröffnungskurs. Je größer ein Unternehmen ist, desto häufiger werden in der Regel dessen Anteile gehandelt und desto mehr Kurse kommen im Laufe eines Tages zwischen Eröffnungs- und Schlusskurs zustande. Besonders häufig wechseln in Deutschland Aktien der DAX-30-Werte den Besitzer. Entsprechend kommt immer wieder ein neuer Kurs zustande. »Es ist sehr liquide«, heißt es in der Fachsprache, wenn ein Papier viel gehandelt wird.

Gut zu wissen
Die Daten zur Zusammensetzung des Aktienportfolios in Jahres- und Quartalsberichten des norwegischen Ölfonds basieren auf den Schlusskursen der jeweiligen Berichtszeiträume. Für die in diesem Buch meistens zitierten Jahresberichte ist das also der 31. Dezember des jeweiligen Jahres. Der letzte vor Redaktionsschluss zugängliche Jahresbericht ist der für 2019 und enthält dementsprechend die Daten mit Stand 31. Dezember 2019, teilweise wird auch auf Daten aus dem Quartalsbericht mit Stand 31. März 2020 zurückgegriffen. Stets aktuelles Material können Sie unter *www.nbim.no* herunterladen.

Auf dem Aktienmarkt gilt, was generell in der freien Marktwirtschaft gilt: Angebot und Nachfrage bestimmen den Preis. Während Waren und Dienstleistungen von Anbieter zu Anbieter üblicherweise verschieden sind, zum Beispiel was Ausstattung, Preis oder Qualität angeht, unterscheiden sich die Aktien eines Unternehmens nicht, egal von wem Sie sie kaufen. Auch muss der Käufer keine Zeit investieren, um von einem zum nächsten Anbieter zu gehen. Die Preise sind also viel besser vergleichbar als beispielsweise die von Haarschnitten oder Äpfeln. Damit sind die Voraussetzungen für einen perfekten Markt und Preis ziemlich gut.

Vertreter der Efficient Market Hypothesis gehen davon aus, dass alle Marktteilnehmer immer alle öffentlich zugänglichen relevanten Informationen zu einem Wertpapier haben und anders als beim Gebrauchtwagenhandel nicht Profit daraus schlagen können, sich besser auszukennen als andere. Neue Informationen werden rasend schnell eingepreist und es gibt damit – außer durch illegalen Insiderhandel – im Grunde keine Möglichkeit, systematisch Überrenditen zu erzielen. Vielfach wird die Meinung vertreten, dass die Markteffizienz bei weniger häufig gehandelten kleineren Werten geringer ist und dort deshalb Aussichten auf Überrenditen bestehen. Das allerdings ist nur möglich, wenn manche Marktteilnehmer in der Lage sind, relevante Informationen früher auszuwerten als andere. Denn wenn die breite Masse der Käufer die vorgebliche Unter- oder Überbewertung eines Papiers nie entdeckt, wird es sich auch nicht seinem sogenannten fairen Wert annähern, den andere schon vorher kennen.[46]

Gut zu wissen

Der Kurs eines Papiers schwankt, weil die Erwartungen an die Zukunft und damit an zukünftige Gewinne und Dividendenzahlungen schwanken.

In der Theorie entspricht der Wert einer Aktie und damit deren fairer Kaufpreis der Summe aller künftigen Erträge, die auf diese Aktie entfallen und in Form von Dividenden ausgezahlt werden.[47] Weil diese in der Zukunft liegen, werden sie abgezinst (diskontiert). Das bedeutet, dass deren Wert für jedes Jahr, das die Zahlung in der Zukunft liegt, mit einem bestimmten Prozentsatz, dem Kalkulationszinssatz, verringert wird. Eine Dividendenzahlung in einem Jahr ist letztlich weniger wert als die sofortige Zahlung in gleicher Höhe. Schließlich erlaubt die frühere Zahlung, das Geld sofort zu nutzen und damit auch länger für sich arbeiten zu lassen. Die Höhe des Kalkulationszinssatzes sollte in Abhängigkeit von bestimmten Annahmen wie der Lage am Kapitalmarkt getroffen werden, als Orientierung können 2% angenommen werden. Ein Wert, der gerade zum Ausgleich der angenommenen Inflation ausreichen würde.

Was ist eigentlich ... Dividendenrendite?

Um bei Aktien den relativen Ertrag durch Dividenden, die sogenannte Dividendenrendite, zu berechnen, wird die im Jahr ausgezahlte Dividende ins Verhältnis zum aktuellen Aktienkurs gesetzt. Zusätzlich gibt es die Möglichkeit, die Dividendenrendite in Bezug auf den Kaufpreis zu berechnen. Wenn auf Aktien im Wert von 10.573 Euro eine Dividende von 227 Euro gezahlt wird, beträgt die Dividendenrendite (*current yield*) 2,15 % (227 geteilt durch 10.573). Sind die Papiere einmal für 10.000 Euro gekauft worden, beträgt die Dividendenrendite bezogen auf das ursprünglich eingesetzte Kapital (*cost yield*) 2,27 % (227 geteilt durch 10.000). Je höher der Aktienkurs mit der Zeit steigt, desto stärker klaffen die aktuelle Dividendenrendite und die am ursprünglich eingesetzten Kapital gemessene auseinander.

Was Kurse zum Schwanken bringt

Betrachten wir die deutschen Automobilhersteller. Wie gut deren Geschäfte laufen und wie hoch demnach zukünftige Gewinne und damit Dividenden sein werden, hängt nicht nur von der Qualität der jeweiligen Modelle ab. Entscheidend ist zudem die generelle wirtschaftliche Lage; schließlich kaufen die Menschen seltener Autos, wenn die Arbeitslosigkeit hoch und die Löhne niedrig sind. Ebenso ist das Konkurrenzumfeld ein wichtiger Parameter. Je besser beispielsweise das Angebot von Tesla ist, dem amerikanischen Hersteller luxuriöser Elektrofahrzeuge, desto schwieriger ist es vermutlich vor allem für die Hersteller anderer teurer Modelle, ihre Wagen abzusetzen. Wenn aber der Dollar sehr stark wird, ist die Konkurrenz durch Tesla geringer, weil dessen Autos in Euro gerechnet teurer und deutsche Autos relativ gesehen billiger zu haben sind. Zugleich steigt in dem Fall der Preis für zugelieferte Autoteile, die aus den USA importiert werden. Das hat also negative Auswirkungen auf die Rentabilität europäischer Hersteller und damit den gegenteiligen Effekt. Es sei denn, die Hersteller haben sich gegen Wechselkursrisiken für Einkäufe abgesichert und eine Versicherung abgeschlossen, die derartige Preisschwankungen ausgleicht. In jedem Fall gilt: Der Wechselkurs spielt eine Rolle. Aber welche?

Viele Finanzwissenschaftler und auch einige Praktiker gehen davon aus, dass die konkrete Entwicklung von Aktienkursen ebenso wie die von Unternehmensgewinnen letztlich nicht vorhergesagt werden kann. Die obigen Überlegungen zeigen, dass in der Praxis wohl niemand eine ideale Formel bauen kann, in die alle relevanten Größen einfließen, am Ende die zukünftigen Gewinne errechnet werden und somit der Wert einer beliebigen Aktie in drei Monaten oder zum Jahresende herauskommt. Selbst wenn es so wäre, müsste noch berücksichtigt werden, dass für den Preis einer Aktie die Erwartungen der anderen Marktteilnehmer an die genannten Größen und den Kurs eine Rolle spielen – und seien diese auch noch so falsch. Schließlich zählt deren persönliche Einschätzung des künftigen Unternehmenserfolgs und die Nachfrage nach den Aktien mehr als die eigene.[48] Denn es ist immer die große Masse und deren Erwartung bezüglich der künftigen Unternehmenslage, die durch den Kauf und Verkauf der Papiere den Kurs bestimmt. Diese Überlegungen machen deutlich, was die Portfoliotheorie besagt: Konkrete Entwicklungen einzelner Aktienkurse sind letztlich nicht vorhersehbar. Der aktuelle Preis ist sozusagen stets der faire.

Wer hätte beispielsweise vorhersagen können, dass dem größten deutschen Autobauer Volkswagen im Herbst 2015 Betrug vorgeworfen wird und dieser plötzlich enorme Schadensersatzforderungen und Strafzahlungen riskiert? Von einem Tag auf den anderen wurden die Gewinnerwartungen massiv nach unten korrigiert, zeitweilig wurde schon spekuliert, ob VW überhaupt überlebt. Der Aktienkurs stürzte in der Folge ab. Dementsprechend belegte Volkswagen beim Ölfonds nach Volumen gerechnet Ende 2015 nur noch Platz 121. Ein Jahr zuvor hatte der Autobauer noch auf Platz 59 gelegen. Dabei war der Anteil an VW nur von 1,22 auf 1,02 % zurückgegangen. Den Großteil dieses Bedeutungsverlusts hat der Kursrutsch verursacht.

Gut zu wissen

Ein unvorhersehbares Risiko für ein einzelnes Unternehmen wie die Betrugsvorwürfe gegen VW wird in der Fachsprache unsystematisches Risiko oder Einzelwertrisiko genannt. Überraschende Ereignisse, die auf alle Aktien ähnliche Auswirkungen haben, werden als systematische Risiken oder Gesamtmarktrisiken bezeichnet. Dazu zählen zum Beispiel die Anschläge vom 11. September 2001, die Finanzkirse 2008 oder die Corona-Pandemie 2020. Diversifikation kann die Folgen von unsystematischen Risiken mindern, systematisches Risiko hingegen gilt es zu akzeptieren.

Als ob das nicht genug wäre, gab es im Sommer 2017 gleich den nächsten mächtigen Dämpfer. Angeblich sollen unter anderem VW und Daimler ein Kartell gebildet und sich bei der Abgasreinigung abgesprochen haben, statt zu konkurrieren. Das ersparte ihnen Kosten, schadete aber Umwelt und Verbrauchern. Das ist illegal und könnte zu massiven Geldstrafen führen, die wiederum den Gewinn weiter drücken. Auch wenn mehrere PKW-Produzenten betroffen waren, ist das letztlich ein

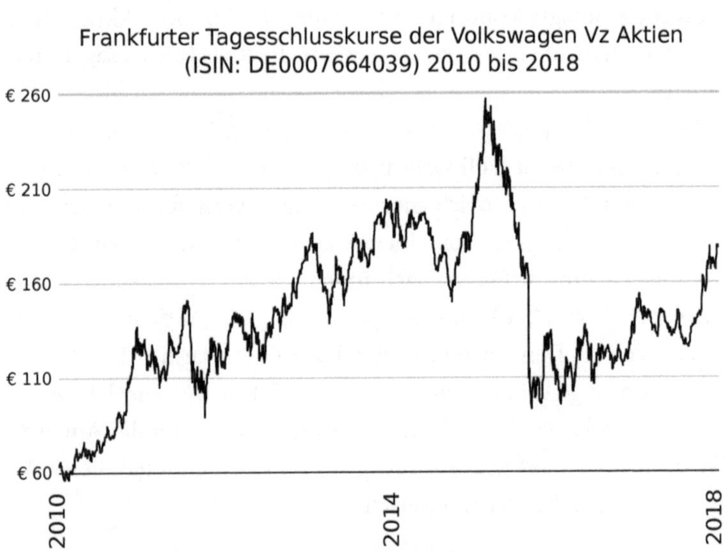

Abbildung 3: XETRA-Schlusskurs der Volkswagen Vz Aktien 2010 bis 2018

unsystematisches Risiko, denn es betrifft nicht den ganzen Markt und kann durch Diversifikation gesenkt werden.

Alles klar? Diese drei Lehren sollten Sie aus der modernen Portfoliotheorie und Efficient Market Hypothesis mitnehmen:

1. Der Preis höherer Rendite ist ein höheres Risiko.
2. Weil sich unterschiedliche Finanzinstrumente unterschiedlich entwickeln, kann die Kombination von Wertpapieren mit geringer Korrelation Schwankungen eines Portfolios reduzieren.
3. Kursverläufe einzelner Aktien und Anleihen können nicht vorhergesagt werden.

3 Mal ganz konkret: Welche Papiere der Ölfonds hält und was Sie daraus lernen sollten

Anders als viele andere Megafonds investiert Norwegen fast ausschließlich an Wertpapiermärkten, die allen Interessierten offenstehen – also auch Ihnen. Statt nur hinter den Kulissen irgendwelche Private-Equity-Geschäfte zu machen, die enorme Millionenbeträge als Mindestanlagesumme haben, kauft der Ölfonds an den öffentlichen Börsen weltweit Aktien und Anleihen. Er handelt also wie ein gewöhnlicher Privatanleger, nur in größeren Dimensionen. Was liegt also näher, als sich seine Anlagestrategie zum Vorbild zu nehmen, um genauso erfolgreich zu werden? In diesem Kapitel erfahren Sie, wie die politischen Vorgaben sich konkret niederschlagen und welche Aktien, Anleihen sowie Immobilienwerte die Norweger aus welchem Grund bevorzugen.

Diversifikation auf verschiedenen Ebenen – das Aktieninvestment des Ölfonds

Es klingt unglaublich. Ende Dezember 2019 besaß der norwegische Ölfonds Apple- und Microsoft-Aktien im Wert von je über 10 Milliarden Euro, der Anteil an Google-Mutter Alphabet war fast 8 Milliarden Euro wert. Damit waren die drei größten unternehmerischen Einzelposten des Ölfonds zum Ende des Jahres 2019 in etwa so viel wert wie die drei kleinsten DAX-30-Werte insgesamt, darunter die Lufthansa. Direkt dahinter: der Nahrungsmittelkonzern Nestlé und der Versandhändler Amazon. Das waren die fünf größten Aktienengagements der Norweger.

Ende 1998 besaß NBIM Aktien von rund 2.000, heute von ungefähr 9.200 Unternehmen. Meist lag die Anzahl unterschiedlicher Papiere am

Ende eines Jahres maximal 12 % über oder unter dem Vorjahreswert. Lediglich vom Jahr 2006 auf 2007 gab es einen drastischen Sprung von über 110 % nach oben, also mehr als eine Verdoppelung. Die starke Veränderung liegt nicht an der Erhöhung der Aktienquote – die wurde erst 2008 in großem Stil umgesetzt –, sondern daran, dass der Kauf von Aktien kleinerer Unternehmen, sogenannte Small Caps, in dem Jahr zugelassen wurde.

Was ist eigentlich ... eine Aktie?

In den Medien ist immer wieder von Starinvestoren wie Warren Buffett zu hören, denen Anteile an diesem oder jenem börsennotierten Unternehmen gehören. Wenn Sie Aktien besitzen, dürfen Sie das von sich ebenso behaupten.

Eine Aktie ist ein Dokument, das zeigt, dass dem Besitzer ein Anteil an einem bestimmten Unternehmen gehört. Man spricht deshalb auch von einem Anteilsschein. Oft reichen weit weniger als 100 Euro, um sich eine Aktie an einem Unternehmen zu kaufen. Die Börse ist damit – entgegen ihrem Ruf – alles andere als eine elitäre Angelegenheit.

Unternehmen geben Aktien aus, wenn sie frisches Kapital benötigen, sich aber weder bei einer Bank noch bei Investoren verschulden wollen. Der Aktienkäufer stellt dem Unternehmen **→ Eigenkapital** zur Verfügung und wird damit Teilhaber an der Firma. Zudem nimmt er als Aktionär an den Gewinnausschüttungen teil und erhält eine Dividende.

»Eigentum verpflichtet«, heißt es immer. Um diesen Verpflichtungen nachzukommen, können Aktionäre auf der einmal jährlich stattfindenden **→ Hauptversammlung** mitbestimmen, wie ihr Unternehmen agiert. Sofern man nicht stimmrechtslose Aktien oder solche mit mehrfachem Stimmrecht hat (beides ist eine Ausnahme), gilt die Regel: eine Aktie, eine Stimme. Egal, ob es um Fusionen oder die Besetzung des Aufsichtsrats geht – jeder Anteilseigner hat ein bisschen mitzubestimmen und zu reden, denn wer auch nur eine Aktie besitzt, darf auf der jährlichen Hauptversammlung sprechen. Damit ist der Kapitalismus erheblich demokratischer als viele denken mögen – allerdings kostet es natürlich Mühe und Zeit, sein Stimm- und vor allem Rederecht wahrzunehmen. Mit der Deutschen Schutzvereinigung Wertpapierbesitz und den Kritischen Aktionären gibt es Organisationen, die das gerne übernehmen und – vor allem im Falle letzterer – sehr darauf achten, dass Profit nicht zulasten der Gesellschaft oder Teilen davon geht.

Welche Einzelaktien der Ölfonds hält

Die Liste der zehn größten Einzelengagements der Aktiensparte des norwegischen Ölfonds am Stichtag 31.12.2019 liest sich wie die Crème de la Crème der internationalen Wirtschaft:

1. der Tech-Gigant Apple
2. das US-Softwareunternehmen Microsoft
3. der Google-Mutterkonzern Alphabet
4. der Schweizer Nahrungsmittelriese Nestlé
5. der Online-Versandhändler Amazon
6. das schweizer Pharmaunternehmen Roche
7. die britische Ölgesellschaft Shell
8. der chinesische Internetriese Alibaba
9. der Socialmedia-Gigant Facebook
10. der schweizer Pharmariese Novartis

Von jedem dieser zehn Unternehmen gehören den Norwegern zwischen 0,9 % (Facebook) und 2,6 % (Shell). Gemeinsam machten diese Investments 9,6 % des Aktienportfolios aus, das entspricht einem Wert von 70 Milliarden Euro.

Genauso bedeutend, allerdings auf nationaler Ebene, sind die Namen der deutschen Unternehmen, an denen der Ölfonds erhebliche Anteile hält. Die größten zehn Einzelengagements in Deutschland, darunter der Versicherer Allianz, die Autohersteller Daimler und BMW, das Technologieunternehmen Siemens und der Immobilienkonzern Vonovia, stammen fast alle aus dem DAX 30. Hier gehörten den Norwegern zwischen 1,3 % (VW) und 9,1 % (Deutsche Wohnen, die im MDAX ist) zu einem Wert von insgesamt 18 Milliarden Euro, das entspricht 2,5 % des Aktienportfolios.

Gut zu wissen

Die 11 größten Aktienanlagen des Ölfonds stehen für 10 % dieser Vermögensklasse im Portfolio. Die 50-Prozent-Schwelle wird an 260. Stelle überschritten. Das heißt, dass in die verbleibenden 8.942 Einzelengagements ebenso viel Geld investiert ist wie in die ersten 260. Bezogen auf Einzelaktien ist das Fondsvermögen so stark gestreut, dass über 6.000 Papiere weniger als je ein Zwanzigtausendstel des Aktienanteils des Ölfonds (0,005 %) ausmachten, was aber immerhin noch bis zu 36 Millionen Euro entspricht. An über 170 Unternehmen hielt der Ölfonds Anteile im Wert von je zum Teil weit unter 100.000 Euro – eine im Vergleich zum Fondsvolumen lächerliche Größe. Daneben besitzt der Fonds auch ein paar unnotierte Werte, die bald an die Börse gehen sollen. Diese spielen eine sehr geringe Rolle und sind keine für Kleinanleger zugängliche oder empfehlenswerte Instrumente, sie werden in diesem Buch deshalb ignoriert.

Bei 9.202 unterschiedlichen Aktien entfällt logischerweise auf jeden Posten im Schnitt 1/9.202 beziehungsweise 0,01086 % des Fondsvolumens. Die hier präsentierten Zahlen zeigen also, dass es eine starke Konzentration gibt. Dies zeigt sich nicht nur bei den großen Werten, sondern auch daran, dass am unteren Ende an manchen Unternehmen Anteile gehalten werden, die so gering sind, dass selbst manch ein Kleinanleger diese im Depot halten könnte. Dazu mehr in Kapitel 7.

Tabelle 6 zeigt die zehn größten Einzelaktienengagements des Ölfonds weltweit und in Deutschland zum Stichtag 31. Dezember 2019 mitsamt dem jeweiligen Marktwert und dem Anteil, den sie am Aktienpart des Fonds ausmachen, sowie der Performance im Jahr 2019.

Tabelle 6: Die 10 größten Aktienengagement des Ölfonds (Stand: 31.12.2019 NOK/EUR 9,8638 https://www.norges-bank.no/Statistikk/Valutakurser/valuta/EUR)

Rang	Region	Land	Unternehmen	Branche	Marktwert in NOK	Marktwert in Milliarden Euro	Anteil am Aktienpart des Fonds	Anteil am Aktienkapital des Unternehmens	Wertentwicklung 2019 (ohne Dividende)
1	Nordamerika	USA	Apple Inc	Technologie	116.966.917.186	11,86	1,64 %	1,02 %	88,77 %
2	Nordamerika	USA	Microsoft Corp	Technologie	104.639.624.447	10,61	1,46 %	0,99 %	59,95 %
3	Nordamerika	USA	Alphabet Inc	Technologie	77.830.749.756	7,89	1,09 %	0,96 %	32,16 %
4	Europa	Schweiz	Nestle SA	Konsumgüter	71.685.746.023	7,27	1,00 %	2,53 %	29,18 %
5	Nordamerika	USA	Amazon.com Inc	Konsumerdienstleistungen	68.631.095.804	6,96	0,96 %	0,85 %	30,14 %
6	Europa	Schweiz	Roche Holding AG	Gesundheit	55.297.070.726	5,61	0,77 %	2,25 %	24,68 %
7	Europa	Großbritannien	Royal Dutch Shell PLC	Öl & Gas	52.193.116.612	5,29	0,73 %	2,55 %	3,85 %
8	Asien	China	Alibaba Group Holding Ltd	Konsumerdienstleistungen	51.992.383.338	5,27	0,73 %	1,04 %	57,86 %
9	Nordamerika	USA	Facebook Inc	Technologie	46.241.441.892	4,69	0,65 %	0,90 %	57,91 %
10	Europa	Schweiz	Novartis AG	Gesundheit	44.603.615.559	4,52	0,62 %	2,12 %	23,70 %

Die 10 größten deutschen Werte im Ölfonds (Stand: 31.12.2019, XETRA Schlußkurse letzter Handelstag 2019 vs 2018)

Rang	Region	Land	Unternehmen	Branche	Marktwert in NOK	Marktwert in Milliarden Euro	Anteil am Aktienpart des Fonds	Anteil am Aktienkapital des Unternehmens	Wertentwicklung 2019 (ohne Div.)
22	Europa	Deutschland	SAP SE	Technologie	28.002.329.390	2,84	0,39 %	1,92 %	38,41 %
26	Europa	Deutschland	Allianz SE	Finanzen	25.532.702.191	2,59	0,36 %	2,84 %	24,70 %
38	Europa	Deutschland	Siemens AG	Industrie	22.451.561.151	2,28	0,31 %	2,30 %	19,68 %
39	Europa	Deutschland	Vonovia SE	Finanzen	22.399.730.850	2,27	0,31 %	8,72 %	21,24 %
46	Europa	Deutschland	Bayer AG	Gesundheit	20.247.476.617	2,05	0,28 %	2,87 %	20,23 %
67	Europa	Deutschland	adidas AG	Konsumgüter	14.238.948.288	1,44	0,20 %	2,49 %	58,38 %
78	Europa	Deutschland	Deutsche Telekom AG	Telekommunikation	12.891.661.799	1,31	0,18 %	1,88 %	−1,79 %
85	Europa	Deutschland	Deutsche Wohnen SE	Finanzen	11.789.520.216	1,20	0,16 %	9,12 %	−8,82 %
90	Europa	Deutschland	Volkswagen AG	Konsumgüter	11.434.204.123	1,16	0,16 %	1,31 %	26,86 %
94	Europa	Deutschland	Deutsche Post AG	Industrie	11.301.223.953	1,15	0,16 %	2,72 %	42,24 %
106	Europa	Deutschland	Infineon Technologies AG	Technologie	10.748.023.537	1,09	0,15 %	4,29 %	16,96 %

Quelle: Allesamt DAX30-Werte, außer Deutsche Wohnen, die im MDAX ist.

Wie sich die Aktieninvestments entwickeln

Die Aktien, die der Ölfonds Ende 2019 hielt, hatten sich in den vorangegangenen zwölf Monaten unterschiedlich entwickelt: Manche waren gestiegen, andere gefallen, wieder andere fast stagniert. Die Entwicklung des Aktienanteils des Fonds setzt sich aus der Einzelperformance aller Werte zusammen. Wobei es natürlich eine viel größere Rolle spielt, sich die Aktie des bedeutendsten Wertes (also 2019 Apple) entwickelt hat, als ein beliebiger Platz erheblich weiter hinten, beispielsweise Nummer 1.525 (Ende 2019 war das der deutsche Modekonzern Hugo Boss) abgeschnitten hat. Was die Wertentwicklung angeht, ist es unmöglich, hier die jährliche Rendite jedes Einzelwerts im Portfolio des norwegischen Ölfonds aufzuzeigen. Dafür wäre eine Excel-Tabelle mit über 9.000 Zeilen notwendig. Um die sehr unterschiedliche Performance von Einzelwerten aufzuzeigen, werden die Werte aus Tabelle 6 um Tabelle 7 ergänzt. Gemeinsam dienen nun folgende 25 Werte als eine Art Stichprobe, um die Wertentwicklung von ausgewählten Aktien des Ölfonds binnen eines Jahres deutlich zu machen:

- die zehn wichtigsten Einzelposten (Tabelle 6)
- die zehn bedeutendsten DAX-30-Werte im Portfolio des Ölfonds (Tabelle 6)
- fünf zufällig ausgewählte kleinere Werte, die – gemessen an der Bedeutung für den Ölfonds – Ende des Jahres 2019 die Ränge 100, 2.100, 4.100, 6.100 und 8.100 eingenommen haben (Tabelle 7)

Die oben genannten 25 Einzelwerte zeigen, dass Diversifikation Schwankungen und damit das Risiko des gesamten Portfolios reduziert, schließlich gleichen sich die unterschiedlichen Wertentwicklungen zum Teil aus.

Bei so bedeutenden Unternehmen wie Apple, Nestlé, Daimler oder Vonovia zu den größten Einzelaktionären zu gehören mutet auf den ersten Blick nicht gerade wie ein breit aufgestelltes Investment an. Doch bei genauerer Betrachtung fällt auf: Obwohl die Norweger 45 Milliarden Euro in ihre fünf größten Engagements gesteckt hatten und dort jeweils einer der größten Einzelaktionäre waren, spielten alle fünf Un-

Tabelle 7: Die 10 größten Aktienengagement des Ölfonds

Rang	Region	Land	Unternehmen	Branche	Marktwert in NOK	Marktwert in Milliarden Euro	Anteil am Aktienpart des Fonds	Anteil am Aktienkapital des Unternehmens in %	Wertentwicklung 2019
100	Nordamerika	USA	United Technologies Corp	Industrie	10.995.331.892	1,11472	0,15372 %	0,97 %	40,96 %
2100	Europa	Schweden	Elekta AB	Gesundheit	524.045.331	0,05313	0,00733 %	1,18 %	17,09 %
4100	Asien	Japan	NSD Co Ltd	Technologie	184.349.046	0,01869	0,00258 %	1,37 %	69,46 %
6100	Afrika	Ägypten	ElSewedy Electric Co	Industrie	64.221.202	0,006519	0,00090 %	0,47 %	–36,00 %
8100	Asien	China	Yantai Jereh Oilfield Services Group Co Ltd	Öl und Gas	13.274.556	0,00135	0,00019 %	0,03 %	146,40 %

Quelle: NBIM, finanzen.net/, investing.com, eigene Berechnungen; Marktwertende 2019; jährliche Wertentwicklung ohne Dividenden

ternehmen für sich genommen für den Fonds keine ausschlaggebende Rolle. An dessen Aktienanteil machte selbst Apple nur 1,6 % aus. Ende 2019 war also gerade einmal 1,60 Euro von 100 Euro der Aktiensparte des Fonds in Apple investiert. Was solche Prozentanteile für Ihr Privatvermögen bedeuten würden, erfahren Sie in Anmerkung 71 anhand einer Beispielrechnung.

Für den Ölfonds bedeutet das: Selbst wenn die Kurse von Nestlé, Shell oder Apple plötzlich eine Talfahrt durchmachten und sich im Wert halbierten, hätte das auf den Fonds nur minimale Auswirkungen. Der Wertverlust betrüge nur rund 0,5 % (bei einem Kursverfall von 50 % und einem Fondsanteil von 1 %).

Gut zu wissen

Die Analyse der Einzelposten des norwegischen Ölfonds führt zu zwei zentralen Erkenntnissen, die für Sie als Privatanleger interessant sind:

1. Die größten börsennotierten Unternehmen gehören auch beim Ölfonds zu den wichtigsten.
2. Sie spielen aber keine entscheidende Rolle. Nicht einmal die Top Ten des Fonds dominieren diesen.

Welche Rolle einzelne Aktien mit der Zeit spielen

Die Einzelaktien, die Ende 2019 die zehn wichtigsten des Fonds waren, spielten zu einem großen Teil schon ziemlich lange eine wichtige Rolle bei dessen Investments und tun es bis heute. Wenn Sie zwei aufeinanderfolgende Quartale betrachten, ist die Wahrscheinlichkeit recht hoch, dass sich ein Großteil der zehn bedeutendsten Investments im vorherigen Zeitraum ebenfalls an der Spitze befindet. Ein Vergleich der Top Ten am 31.12.2019 mit 31.09.2019 zeigt sogar, dass lediglich ein Wert drei Monate zuvor noch nicht auf der Bestenliste stand: Alibaba. Die Papiere drängten Berkshire Hathaway aus den Top Ten. Viele der Ölfonds-

Schwergewichte stehen bereits seit Jahren auf der entsprechenden Liste. Die Zusammensetzung der bedeutendsten Werte ändert sich nicht von Quartalsende zu Quartalsende und nicht einmal von Jahresende zu Jahresende radikal. Mit den großen Indizes ist es ähnlich, das zeigt, wie passiv der Ölfonds im Vergleich zu Stock-Pickern letztlich investiert.

Dazu ein Blick auf den DAX, aus dem noch mehr erkannt werden kann. Seit er Aktien hält, ist der Ölfonds am Jahresende stets in alle DAX-30-Werte investiert gewesen. Das Verhältnis von deren Anteilen, also beispielsweise welche Bedeutung die Aktien von BMW im Vergleich zu VW haben, schwankt von Jahr zu Jahr, allerdings nicht genauso wie deren Bedeutung im DAX 30. Das zeigen Berechnungen, basierend auf den von NBIM publizierten Daten, die mit denen der Deutschen Börse verknüpft werden. Das heißt, der Ölfonds kopiert nicht einfach den deutschen Leitindex. Große Indexanbieter wie MSCI weichen ebenfalls von der offiziellen Aufteilung ab, um den gesamten deutschen Markt besser zu repräsentieren und damit ein besseres Risiko-Chance-Profil zu erreichen. Das sollten natürlich auch Sie machen – auch wenn der DAX und die darin enthaltenen Werte Ihnen vermutlich bekannter vorkommen als kleinere Unternehmen, die an der deutschen Börse notiert sind. Etliche Anleger investieren nach Strategien, die zum Beispiel besagen, nur die Titel mit der höchsten → **Dividendenrendite** zu kaufen. Dass der Ölfonds an *jedem* DAX-30-Wert – also den Unternehmen mit der größten Marktkapitalisierung, die auch in MSCI Deutschland eine bedeutende Rolle spielen – Anteile hält, zeigt, dass er diese Strategie wohl nicht verfolgt. Stattdessen wird breit und relativ passiv investiert.

Gut zu wissen

Die Analyse der Einzelwerte des norwegischen Ölfonds führt zu zwei zentralen Erkenntnissen, die für Sie als Privatanleger interessant sind:

1. Der Ölfonds ist kein sonderlich aktiver Investor. Wenn es um einzelne Aktien geht, hält er an einmal gekauften Werten lange fest.
2. Zugleich ist er, was die Einzelwerte angeht, stark diversifiziert und die Gewichtung der bedeutendsten Unternehmen eines Landes folgt nicht zwingend dem dortigen Leitindex.

In welche Länder und Regionen der Ölfonds investiert

Insgesamt hielt der Ölfonds Ende 2019 Aktien in rund 70 Staaten. Der mit Abstand größte Teil davon war zu diesem Zeitpunkt in den USA angelegt. Auf Platz 2 stand Großbritannien, gefolgt von Japan, Frankreich und Deutschland. Gemeinsam machten die Top-5-Länder etwas mehr als zwei Drittel des gesamten Aktienportfolios aus. Zählt man alle weiteren entwickelten Märkte hinzu, springt der Anteil auf 88,6 % Die verbleibenden 11,4 % des Aktienportfolios entfielen demnach auf Investments in Schwellenländer (auch aufstrebende Volkswirtschaften oder Emerging-Markets genannt). Hier spielte China die größte Rolle, aber längst nicht eine so dominierende wie die USA bei den Industriestaaten. China ist auch das einzige Land aus diesem Segment, das zu den zehn zählt, in denen am meisten angelegt war. Werden die Länderanteile zu Regionen aggregiert, spielt für den Ölfonds Nordamerika (USA plus Kanada) die größte Rolle, gefolgt von Europa und Asien.

Was ist eigentlich … ein Schwellenland?

Ökonomen unterteilen die Länder dieser Erde nach dem Entwicklungsstand ihrer Volkswirtschaften. Am augenscheinlichsten ist die Unterscheidung zwischen Industrie- und Entwicklungsländern. Bei Letzteren ist der primäre Sektor, vor allem die Landwirtschaft, noch eindeutig der größte des Landes Industrieländer hingegen sind vom sekundären und tertiären Sektor, also dem weiterverarbeitenden Gewerbe und Dienstleistungen, geprägt. Die Schwellenländer, auch Emerging-Economies oder Emerging-Markets genannt, bilden jene, die den Status des Entwicklungslandes hinter sich gelassen haben, aber noch kein Industrieland sind. Häufig sind solche Länder durch starke wirtschaftliche Unterschiede zwischen Arm und Reich geprägt.

Schwellenländer gibt es je nach Definition zwischen einem und mehreren Dutzend. Das schlägt sich auch in Indizes nieder, sogar Länder der Europäischen Union wie Polen können noch als Schwellenländer durchgehen, ebenso Singapur. Im *Human Development*

Report des Entwicklungsprogramms der Vereinten Nationen nimmt Norwegen den ersten Platz als das am meisten entwickelte Land der Erde ein. Berücksichtigt sind hier Indikatoren wie Lebenserwartung und Einkommen.

Auch die Wertentwicklung lässt sich geografisch herunterbrechen:[49] Im Jahr 2019 legten die in Industrieländern gehaltenen Aktien im Schnitt mit 26,5 % etwas stärker zu als das gesamte Portfolio. Die Schwellenländeraktien stiegen etwas schwächer, nämlich um 22,4 %. Die US-Aktien legten besonders kräftig zu, jene aus Europa dafür weniger (31 % versus 25 %). Ähnliche Unterschiede gab es bei den Schwellenländern: China stieg um 28 % während Indien nur um 7 % zulegte.

Einwohnerzahl wie Wirtschaftsleistung sind international sehr ungleich verteilt. In China und Indien leben besonders viele Menschen. Europa und die USA sind aber wirtschaftlich bedeutender. Auch die Gelder des Ölfonds sind geografisch stark konzentriert. Es zeigt sich eine ganz deutliche Fokussierung auf gemessen an der Wirtschaftsleistung große und entwickelte Volkswirtschaften, namentlich die USA und Europa. Bevölkerungsreiche Staaten wie China und Indien nehmen gemessen an ihrer Einwohnerzahl eine vergleichsweise kleine Rolle ein.

Tabelle 8: Regionale Verteilung des Aktienvermögens 2019

Region	Anzahl Unternehmen	Aktienvermögen des Ölfonds
Afrika	207	0,7 %
Asien	4.316	20,0 %
Europa	1.846	33,5 %
Lateinamerika	249	1,4 %
Naher Osten	163	0,4 %
Nordamerika	2.072	42,0 %
Ozeanien	349	2,2 %
	9.202	100,0 %

Mit den Jahren ist das Aktienvermögen des Ölfonds auf immer mehr Länder verteilt worden. Diese Entwicklung verlief recht stetig, allerdings mit ein paar Sprüngen. Von ursprünglich 21 Ländern ging es bis auf 74, aktuell sind ähnlich viele im Fonds vertreten. Zum Vergleich: Die Industrieländerorganisation OECD hat 35 Mitgliedsstaaten, die Europäische Union nach dem Austritt Großbritanniens 27 (zu einem großen Teil sind die Länder in diesen Organisationen dieselben), Schwellenländer gibt es je nach Definition zwischen einem und mehreren Dutzend. Die Gesamtanzahl der Länder auf der Erde beträgt über 200. Weltweit gibt es über 50.000 börsennotierte Aktiengesellschaften.[50] Der norwegische Ölfonds investiert also in nur etwas mehr als ein Drittel der Staaten und nicht einmal ein Fünftel der börsennotierten Unternehmen. In etlichen Ländern sowie prinzipiell in ganz kleinen Unternehmen legt er kein Geld an. Deren Aktien werden Micro Caps genannt, im Abschnitt »Klein, aber fein – Investment in Small Caps« wird die Aufteilung von Aktien nach Unternehmensgröße noch genauer thematisiert.

Ein detaillierter Blick auf die einzelnen Regionen und Länder zeigt, dass die Verteilung des angelegten Geldes sich in beiden Fällen mit der Zeit geändert hat. Anfangs waren knapp über und dann um die 50 % des Kapitals in europäischen Aktien angelegt. Dieser Anteil fiel in den vergangenen Jahren deutlich und liegt derzeit bei 34 % Zugleich kamen nicht nur Regionen hinzu, sondern Nordamerika und Asien bekamen mehr, Europa weniger Gewicht. Der Ölfonds hat sich ein wenig so verhalten wie ein Urlauber, der zunächst nur in Länder reist, die seiner Heimat ähnlich sind, bevor er ungewohntes, exotischeres Terrain erkundet. Aus norwegischer Sicht sind es vor allem westliche Industriestaaten, die dem eigenen Land, was die Struktur von Wirtschaft und Institutionen angeht, besonders ähneln.

Der Ölfonds durfte anfangs nur in 21 westliche Märkte investieren, und zwar in 20 der in der OECD zusammengeschlossenen klassischen großen Wirtschaftsnationen[51], plus Hongkong. Im Jahr 2001 gab es eine deutliche Erweiterung. Zukünftig durfte Geld auch in die Schwellenländer Brasilien, Mexiko, Türkei, Südkorea und Taiwan fließen.[52] In den Jahren danach wurden dann so gut wie alle Märkte zugelassen – hinzu kamen zahlreiche weitere Länder und Tausende Unternehmen.[53] Der Hintergrund dieser Erweiterung war, »eine bessere

Repräsentation der globalen Wirtschaft zu erzielen und die generelle Diversifizierung zu verbessern«.[54] Dass das schrittweise erfolgte, ergibt aus politischer Sicht durchaus Sinn. Nicht nur die Manager des Fonds, sondern auch die Bürger Norwegens konnten so wie eben jener Reisende erst mal ein paar Erfahrungen auf leidlich bekanntem Terrain sammeln, ehe gewagter investiert wurde. Zwar entscheiden die Einwohner nicht selber, wo investiert wird, aber die Jahresberichte erstellt NBIM nicht zuletzt für sie. Da war es sicherlich hilfreich, dass sie – ebenso wie die Politiker – sich nicht direkt mit fast der ganzen Welt als Ziel für die Gelder auseinandersetzen mussten, sondern zunächst nur mit einem etwas kleineren Horizont. Ebenso hat das Fondsmanagement relevante Expertise allmählich erwerben beziehungsweise einkaufen können.

Gut zu wissen

Anfangs setzte der Ölfonds nur auf Industrieländer und wies ganz klar einen europäischen Fokus bei der Aktienanlage auf. Das ist eine Entscheidung gewesen, die mittlerweile in Teilen revidiert worden ist. Aus gutem Grund. Am deutlichsten zeigt sich das an der Bedeutung der Schwellenländer. Zunächst investierte der Ölfonds überhaupt nicht in diese. Sobald die Politik es aber zuließ, Geld in diese Märkte zu stecken, legte NBIM los.

Warum sich das Investment in Schwellenländer lohnt

Die Einbeziehung und sogar teilweise Übergewichtung der Schwellenländer ist sinnvoll – auch für Sie als Privatanleger, wie die folgende Überlegung zeigt. Historisch zeichnen sich Schwellenländer in der Summe durch eine höhere Rendite aus als Industrieländer. Allerdings wird der größere zu erwartende Gewinn mit einem höheren Risiko bezahlt. Die Aktienmärkte weniger entwickelter Länder bewegen sich stärker auf und ab. Doch üblicherweise schwanken sie anders als die Aktienmärkte der Industrieländer. Damit gibt es einen Aspekt, der

Schwellenländer auch für jene, die ihr Risiko nicht erhöhen wollen, interessant macht: die vergleichsweise geringe Korrelation zu den klassischen großen Aktienmärkten. Wie zuvor beschrieben kann es sinnvoll sein, wenig korrelierende Wertpapiere, also solche, deren Kursverläufe sich nicht so ähnlich sind, zusammen in ein Portfolio aufzunehmen, um Schwankungen zu reduzieren. Das gilt auch hier. Langfristig sollte sich durch die Einbeziehung der Schwellenländer also ein besseres Risiko-Rendite-Verhältnis ergeben. Am Aktieninvestment des Ölfonds machen Schwellenländer 11,4 % aus.

Gut zu wissen

Die Analyse der geografischen Verteilung des Fondsengagements führt zu zwei zentralen Erkenntnissen, die für Sie als Privatanleger interessant sind:

1. Der Ölfonds investiert weltweit und immer breiter gestreut, jedoch weder in alle Staaten noch in alle Unternehmen, die an den Börsen der Welt notiert sind.
2. Die regionale Gewichtung im Portfolio folgt nicht exakt jener im globalen Benchmark-Index FTSE Global.

Klein, aber fein – Investment in Small Caps

Es ist die Diskussion um die Großunternehmen, die den Finanzteil der Tagespresse ebenso wie wirtschaftspolitische Diskussionen dominiert. Wenn private Anleger erwägen, Einzelaktien zu kaufen, denken sie häufig auch erst an die großen, bekannten Unternehmen. Der norwegische Ölfonds steckt aber einen nicht unerheblichen Teil in kleinere Aktien – und das schon seit rund zehn Jahren.

In der Tat hatte das Management des Ölfonds schon im Frühjahr 2003 einen entsprechenden Vorschlag an das Finanzministerium gerichtet. Damals war es NBIM nämlich noch nicht erlaubt, in Small Caps zu investieren. Die Politik gab erst im Herbst 2007 grünes Licht und

Abbildung 4: DAX und SDAX 2000 bis 24. April 2000

augenblicklich wurde das Kapital breiter gestreut. Ein Blick auf die Anzahl der vom Ölfonds gehaltenen unterschiedlichen Aktien verdeutlicht dies. Waren es Ende 2006 noch 3.396, so waren es Ende 2007 mehr als doppelt so viele. Es zeigt sich also eine ähnliche Entwicklung wie bei den Schwellenländern: Sobald der Ölfonds einsteigen darf, tut er dies auch.

Was sind eigentlich … Large, Mid und Small Caps?

Ein gängiges Unterscheidungsmerkmal innerhalb der Vermögensklasse Aktien ist die Größe des jeweiligen Unternehmens, an dem Anteile gehalten werden. Standardmäßig wird die Marktkapitalisierung (*market capitalisation*) als Kriterium genommen, sprich der Wert aller handelbaren Aktien eines Unternehmens. Es gibt Large Caps, Mid Caps, Small Caps und sogar Micro Caps, aber keine international gültigen Standards, wie die Segmente genau voneinander abgegrenzt werden.

Für Deutschland kann als grobe Orientierung gelten, dass Unternehmen eine Marktkapitalisierung von mindestens 5 Milliarden Euro haben müssen, um Large Caps (auch Blue Chips genannt) zu sein. Das trifft auf alle DAX-30- sowie einige MDAX-Werte zu. Mid Caps liegen demnach zwischen 2 und 5 Milliarden Euro Marktkapitalisierung. In dieser Kategorie findet sich fast der komplette MDAX wieder. Small Caps liegen entsprechend darunter und dieses Segment wird durch den Großteil des SDAX repräsentiert. In etwa analoge US-Dollar-Werte wendet das Online-Finanzportal Investopedia für die Vereinigten Staaten an.

Indexanbieter, wie etwa MSCI, berechnen die Grenzen relativ. Sie schlagen die größten 70 % Marktkapitalisierung Large Caps zu, die folgenden 15 % Mid Caps, weitere 14 % Small Caps und das verbleibende 1 % den Micro Caps. Das ergibt in vielerlei Hinsicht mehr Sinn. Zum einen ist es üblich, Größe relativ zu bemessen. Zudem würde eine starre, in einem Geldbetrag ausgedrückte Grenze bedeuten, dass nach Aufschwüngen plötzlich viel mehr Unternehmen als Large Caps gelten würden, nur weil sie mit dem Markt gewachsen sind (umgekehrt natürlich bei Abschwüngen). Viele Investoren ignorieren Micro Caps, weil die damit verbundenen Kosten zu hoch sind.

Was die genauen Anteile von Large, Mid und Small Caps am Ölfonds angeht, gibt es keine detaillierte Aufschlüsselung. Es wäre zwar möglich, diese basierend auf Vorgaben von Indexanbietern aus dem jährlichen Status quo des Aktienportfolios zu errechnen, aber auch sehr aufwändig. Wer sowohl den Jahresbericht als auch den fast ebenso umfangreichen Bericht Risk & Return für 2016 aufmerksam durchliest, kann sich zumindest die Eckpunkte ausrechnen. Der Anteil der Small Caps am in Aktien investierten Kapital lag beispielsweise im Jahr 2016 bei über 10 %[55], berichtet der Ölfonds. Weiter heißt es, dass die Wertentwicklung besser war als die der restlichen Aktien, sie lag also über 8,7 %.

Wie bei den Schwellenländern gilt auch hier: Small Caps können dem Portfolio sowohl Rendite zuführen als auch das Risiko senken. Historisch haben die Aktien kleinerer Unternehmen stärker zugelegt als Blue Chips und korrelieren weniger stark mit diesen als diese untereinander. Ein erwarteter Effekt ist zudem, die Gesamtrendite zu erhöhen. In den neun Jahren, seit Small Caps für den Ölfonds zugelassen sind, haben diese laut Risikobericht 2016 für 2 % mehr Rendite gesorgt. Das Fondsmanagement merkt auch an, dass die Aktien kleinerer und mittlerer Unternehmen sich historisch signifikant besser entwickelt haben und eine frühere Öffnung des Ölfonds für solche Papiere zu entsprechend höherer Rendite in den vorangegangenen Jahren geführt hätte: Weitere 3 % wären möglich gewesen, wenn wie von NBIM gewünscht schon im Jahr 2003 in Small Caps investiert werden hätte können.[56]

Gut zu wissen

Die Analyse der Marktkapitalisierung der vom Ölfonds gehaltenen Aktien führt zu drei Erkenntnissen.

1. Der Ölfonds durfte zunächst keine Small Caps halten.
2. Seit Anteile an Unternehmen mit kleiner Marktkapitalisierung zugelassen wurden, sind diese überrepräsentiert. Das heißt auch: Wie bei Schwellenländern wird nicht in einem Jahr ganz stark auf dieses Segment gesetzt und danach dann viel weniger, sondern es herrscht Stetigkeit.
3. Die Norweger nutzen die Investitionsmöglichkeiten in kleinere Unternehmen, um Renditen zu erhöhen und das Portfolio noch breiter zu streuen und so Schwankungen zu mindern.

Finanzen oder Gesundheit? Investments in unterschiedliche Branchen

Der Ölfonds listet in seinen Jahresberichten zehn Branchen auf und zeigt, wie das in Aktien angelegte Fondsvermögen darauf verteilt ist. Ende 2019 nahm die Finanzwirtschaft mit fast einem Viertel des Fondsvermögens eindeutig den ersten Platz ein. Am anderen Ende standen die Energieversorger sowie Telekommunikationsunternehmen mit je nur um die 3 %.

Unterschiedlich war nicht nur die Zusammensetzung des Portfolios nach Branchen, sondern auch die jeweilige Performance in diesen Bereichen. Im Laufe des Jahres 2019 hatten alle Sektoren zweistellige Zuwachsraten verzeichnet, wobei die Aktien von Öl- und Gasfirmen mit 13 % am wenigsten gestiegen waren, während Technologiepapiere um über 42 % gestiegen waren, und damit am meisten zugelegt hatten. Einmal mehr zeigt sich, dass hinter einer durchschnittlichen jährlichen Performance durchaus ziemlich unterschiedliche Wertentwicklungen stehen können, aus der sich diese zusammensetzt.

Die Aufteilung nach Branchen schwankt von Quartal zu Quartal und von Jahr zu Jahr, wenngleich nicht sonderlich stark. Ein dauernd wechselndes Unter- und Übergewichten bestimmter Marktsegmente – Zeichen eines aktiven Investments – bleibt aus.

Gut zu wissen

Die Analyse des Fondsengagements in unterschiedliche Wirtschaftszweige führt zu drei Schlussfolgerungen.

1. Die Gelder sind nicht gleichmäßig auf alle Branchen verteilt. In dem Fall müssten schließlich auf jeden der 10 Wirtschaftszweige 10 % des Kapitals entfallen. Stattdessen spiegelt der Ölfonds den politischen Vorgaben folgend in etwa den Markt wider.
2. Dadurch ändert sich die Gewichtung der Wirtschaftszweige auch nicht so drastisch, wie dies bei einem sehr aktiven Investor der Fall wäre, der zu einem bestimmten Zeitpunkt aus einzelnen Branchen wie Finanzen ganz aussteigen könnte.
3. Die Renditen der Sektoren schwanken stark.

Norwegen gibt Mexiko Geld – das Anleiheninvestment des Ölfonds

Anleihen machen im Ölfonds nicht nur prozentual, sondern auch in absoluten Zahlen den weitaus geringeren Anteil aus. Bei der Aufteilung des in Anleihen zu investierenden Vermögens orientiert er sich ebenfalls an Indizes, die unterschiedlich gewichtet werden (siehe Kapitel 2).

Am 31. Dezember 2019 hielt der Ölfonds Anleihen von 1.177 verschiedenen Emittenten – weniger als ein Achtel so viel wie Unternehmensanteile. Ein Viertel des gesamten Anleihenportfolios war in US-Staatsanleihen investiert. Damit war dieser Posten in Euro gerechnet mehr als sechsmal so groß wie der größte Aktieneinzelposten Apple. Es folgten Staatsanleihen aus Japan, Deutschland, Frankreich und England, die jeweils für 3 % bis 9 % des Anleihenteils des Fonds standen und allesamt für sich genommen mindestens zwei Drittel so viel Wert waren wie das Apple-Aktienpaket..

Die 50-Prozent-Schwelle wird bei den Anleihen bereits mit Platz 10 überschritten. Das heißt, in den verbliebenen 1.167 Posten steckte genauso viel Geld wie in den ersten 10 – erneut eine erheblich stärkere Konzentration als bei den Aktien.

Was ist eigentlich ... eine Anleihe?

Anleihen (auch *Bonds* oder Obligationen genannt; *fixed income, bonds*) sind ein Weg für Unternehmen und Staaten, Geld einzusammeln, sie werden dadurch Schuldner. Während ein Schuldner einen klassischen Kredit mit einem oder mehreren Geldgebern (den Gläubigern) fest ausmacht, gibt er eine Anleihe öffentlich aus, diese ist dann wie eine Aktie handelbar. So hat gewissermaßen jeder die Chance, dem Unternehmen oder Land unter den gegebenen Bedingungen Geld zu leihen. Wie bei der Aktie kann jeder über Anleihen mit der Finanzierung eines Unternehmens Geschäfte machen. Er stellt Geld zur Verfügung und bekommt im Gegenzug jährlich über eine vorab festgelegte Anzahl Jahre (die Laufzeit) einen bestimmten Betrag gezahlt, vergleichbar mit den Zinsen für einen Bankkredit. Die Höhe dieses jährlich zu zahlenden

Betrags ist im Vorfeld fest vereinbart und heißt Nominalzins oder Kupon – anders als beim Gewinnanteil, den ein Aktionär als Dividende erhält (und der auch schon mal bei null liegen kann). Man spricht deshalb auch von festverzinslichen Wertpapieren.

Wer Anleihen direkt kauft, wenn diese ausgegeben (emittiert) werden, und bis zum Ende der Laufzeit hält, weiß ganz genau, welche Rendite er damit erwirtschaftet, nämlich den angekündigten Zinssatz. Ein Rechenbeispiel steht in Kapitel 5 im Abschnitt »Sinnvolle Anleihen identifizieren«. Handelbare Anleihen können im Preis fallen oder steigen. In welche Richtung sie sich bewegen und wie stark, hängt zum einen vom aktuellen allgemeinen Zinsniveau ab, zum anderen davon, als wie groß das Risiko bewertet wird, dass das Unternehmen in Zahlungsschwierigkeiten gerät und seine Schulden nicht mehr wie vereinbart zahlen kann. Dementsprechend können Anleihen wie Aktien auch zum Totalverlust führen, wenn das Unternehmen pleitegeht. Allerdings genießen Anleihen Priorität, das heißt, diese müssen im Falle der Insolvenz bedient werden, bevor auch nur Geld an die Aktionäre fließt. Es gibt auch Anleihen mit Ausfallschutz, diese heißen dann gedeckte Schuldverschreibungen (*covered bonds*).

Der norwegische Ölfonds hat den weitaus größten Teil des Anleiheninvestments in festverzinsliche Anleihen von Staaten gesteckt. Diese machten Ende 2019 rund 57 % dieser Anlageklasse aus.[57] Die erste Unternehmensanleihe kommt erst auf Platz 24 – Bonds der Bank of America im Wert von 1,3 Milliarden Euro (0,46 % des Anleihenvolumens). Auf Platz 45 steht die erste Unternehmensanleihe einer deutschen Firma: rund 730 Millionen Euro von der Commerzbank, vier Plätze dahinter deutlich weniger voluminöse Anleihen von Siemens. Klassische Unternehmensanleihen standen für 24 % des Gesamtinvestments, hinzu kamen unter anderem gedeckte Schuldverschreibungen. Im Jahr 2019 erwirtschaftete der Fonds mit Unternehmensanleihen eine bessere Rendite als mit jenen von Staaten (11 % gegenüber 7 %)[58] Wie üblich geht auch hier eine höhere zu erwartende langfristige Rendite mit höherem Risiko einher. Um dieses geringer zu halten, muss der Ölfonds den Vorgaben gemäß stärker in Staats- als in Unternehmensanleihen investieren.

Die Jahresstatistik des Ölfonds unterscheidet nur nach Emittent, dessen Land und Region, aber nicht nach weiteren Merkmalen, wie etwa der Laufzeit. Der Posten US-amerikanische Staatsanleihen wird mit Sicherheit Papiere mit diversen Laufzeiten enthalten. Anleihen von bestimmten Staaten oder Unternehmen können durchaus unterschiedlich sein und auch verschiedene Renditen mit sich bringen, kürzere (Rest-)Laufzeiten gehen mit niedrigeren Renditen einher und längere mit höheren.[59]

US-Staatsanleihen kamen 2019 auf eine Rendite von 7,1% Prozent und damit mehr als der Schnitt in diesem Segment entwickelter Märkte (5,8%), Euro-Anleihen lagen mit 4,4% nur darunter, während japanische Staatsanleihen 1,1% brachten – auch aufgrund von Währungseffekten. Am höchsten war dieser Wert im Jahr 2019 für Mexiko er lag bei 26,3%. Allerdings ist das auch auf Währungseffekte zurückzuführen, in der lokalen Währung waren es immerhin noch 21%. Doch für die Gesamtrendite des Ölfonds ist die Wertsteigerung gemessen im Währungskorb und damit in diesem Fall der höhere Wert entscheidend. Zur Erinnerung: Der Fonds ist diesen Effekten als internationaler Investor natürlich ausgesetzt, die Berechnung der Wertentwicklung erfolgt stets gemessen am Währungskorb und weicht damit in der Regel von der Performance in lokaler Währung ab. Doch es zählt, ob und wie viel der Fonds an internationaler Kaufkraft zugelegt hat. Schließlich soll das Geld global angelegt werden.

Ein Vergleich mit dem Aktienpart des Ölfonds hilft, Gemeinsamkeiten und Unterschiede bei der Strategie für diese beiden Anlageklassen herauszuarbeiten. Insgesamt standen bei den Anleihen die bedeutendsten internationalen Währungen, G4 genannt, für rund 87%. Zu denen gehört neben Euro (EUR), US-Dollar (USD) und Yen (JPY) noch das britische Pfund (GBP). Bei Anleihen war die Bedeutung der USA, gemessen an in US-Dollar ausgegebenen Papieren – also Unternehmens- und Staatsanleihen –, zum Stichtag 31. Dezember 2019 noch etwas größer als bei Aktien und betrug knapp 46%, die Eurozone lag wie auch bei den Aktien auf Platz 2.

Die Top Ten der wichtigsten Länder im Anleihenpart waren nicht so sehr von den klassischen Industriestaaten geprägt, wie es bei den Aktien der Fall war. Die Währungen Südkoreas (Won, KRW), Mexikos (Peso, MXN) und Indonesiens (Rupie, IDR) – also immerhin gleich drei speziellere – zählten bei Anleihen zu den zehn wichtigsten Engagements. Unter den ersten 20 befanden sich weitere ungewöhnlichere Währungen wie der brasilianische Real (BRL) und der russische Rubel (RUB).

Insgesamt waren 8,6 % der in Anleihen investierten Gelder in Schwellenländern angelegt, also deutlich weniger als bei Aktien.

Gut zu wissen

Die Anleihen des Ölfonds sind teilweise konzentrierter investiert, teilweise breiter gestreut als Aktien. Alles in allem spielten die größten Anleihen-Einzelinvestments prozentual gesehen eine erheblich größere Rolle als bei den Aktien. Dafür war die geografische Diversifikation höher und die Konzentration auf die Industriestaaten geringer, wenn man die zehn bedeutendsten Zielländer betrachtet. Zwar waren Anleihen geografisch noch stärker als Aktien auf den wichtigsten Markt USA konzentriert, dafür tauchten aber auch mehrere Schwellenländer in den Top Ten auf. Die Spannbreite der Wertentwicklung vor allem von festverzinslichen Papieren aus Schwellenländern ist erheblich, Währungseffekte spielen dort eine besonders große Rolle und haben, gemessen im Währungskorb des Fonds, entsprechend starke positive wie negative Effekte auf die Rendite.

Sonderkriterium Kreditwürdigkeit

Bei Anleihen gibt es ein Kriterium, welches bei Aktien so keine Rolle spielt und deshalb separat von den anderen Merkmalen betrachtet und bewertet werden muss: die Kreditwürdigkeit eines Unternehmens oder Landes. Wer anderen Geld leiht, möchte es irgendwann wiederhaben, natürlich samt Zinsen. Wenn der Schuldner stets pünktlich seine Zinsen zahlt und die Schulden am Ende begleicht, dann ist er bei den Geldgebern beliebt und muss – weil das → **Ausfallrisiko** gering ist – niedrigere Zinsen zahlen als ein Schuldner, bei dem das Risiko zu bestehen scheint, dass er unzuverlässig ist.

Wer sich bei einer Bank für den Autokredit oder die Hypothek auf die Immobilie Geld besorgt, muss überhaupt erst einmal bis zu dem gewünschten Betrag kreditwürdig sein. Ob das der Fall ist, versucht die Bank herauszufinden, indem sie sich die finanzielle Situation des Antragstellers genauer anschaut. Dabei wird auch bewertet, wie hoch die Wahrscheinlichkeit ist, dass der Kunde nicht immer pünktlich oder überhaupt nicht zahlt und so der Bank letzten Endes schadet. Ähnlich verfahren Ratingagenturen mit Unternehmen und Staaten: Sie schätzen, wie hoch das Risiko ist, dass ein Kredit nicht wie vereinbart bedient wird, und vergeben in der Folge bestimmte Buchstabenkombinationen, die darüber Aufschluss geben.

Die drei großen Ratingagenturen Fitch, Moody's und Standard & Poor's vergeben ihre Bewertungen nach einem ähnlichen Muster. Das Spitzenrating ist AAA beziehungsweise Aaa, in beiden Fällen auch Triple A genannt, und steht dafür, dass es extrem unwahrscheinlich ist, dass der Kreditnehmer seinen Verpflichtungen nicht nachkommen kann. In die zweite, immer noch sehr gute Stufe, fallen AA+, AA und AA-, gefolgt von A+, A und A- (Moody's vergibt nach dem Muster Aa1, Aa2, Aa3 gefolgt von A1, A2, A3). Dann geht es weiter mit BBB+ (bei Moody's Baa1) et cetera, bis D erreicht ist (bei Moody's C). Dieser Buchstabe steht für *default*, also Ausfall.

Gut zu wissen

Der Buchstabensalat bei den Kreditratings hat nur einen Zweck: Er soll den Geldgebern signalisieren, wie sicher sie sich fühlen können und welchen Preis, in Form des Zinses, sie als Ausgleich für das Ausfallrisiko nehmen sollen.

Der Ölfonds hatte Ende 2019 den Großteil seiner festverzinsten Geldanlage in gut und sehr gut bewertete Staats- und Unternehmensanleihen investiert. Immerhin fast ein Sechstel des Geldes lag aber in Papieren, deren Emittenten mit BBB bewertet waren und damit nur gerade noch als kreditwürdig (im Englischen spricht man von *investment grade*) galten. Ein ganz kleiner Prozentsatz von knapp unter 2 % wurde sogar als spekulativ bewertet. Während die am besten bewerteten Papiere fast ausschließlich Staatsanleihen waren, überwogen bei den Bonds von gerade noch kreditwürdigen Schuldnern Unternehmensanleihen deutlich. Umgekehrt sah es im kleinen spekulativen Bereich aus: Hier dominierten erneut Staatsanleihen.

Gut zu wissen

Anleihen unterscheiden sich stark, was das Ausfallrisiko angeht. Prinzipiell stehen Staaten besser da als Unternehmen in diesen Staaten. Der Ölfonds setzt überwiegend auf die sicheren Produkte, denn damit sinken das Ausfallrisiko sowie die damit verbundenen Schwankungen. Und der Anleihenteil ist ja dazu da, für Stabilität zu sorgen. Allerdings hat er auch einige weniger solide Papiere im Depot, deren Risiko und Performance eher Aktien ähneln. Ein Reformvorschlag soll das ändern.

Herabstufung von Ratings

Eine Anleihe, die zu einem bestimmten Zeitpunkt als ziemlich sicher gilt, kann zwei Jahre später (oder auch viel schneller) schon auf Ramschstatus herabgestuft sein. Das geschieht, wenn sich das Ausfallrisiko des Schuldners deutlich verschlechtert. Das heißt, die Zusammensetzung eines Portfolios nach Kreditwürdigkeit kann sich ändern, ohne dass Anleihen ge- oder verkauft werden. Im Zuge der Finanzkrise gab es zahlreiche ziemlich abrupte Verschlechterungen von Ratings. Sofern ein Investor sich von diesen nicht trennt, stehen sie dann mit dem neuen, schlechteren Rating in den Büchern. Das bessere Rating, das sie besaßen, als diese für das Portfolio gekauft wurden, zählt nicht mehr und das Risiko ist gestiegen. Über die Zeit sind beim Rating der vom Ölfonds gehaltenen Anleihen deutliche Änderungen zu sehen. Historisch war der Anteil an weniger gut bewerteten (BBB oder schlechter) mit unter 10 % relativ gering, während lange mehr als die Hälfte ins Segment der Bestnote (AAA) fielen. Dennoch dürfte auch diese Entwicklung zumindest zum Teil damit zu erklären sein, dass der Fonds wie auch bei den Kriterien Regionen, Branchen und Einzelaktien ersichtlich, nicht stark umschichtet.

Gut zu wissen
Manche Anleihen sind unter dem Strich nur vermeintlich sichere Produkte, denn während der Finanzkrise hat sich gezeigt, dass auf die Ratings nicht immer Verlass ist. Einige als sicher bewertete Anleihen erwiesen sich plötzlich als Luftnummern.

Besonders interessant ist in diesem Zusammenhang ein genauerer Blick auf den Jahresbericht 2008.[60] Darin muss NBIM eingestehen, viel zu sehr externen Beratern vertraut zu haben, die für den Ölfonds reihenweise die mittlerweile berüchtigten faulen US-Kredite gekauft hatten – auf Pump. »Der Großteil dieser Finanztitel besaß das bestmögliche Kreditrating«, heißt es in dem Jahresbericht. Das erklärt, warum damals ein so hoher Anteil an mit AAA bewerteten Anleihen im Portfolio des Fonds war. Der Ölfonds erlitt – ebenso wie die gesamte Finanzwelt – einen Schock, als sich zeigte, dass zu wenig Fragen gestellt worden waren, in welche Anleihen überhaupt gerade investiert wurde. »Diese Mandate erlitten 2008 starke Verluste«, lautet die Erkenntnis der Norweger. »Wir haben eine wichtige Lektion gelernt: Es ist notwendig, Fähigkeiten im Hause zu haben für alle Bereiche, in die der Fonds investiert.« (Mehr dazu im Abschnitt »Teuer kann teuer zu stehen kommen«.)

Gut zu wissen
Die Analyse der Anleihen des Fonds führt zu drei Erkenntnissen:

1. Auch bei Anleihen können die Performanceunterschiede gewaltig sein.

2. Wechselkurseffekte tragen positiv wie negativ dazu bei.
3. Von Ratingagenturen als sicher bezeichnete Anleihen können sich als völlig unsolide herausstellen und unerwartet auf die durchschnittliche Rendite drücken.

Was Berlin und München haben, Kassel aber nicht – die Immobilieninvestments des Ölfonds

Berlin, München, London, Paris, New York – keine Frage, der Ölfonds hat sich in kürzester Zeit ein Immobilienportfolio in den Spitzenstädten dieser Welt zusammengekauft. Ende 2019 gehörten den Norwegern Gebäude (oder Anteile daran) mit einem geschätzten Marktwert von rund 28 Milliarden Euro.[61] Auch wenn das jede Menge Geld ist, ist damit das Portfolio an physischem Immobilienbesitz (Anteile an börsennotierten Immobilienunternehmen gehören hier also nicht dazu, diese fließen aber bei der Berechnung der Gesamtperformance des Fonds in den Immobilienpart ein) im Vergleich zu den Aktien und Anleihen verhältnismäßig überschaubar und machte zum 31. Dezember 2019 nur 2,7 % des Ölfonds aus. Rund je die Hälfte davon war auf Europa und die USA verteilt. Büroimmobilien standen für 57 % des Portfolios, Logistikbauten für 22 % und Ladenimmobilien für 18 %.[62]

Nach den USA, die für fast die Hälfte des Immobilienportfolios standen, war Großbritannien (21,2 %) das Land, in dem der Ölfonds Ende 2019 am stärksten in Immobilien investiert war, gefolgt von Frankreich (17,9 %), der Schweiz (3,5 %) und schließlich Deutschland (3,4 %).

Die Gesamtrendite, bestehend aus Mieteinnahmen und Wertsteigerung, abzüglich Instandhaltungs- und anderer Kosten, betrug 6,8 %. Hier spielt auch die Leerstandquote hinein. Denn selbstverständlich entstehen weiterhin Kosten, auch wenn gerade niemand die Immobilie nutzt; Einnahmen bleiben hingegen in dieser Zeit aus.

Gut zu wissen

Der Ölfonds investiert auffallend häufig in die besten Adressen der Metropolen dieser Welt. Vermutlich sind auch Sie schon einmal an einem Gebäude vorbeigekommen, das Norwegen gehört oder an dem der Fonds Anteile besitzt. In Paris hat er sich am Rond Point der Champs-Elysées eingekauft, in London an der noblen Regent Street. In Berlin gehören das traditionsreiche Kranzler Eck am Kurfürstendamm sowie der Neubau des Axel Springer Verlages zum Portfolio des Ölfonds. In München zählte bis vor kurzem der gläserne Büroturm, in dem die *Süddeutsche Zeitung* sitzt, zu dessen Immobilienteil.

Der Ölfonds fokussiert sich auf sogenannte strategische Städte, von denen eine wachsende Bevölkerung und/oder Beschäftigung erwartet wird. Städte, die gut ausgebildete Menschen und Geld anziehen, gelten NBIM als besonders aussichtsreich. Wichtig ist auch, dass es dort nicht so einfach ist, neue Immobilien zu bauen – sei es durch regulatorische Vorgaben oder natürliche Beschränkungen wie Küste oder Berge. In klassische Wohnimmobilien investiert der Fonds nicht direkt, sondern in Büros (56,5 % des Immobilieninvestments), Logistik (21,9 %) und Ladengeschäfte (18,2 %). Deutschland spielt hier trotz der bekannten Immobilien mit 3,4 % am Immobilienteil nur eine kleine Rolle, während die USA (48,5 %), Großbritannien (21,2 %) und Frankreich (17,8 %) weitaus wichtigere Märkte sind.

Üblicherweise arbeitet der Ölfonds bei den Immobilieninvestitionen mit einem lokalen Partner zusammen, der auch einen Anteil an den jeweiligen Bauten besitzt. Der Ölfonds verzichtet weitgehend auf Kreditfinanzierung seiner Immobiliengeschäfte – anders als viele andere Investoren oder private Immobilienkäufer. Das verringert das Risiko.

Gut zu wissen

Anteile an Immobilien hält der Ölfonds erst seit 2011, eine Zeitreihenanalyse ergibt deshalb wenig Sinn. Doch auch das aktuelle Portfolio bietet genug Informationen, um etwas zu lernen.

1. Der Ölfonds interessiert sich nur für ganz bestimmte Standorte.
2. Wohnimmobilien spielen bei den direkten Investitionen in Immobilien keine Rolle.

Eine weitere Komponente der norwegischen Finanzformel sind **Investments in Immobilien**. Sie sind letztlich ein Teil des Anlageklassenmix, werden aber gesondert behandelt – vor allem weil der Immobilienkauf für Privatpersonen stets ein großes Thema ist (mehr dazu in Kapitel 5).

Teuer kann teuer zu stehen kommen – Kosten externer Berater

Von den Problemen, die externe Berater für den Ölfonds gebracht haben, war schon die Rede. Laut Jahresbericht 2008 waren sie es, die vor der Finanzkrise viele schlechte US-Anleihen gekauft hatten. Der Ölfonds setzt dennoch weiter auf Externe, wo es intern nicht ausreichend Kompetenzen gibt. Das geht natürlich ins Geld. Relativ zum verwalteten Vermögen kosten externe Manager den Ölfonds mehr. Davon profitierte zumindest zeitweilig mit der Frankfurt Performance Management AG auch ein deutscher Verwalter.[63]

Vor zehn Jahren waren die Kosten des Ölfonds, bezogen auf dessen Volumen, rund doppelt so hoch wie heute und stiegen bis 2009 fast auf den dreifachen Wert an. Eine Übersicht im Jahresbericht 2016 zeigt, dass dafür fast ausschließlich Zahlungen an externe Berater verantwortlich waren. Vielfach handelt es sich dabei um performancebasierte Bestandteile, also eine erfolgsabhängige Vergütung – wobei sich natürlich die Frage stellt, worin zu den damaligen Crash-Zeiten die »Performance« bestand. Für externe Berater wurde damals in der Summe erheblich mehr ausgegeben als für das interne Management. Das ist heutzutage nicht mehr der Fall. Nichtsdestotrotz sind externe Beratungsgesellschaften immer noch erheblich teurer als die Festangestellten des Ölfonds – bezogen auf die Summen, die sie verwalten. Doch der Ölfonds steht mittlerweile, auch weil wieder verstärkt auf internes Management gesetzt wird, bei den anfallenden Kosten sehr gut da. Die Kostenquote betrug im Jahr 2019 unter 0,05 % des gesamten Fondsvolumens.

Gut zu wissen
Zwei wesentliche Erkenntnisse lassen sich aus den Erfahrungen des norwegischen Ölfonds festhalten.

1. Wo externe Finanzverwalter eingesetzt werden, verdient daran mit Sicherheit einer: der Externe.
2. Sich selbst um die eigene Geldanlage zu kümmern hält nicht nur die Kosten niedrig, sondern erleichtert auch, den Überblick und damit hoffentlich die Kontrolle zu behalten.

Die letzte Komponente der norwegischen Finanzformel bilden damit **geringe Kosten**.

Alles klar? So schlagen sich die politischen Vorgaben und die Entscheidungen der Investmentmanager konkret nieder. 5 Regeln, nach denen der Ölfonds investiert und die auch für Privatanleger gelten sollten:

1. Investiert wird weitgehend passiv, indexnah, denn ständiges Umschichten steigert die Rendite langfristig nicht.
2. Die Geldanlage innerhalb der Vermögensklassen erfolgt breit gestreut, um Risiken zu mindern und das Portfolio zu optimieren.
3. Aktien aus Schwellenländern werden bewusst übergewichtet, um die dortigen Chancen zu nutzen und von der niedrigen Korrelation mit Industrieländeraktien zu profitieren.
4. Aktien kleinerer Unternehmen, sogenannte Small Caps, spielen ebenfalls eine relativ große Rolle, weil diese anders schwanken als die großer Unternehmen und eine höhere Rendite erwarten lassen.
5. Die Rendite wird auch dadurch erhöht, dass strikte Kostenkontrolle herrscht.

4 Die norwegische Finanzformel

Norwegen wird aufgrund seines Ölreichtums immer wieder als Sonderfall dargestellt. Es habe einfach Glück gehabt, heißt es dann. Doch auch ärmere Staaten und Sparwillige können so vorausschauend handeln. Zugegeben, ein Mensch ist kein Land und ein Privatanleger kein milliardenschwerer Ölfonds. Nichtsdestotrotz ähneln sich Norwegen und ein gewöhnlicher Privatinvestor. Beide legen regelmäßig Geld an, um systematisch ein Vermögen aufzubauen. Der Ölfonds investiert langfristig und diversifiziert, um auch in Zukunft solide Finanzen zu haben. Gleichzeitig ist das Land auf Unvorhersehbares finanziell vorbereitet. Genau das wünschen sich viele Privatanleger auch. Mithilfe der norwegischen Finanzformel können Sie lernen, wie einer der größten Fonds der Welt zu agieren.

Wir sind alle ein wenig norwegisch

Vielleicht zweifeln Sie noch daran, ob das Modell Norwegen auch für Sie taugt – schließlich handelt es sich um ein Land, nicht um einen Menschen, und zudem noch um eines, welches das Glück hat, viele wertvolle Ressourcen zu besitzen. Das sind aber beides letztlich keine gültigen Gegenargumente. Denn die norwegische Finanzformel ist für fast jeden Privatanleger geeignet. Was Interessen und Ausgangslage angeht, ist Norwegen Ihnen viel ähnlicher als beispielsweise Deutschland (es erwirtschaftet zwar derzeit Haushaltsüberschüsse, hat aber immense Schulden und parkt daher Geld höchstens kurzfristig) oder Warren Buffett (er ist schon wahnsinnig reich und legt nicht nebenher an, sondern hat Investieren zum Beruf gemacht), um nur einmal ein weiteres Land und einen Menschen zu nennen, der Ihnen in Sachen Investieren als Vorbild dienen könnte.

Sie persönlich sind dem Land vermutlich ähnlicher, als Sie denken. In Ihrem Vorgarten sprudelt zwar sicher keine Ölquelle, aber was für Norwegen das schwarze Gold, das ist für Sie etwas anderes: Ihre Arbeitskraft, von Ökonomen nüchtern Humankapital genannt. Norwegen ist reich an Öl, Sie haben Ihr Talent. Das ist Ihr Lottogewinn, aus dem Sie hoffentlich das Beste machen. Ihre Fähigkeit, für andere etwas zu erledigen und dafür bezahlt zu werden, ist Ihre persönliche Ressource, aus der Sie ein Leben lang schöpfen können. Dabei spielt es keine Rolle, ob Sie Professorin, Musiker oder Klempner sind. Sie haben Ihren Job und verdienen damit Geld – so wie Norwegen mit dem Öl. Aus diesen Einnahmen speisen Sie Ihren persönlichen Zukunftsfonds.

Um sich klarzumachen, wie ähnlich Sie Norwegen sind, brauchen Sie sich nur ein paar Fragen zu stellen. Hier geht es noch gar nicht darum, wie Sie Ihre Geldanlage konkret gestalten, sondern was Sie damit bezwecken wollen und welche Möglichkeiten Sie haben.

1. Möchten Sie in Zukunft gerne ein paar Euro extra haben, um Ihr Leben angenehmer zu gestalten?
2. Geht es Ihnen nicht nur darum, für den nächsten Urlaub zu sparen, sondern wollen Sie ein wenig längerfristiger Vermögen aufbauen?
3. Sind Sie bereit, ein wenig Geld zur Seite zu legen, statt auch noch den letzten Euro sofort unter die Leute zu bringen?
4. Kann es vorkommen, dass Sie in manchen Monaten mehr, in anderen weniger zurücklegen können und unter Umständen ein wenig vom Gesparten frühzeitig abzwacken müssen, also Flexibilität beim Sparen brauchen?
5. Haben Sie es satt, ständig über Ihre Geldanlage und Altersvorsorge nachzudenken, und wollen lieber ein Mal die Weichen stellen und sich dann vor allem Ihrer Arbeit, Freizeit, Freunden und Familie widmen?
6. Wollen Sie nicht nur eine gute Rendite erwirtschaften, sondern dabei auch ethisch investieren?

Je häufiger Sie mit »Ja« geantwortet haben, desto mehr denken Sie wie die norwegischen Politiker und Fondsmanager, desto »norwegischer« sind

Sie also, was Ihre Anlageziele angeht. Sich die Strategie des Ölfonds in weiten Teilen zum Vorbild zu nehmen, sollte eine gute Wahl sein.

Gut zu wissen

Sollten Sie überwiegend mit »Nein« geantwortet haben, können Sie von der norwegischen Finanzformel trotzdem viel lernen. Sie wird Ihnen helfen, die Geheimnisse der Geldanlage besser zu verstehen, selbst wenn Sie aktuell vielleicht noch nicht bereit sind, diese Kniffe anzuwenden. Womöglich bringt das bessere Verständnis Sie auch erst auf den Gedanken, mit dem Investieren anfangen zu wollen. Dann nur zu. Je früher Sie starten, desto besser.

Leitlinien für die Geldanlage à la Norwegen

Egal welche finanziellen Wünsche Sie sich erfüllen wollen – häufig ist die norwegische Finanzformel die richtige Antwort. Geht es Ihnen jedoch darum, binnen weniger Monate oder Jahre mit geringem Einsatz Millionär zu werden, muss ich Sie enttäuschen: Dabei hilft Ihnen an den Finanzmärkten nur der Zufall, keine Strategie.

Ist das schnelle Geld für Sie hingegen nur ein Traum und zweifeln Sie daran, dass es möglich ist, »mal eben« an den Börsen dieser Welt ein Vermögen zu verdienen, und glauben stattdessen, dass das nur langfristig mit einer guten Strategie klappen kann, ist der Ölfonds das richtige Vorbild für Sie. An den folgenden Leitlinien, auf die obige Fragen abzielten, orientiert sich die norwegische Finanzformel.

Konsumverzicht

Wenn Sie bereit sind, für die Zukunft etwas zur Seite zu legen – sei es für die Altersvorsorge oder andere langfristige Wünsche und Ziele –, ähnelt Ihre Einstellung einem Grundgedanken des norwegischen

Ölfonds. Dieser wurde schließlich etabliert, damit die Einnahmen aus dem Ölgeschäft nicht sofort verprasst werden. Hätte der norwegische Staat riesige Stadien, übers ganze Land verteilt neue Königspaläste, ein Sommerhaus für jede Familie oder Ähnliches finanzieren wollen, wäre dem Land das Geld schnell ausgegangen. Es bestand aber kein Interesse, alles schon im Hier und Jetzt auszugeben. Statt kurzfristig für einen Boom zu sorgen, die norwegische Wirtschaft aber letztlich vermutlich zugrunde zu richten (auch weil irgendwann die Ausgaben für die Instandhaltung der ganzen Stadien, Paläste und Hütten zu viel geworden wäre), wurde und wird »norwegisch« – also vernünftig und langfristig – gedacht und investiert.

Gut zu wissen

Zwar darf der norwegische Staat einen Teil des Fondsvermögens für den laufenden Haushalt verwenden, doch die maximale jährliche Entnahme aus dem Ölfonds wurde im Jahr 2001 auf durchschnittlich 4 % seines Volumens beschränkt. Im Jahr 2017 wurde der Wert auf 3 % abgesenkt.

Investmenthorizont

»Zweck des Fonds ist es, die staatliche langfristige Verwaltung des Ölvermögens zu unterstützen«, steht auf der Homepage des Ölfonds. Soll heißen: Über den Fonds muss das Geld aus dem Ölgeschäft so angelegt werden, dass der Staat und damit alle Bürger langfristig etwas davon haben. Wie schon erwähnt, wagte man anfangs (1996) dennoch nicht, langfristig und risikobereit anzulegen. Investieren statt einfach nur klassisch zu sparen heißt aber, Risiken einzugehen, die dann hoffentlich mit mehr Ertrag belohnt werden.

Mittlerweile sind die Investitionen an den langen Zeithorizont angepasst worden. Das hat sich auch namentlich gezeigt: Der Ölfonds ist vor gut zehn Jahren in Pensionsfonds umbenannt worden, um zu unterstreichen, dass der Anlagehorizont ziemlich lang ist. Eine konkrete

Verpflichtung, daraus Pensionszahlungen zu decken, ergibt sich allerdings nicht, sondern die Fondsgelder sind als generelle Unterstützung für den Haushalt gedacht.

Gut zu wissen

Wenn Sie Geld für kurzfristige Anschaffungen zurücklegen wollen, also sozusagen einen Notgroschen für die nahe Zukunft, sollten Sie nicht investieren, sondern eher klassisch sparen, das heißt ohne jegliches Verlustrisiko, dafür aber auch mit geringen bis gar keiner Renditechancen, zum Beispiel in Form von Tagesgeld. Beziehen Sie diesen Teil Ihres Vermögens aber auch mit ein, wenn Sie bewerten, welches Risiko Sie ertragen können.

Im Abschnitt über die moderne Portfoliotheorie (MPT – Kapitel 2) haben Sie schon gelernt, dass eigentlich Ihr gesamtes Vermögen optimiert werden sollte, Menschen aber dazu neigen, in Konten zu denken. Dann sparen Sie gleichzeitig für das neue Auto in ein paar Jahren und für die Rente, legen dafür aber das Geld getrennt an, statt eine große Summe zu optimieren. Womöglich sind Sie sogar mit dem Konto für die alltäglichen Ausgaben im Minus und zahlen teure Überziehungszinsen, während andernorts Geld zinslos rumliegt. Aus psychologischen Gründen ist es nicht so einfach, sich von dieser »mentalen Buchführung« (*mental accounting*) zu trennen. Weil die meisten von uns nicht so rational sind, wie es Ökonomen gerne hätten, ist das zu akzeptieren. Denn es ist besser, sich dem Ideal nur anzunähern, als gar nicht strategisch zu investieren. Wichtig ist aber, dass Sie sich dieses Problems bewusst sind – dann versuchen Sie hoffentlich, die mentale Kontenführung zu minimieren[64], und teilen ihr Portfolio vermutlich besser ein. In der heutigen Niedrig- bis Nullzinsphase sollten Sie sich auch bei einem Konto mit unspezifischem Sparziel mit kürzerem Zeithorizont am norwegischen Ölfonds orientieren. Schließlich können viele Sparziele mit etwas vorausschauender Planung auch etwas flexibler gestaltet werden, wie etwa die Neuanschaffung eines Autos in fünf bis zehn Jahren. Dafür können Sie durchaus etwas riskanter anlegen und einen Teil in Aktien stecken, wenn Sie bereit sind, gegebenenfalls auf Zubehör zu verzichten oder ein anderes Modell zu wählen, falls die Rendite nicht so gut ausfällt wie erwartet. Bei einer hohen Rendite können Sie sich hingegen so manchen Sonderwunsch erfüllen – oder Sie nutzen das verbleibende Geld für einen schicken Urlaub. Noch norwegischer verhalten Sie sich natürlich, wenn Sie den Überschuss gleich wieder in Ihren Zukunftsfonds investieren.

Wenn Sie noch weiter in die Zukunft schauen und frühestens in 15 Jahren oder gar erst in mehreren Jahrzehnten – zum Beispiel im Rentenalter – planen, das bis dahin angehäufte Vermögen anzubrechen und langsam aufzubrauchen, denken Sie besonders norwegisch beim Vermögensaufbau.

Sparvermögen

»Investieren ist nur etwas für Wohlhabende«, lautet ein gängiges Vorurteil. Das ist Quatsch, denn schon mit kleinen monatlichen Summen können Sie langfristig viel erreichen: 30 Euro monatlich zur 6 %-Rendite des Ölfonds angelegt, ergeben bei Anpassung der Sparrate an die Inflationsrate nach 20 Jahren immerhin 16.000 Euro. 30 Euro monatlich, das ist gerade einmal ein Euro täglich, ja selbst die Hälfte reicht aus für einen Sparplan, über dessen Ergebnis Sie sich in einigen Jahren freuen werden, weil Sie sich damit einen lang gehegten Wunsch erfüllen können. Wie Sie herausfinden, welche Summe Sie monatlich oder jährlich investieren können, erfahren Sie in Kapitel 5.

Die norwegische Regierung ist diszipliniert und konsequent. Sie zahlt erst einmal laufend sämtliche staatlichen Einnahmen aus dem Rohstoffgeschäft in den Fonds ein. Das so angesparte Geld wird dann angelegt und soll langfristig dem norwegischen Volk zugutekommen. Um es ähnlich zu machen, sollten Sie regelmäßig per Dauerauftrag in Ihren Zukunftsfonds einzahlen. Der kann in wirklich heiklen Zeiten – wenn Sie aus irgendeinem Grund mal ganz knapp bei Kasse sind – auch ausgesetzt werden. Das sollte aber wirklich nur eine absolute Ausnahme sein und die Entscheidung sollte nur von Ihrer Kassenlage und nicht von etwaigen Turbulenzen an den Märkten abhängen. Wenn Sie mehr

Geld als gedacht übrig haben, sollten Sie überlegen, den Dauerauftrag zu erhöhen oder zwischendurch mal mehr einzuzahlen.

Gut zu wissen
Denken Sie daran, Ihren Sparbetrag jährlich an die Inflationsrate anzupassen. In diesem Buch wird dafür stets das Inflationsziel der Europäischen Zentralbank angenommen, das heißt 2 % jährlich. Wenn Sie nicht jedes Jahr nach der aktuellen Inflationsrate schauen wollen, sollten Sie auch einen Anstieg von 2 % wählen. Wenn die Rate mehr als ein Jahr lang höher liegt (ab 2,3 %) oder einmalig deutlich höher (ab 3 %), ist es wichtig, dennoch eine Anpassung vorzunehmen.

Gleichzeitig bedient sich der Staat aber auch aus dem Ölfonds und zweigt jedes Jahr eine gewisse Summe für den Staatshaushalt ab. Eine Obergrenze stellt hierbei sicher, dass das Vermögen durch die Auszahlungen nicht schrumpft und stetig weiter gespart wird. Dieser Punkt ist für Sie letztlich nur relevant, wenn Sie keinerlei mentale Konten bilden beziehungsweise wenn Ihr Erspartes so groß (geworden) ist, dass Sie meinen, von den Erträgen leben zu können, oder diese zumindest so hoch sind, dass Sie es sich erlauben können weniger zu arbeiten als bisher. Am wahrscheinlichsten ist wohl die letzte Variante im Rahmen einer Altersteilzeit, dieser widmet sich deshalb in Kapitel 5 der Abschnitt »Sonderfall Entsparen«. Bis es so weit ist, werden Sie nur einzahlen. Denken Sie immer daran, dass Ihre Arbeitskraft Ihr norwegisches Öl ist: die Ressource, von der Sie schöpfen können, um zu investieren.

Planbarkeit

Wer langfristig denkt, muss stets auf Überraschungen gefasst sein. Hochzeit, Familiennachwuchs, aber auch Arbeitslosigkeit oder Krankheit können die Finanzplanung ganz schön durcheinanderwirbeln. Wenn dann mal mehr Geld als angenommen sofort gebraucht wird, sollte das Ihren Investmentplan nicht direkt völlig über den Haufen werfen. Auch wenn ein Investment nach Manier des Ölfonds stark im Wert schwanken kann, ist es doch liquider als zum Beispiel eine Immobilie, eine Lebensversicherung oder andere starre Finanzprodukte mit langen Vertragslaufzeiten. Das gilt nicht zuletzt deshalb, weil die Sparrate für Ihren Zukunftsfonds notfalls ohne viel Aufwand zwischenzeitlich ausgesetzt oder reduziert werden kann (siehe Sparvermögen). Sogar zwischenzeitliche Auszahlungen sind problemlos möglich, wenn es denn sein muss.

Niemand weiß, was die Zukunft bringt. Flexibilität ist deshalb sehr wichtig. Der Ölfonds ist so konstruiert, dass alle Öleinnahmen inklusive spezieller Steuern hineinfließen und investiert werden. Der Staat darf sich, wie bereits erwähnt, zur Teilfinanzierung des Haushalts in Grenzen nach der Handlungsregel daraus bedienen und aktuell bis zu 3 % des Fondsvolumens pro Jahr entnehmen. Das ergibt Sinn, finanziert ein Teil der Einnahmen aus dem wichtigsten Sektor des Landes so doch die laufenden Staatsausgaben mit. Ansonsten müsste der Staat seine Bürger zu sehr schröpfen. Die klassischen Einnahmen wie Einkommen- und Mehrwertsteuer reichen nicht aus.

Bisher wurde in der Summe stets weniger entnommen, als der Fonds durch Einzahlungen im selben Jahr zulegte. Im Jahr 2016 griff die norwegische Regierung erstmals so stark in die Spardose, dass sie sich mehr auszahlte, als durchs Ölgeschäft hereinkam. Weil der Ölfonds sich gleichzeitig gut entwickelte, wuchs er dennoch weiter. Gerede davon, dass Norwegen schlecht dastünde, nur weil es mehr aus dem Fonds nimmt, als es einzahlt, sind deshalb maßlos überzogen. Im Gegenteil: Dass dies zwischenzeitlich machbar ist, zeugt davon, dass Norwegen besonders vorausschauend handelt.

Bequemlichkeit

Ständig über Jahresberichten und Excel-Tabellen mit unendlichen Zahlenkolonnen zu brüten ist nicht jedermanns Sache. Die norwegische Finanzformel hilft, das zu vermeiden. Es reicht, anfangs ein paar Stunden aufzuwenden, um grundlegende Entscheidungen zu treffen, Produkte auszuwählen und zu kaufen und dann nur ab und an nachzujustieren. Wer sich mehr engagieren will, ist beim norwegischen Ölfonds auch nicht völlig falsch und kann sich intensiver mit dessen Anlageüberlegungen auseinandersetzen.

Der norwegische Ölfonds, genauer gesagt NBIM, die Investitionsabteilung der norwegischen Zentralbank, beschäftigt derzeit intern gut 650 Mitarbeiter und hat zahlreiche Mandate an externe Berater vergeben, damit Politiker und Bürger nicht ständig darüber nachdenken müssen, wie das Geld angelegt wird. Natürlich sind diese Leute alles andere als faul. Indem Sie deren Anlagestrategie nachahmen, können Sie es sich hoffentlich schon bald gemütlich machen und sich über ein wachsendes Finanzpolster freuen.

Gut zu wissen

Als Privatanleger haben Sie viele Gleichgesinnte, mit denen Sie sich austauschen können, und zwar nicht nur in diversen Internetforen, sondern auch in Vereinen wie der Schutzvereinigung Wertpapierbesitz oder den Kritischen Aktionären. Mehr zu diesen beiden Verbänden erfahren Sie im Anhang dieses Buches.

Werte

Der Kapitalismus wird immer wieder gerne als Wurzel vieler Übel gesehen. An so manchem Vorwurf ist sicherlich etwas dran. Bedenken Sie aber auch, dass kein anderes Wirtschaftssystem es dem Einzelnen so leicht macht, seinen Werten Gehör zu verschaffen. Sie müssen allerdings bereit sein, Verantwortung zu übernehmen und auch einmal Verzicht zu üben, statt nur zu schimpfen und ansonsten nichts tuend auf den Staat zu warten. Als Konsument haben Sie stets die Möglichkeit, nicht zu kaufen, was aus Ihrer Sicht unethisch hergestellt wurde, die Umwelt belastet und dergleichen. Das ist das Prinzip von Angebot und Nachfrage. Ohne Käufer keine Umsätze – das wird den Herstellern auf Dauer zu denken geben.

Für Sie als Privatanleger gilt Ähnliches. Stecken Sie Ihr Geld nicht in Unternehmen oder Sektoren, deren Geschäftspraktiken Ihnen nicht passen – Sie haben schließlich die freie Auswahl. Zudem können Sie Ihr Stimm- und Rederecht ausnutzen, um auf Hauptversammlungen zu wettern oder durch Verbände wie die Kritischen Aktionäre wettern zu lassen. Wer kein Geld mehr von Investoren bekommt oder sich von diesen anhören muss, schlecht zu handeln, wird sich seine Strategie vielleicht genauso überlegen, wie wenn die Kunden ausbleiben.

Für den Ölfonds gelten strenge ethische Richtlinien (mehr dazu in Kapitel 6). Es gibt eine schwarze Liste mit Unternehmen, in die kein Geld (mehr) investiert wird, etwa weil diese von Kinderarbeit profitieren oder Streubomben herstellen. Auch in das umfassende Geschäft mit Kohle mag der Ölfonds nicht investieren – obwohl dessen Geld aus dem nicht viel saubereren Ölgeschäft kommt. Dass im November 2017 vorgeschlagen wurde, in Zukunft auch Ölaktien abzustoßen, hat allerdings keine ökologischen Gründe, sondern damit soll das Risiko vermindert werden. Schließlich ist Norwegens Abhängigkeit vom Öl(preis) schon jetzt groß.

Alles klar? 8 Regeln für Ihr Investment mit der norwegischen Finanzformel

Nachdem Sie nun ganz konkret erfahren haben, wie die Leitlinien des Ölfonds zu Ihnen als Privatanleger passen, ist es an der Zeit, alles zusammenzuführen. Aus obigen Leitlinien, den Komponenten der norwegischen Finanzformel sowie den Regeln, die sich aus den Vorgaben für den Ölfonds und dem konkreten Handeln der Investmentmanager ergeben, resultieren folgende Empfehlungen, die im kommenden Kapitel umgesetzt werden:

1. Planen Sie von vornherein, Ihren Zukunftsfonds transparent zu halten und über Einzahlungen wie Wertentwicklung Buch zu führen.
2. Bewerten Sie unter Berücksichtigung Ihres gesamten Vermögens gründlich das zu Ihnen passende Risiko und wählen Sie darauf basierend den entsprechenden Anlageklassenmix.

3. Diversifizieren Sie Ihre Anlage geografisch, nach Unternehmensgröße und Entwicklungsstatus der Zielländer.
4. Nehmen Sie dabei passende Indizes zu Hilfe, die Sie entsprechend gewichten, um durch eine breite Streuung der Anlage Schwankungen zu minimieren und einen optimalen Risiko-Chance-Mix zu erreichen.
5. Gehen Sie nach dem Vorsatz *»Buy and hold«* statt *»Jump and run«* vor und bleiben Sie weitgehend passiv, indem Sie versuchen, die Märkte abzubilden, statt vermeintliche kurzfristige Chancen zu nutzen.
6. Gehen Sie stetig vor und investieren Sie laufend eine bestimmte Summe in Abhängigkeit von der eigenen wirtschaftlichen Lage, nicht der der Märkte.
7. Denken Sie lieber selber und wählen Sie simple und preiswerte Produkte, statt dass Sie teure vermeintliche Experten beauftragen, die aktive Fonds kaufen.
8. Versuchen Sie, ethische Ansprüche an die Geldanlage umzusetzen.

5 Jetzt geht's los – die konkrete Anlageentscheidung

Endlich ist es so weit. Jetzt geht es an die konkrete Umsetzung der norwegischen Finanzformel. Sie wissen mittlerweile, nach welchen Kriterien der Ölfonds laufend investiert und wie er versucht, das Risiko zu steuern. Sie kennen auch etliche der Wertpapiere, in die Norwegen investiert ist, den Anlageklassenmix sowie die Leitlinien der norwegischen Anlagestrategie. Mit der folgenden Schritt-für-Schritt-Anleitung legen Sie den Grundstein für Ihr zukünftiges Vermögen. Damit Ihnen stets klar ist, dass Sie nicht für übermorgen sparen, sondern langfristig investieren, heißt Ihr nach norwegischem Vorbild aufgebautes Portfolio »Zukunftsfonds«.

Wohin soll die Reise gehen? Und mit welchem Budget?

Beim norwegischen Ölfonds stellt sich die Frage, wie viel zur Seite gelegt wird, gar nicht, denn die Antwort lautet: alles. Die gesamten staatlichen Öleinnahmen fließen in den Fonds. Dieser Betrag schwankt von Jahr zu Jahr. Für Sie als Privatanleger gehört es jedoch zum Pflichtprogramm, sich zu überlegen, wie viel Geld Sie monatlich für ein Investment erübrigen können und wie Ihr Investmenthorizont aussieht, bevor Sie sich mit den Details beschäftigen, also Ihren Anlageklassenmix festlegen und Wertpapiere auswählen. Beantworten Sie für sich folgende Fragen:

- Wie viel Geld können Sie regelmäßig zur Seite legen?
- Warum wollen Sie sparen?

- Wie lange wollen beziehungsweise können Sie sparen?
- Welche Summe hätten Sie nach Ablauf der Ansparzeit gerne monatlich extra zur Verfügung beziehungsweise welchen Betrag möchten Sie binnen wie vieler Jahre erwirtschaften?

Sparrate

Wenn Sie zu den Glücklichen gehören, die fast immer am Jahresende einen Bonus ausgezahlt bekommen, den aber nicht brauchen, um Ihren Lebensunterhalt zu finanzieren, könnten Sie es damit genauso handhaben wie die Norweger und den gesamten Betrag in Ihren Zukunftsfonds einzahlen. Alle anderen werden ihre Sparsumme aus den laufenden Einnahmen bestreiten müssen. Fragen Sie sich also einmal, wie viel Geld Sie alle vier Wochen abzwacken können, wie hoch also Ihre Sparrate sein kann. Natürlich können Sie auch einmal jährlich einzahlen, aber es ist meist leichter, den Überblick über einen Monat zu haben und zwölfmal im Jahr auf eine kleinere Summe zu verzichten, als einmal auf eine größere.

Falls Sie für Ihren Privathaushalt (noch) kein monatliches Budget aufstellen, fällt Ihnen die Beantwortung dieser Frage vermutlich nicht leicht, aber vielleicht haben Sie ein Gefühl dafür. Das reicht als erster grober Anhaltspunkt. Notieren Sie sich die geschätzte Summe und lesen Sie weiter. Wenn Sie ein Haushaltsbuch führen und ein festes Budget haben, wissen Sie ganz genau, wie viel am Monatsende durchschnittlich übrig ist – oder Sie haben womöglich jeden Euro schon verplant und müssen nun schauen, wo Sie sparen können.

Gut zu wissen

Betrachten Sie einen typischen Monat, um Einsparpotenziale zu finden. Brechen Sie dazu zunächst Ihre laufenden Fixkosten, etwa für Miete (oder Bedienung Ihres Immobilienkredits) inklusive Nebenkosten, Auto, Versicherungen und Lebenshaltung sowie die erheblich variableren Kosten für Urlaub, Freizeitgestaltung und Kleidung, auf monatliche Beträge herunter. Fragen Sie sich anschließend kritisch: Wo ließe sich der eine oder andere Euro einsparen?

Wie lassen sich die Fixkosten senken? Keine Sorge, Sie müssen nicht gleich in eine winzige Wohnung umziehen. Womöglich lässt sich schon eine beträchtliche Summe sparen, indem Sie den Strom- oder Gasanbieter wechseln. Vielleicht haben Sie einen überteuerten Mobilfunkvertrag, der demnächst ausläuft. Oder Sie merken, dass das Auto sie eigentlich ohnehin nur davon abhält, mehr Fahrrad zu fahren und ansonsten vor allem Geld und Ärger kostet. Oder Sie stellen fest, dass die eine oder andere Versicherung nicht mehr zu Ihrer aktuellen Lebenssituation passt und Sie überversichert sind. Am besten gehen Sie hierzu mit einem unabhängigen Versicherungsfachmann, der von Ihrem Honorar und nicht von den Provisionen der Anbieter lebt, die Policen durch.

Ganz wichtig: Sie sollen nicht im Hier und Jetzt allzu viel Verzicht üben, nur um für die Zukunft anzusparen. Das macht Norwegen auch nicht. Denken Sie stattdessen darüber nach, wie leicht es unter Umständen sein kann, bewusster zu konsumieren und dabei auch noch Geld zu sparen. Der Kaffee oder das Bier am Wochenende allein oder mit Freunden in der Sonne – das ist ein Genuss, den man sich meiner Meinung nach gönnen sollte. Andere Ausgaben scheinen hingegen eher verzichtbar. Was genau, ist natürlich für jeden individuell verschieden. Was kommt auf Ihre persönliche Liste unnötiger Ausgaben? Sie werden sehen, auf diese Art und Weise lassen sich locker monatlich bis zu 100 Euro oder mehr Investitionskapital für Ihren Zukunftsfonds freisetzen. Laut Deutscher Bundesbank haben die deutschen Haushalte in den vergangenen 20 Jahren im Durchschnitt 9 % ihres verfügbaren Einkommens (das ist im Grunde das Einkommen nach Steuern inklusive eventuell anfallender versteuerter Gewinne aus Kapital, Miete et cetera) gespart. Wenn Sie schon jetzt zur Riege der Sparer zählen, können Sie mithilfe obiger Einsparüberlegungen insgesamt durchaus auf 300 Euro oder mehr im Monat kommen. Vielleicht haben Sie auch ohnehin schon ein stattliches Sümmchen, das Sie als Startkapital nutzen können. Wenn das der Fall ist, legen Sie das Geld einfach auch nach norwegischem Muster an – am besten auf einen Schlag. Wenn es sich besser anfühlt, können Sie das Startkapital natürlich auch nutzen, um die monatlichen Einzahlungen anfangs tüchtig aufzustocken.

Ansparsumme und Investmenthorizont

Wie genau das Sparziel aussieht, ist nicht entscheidend. Was zählt, ist, dass sich daraus ergibt, wie weit es in der Zukunft liegt, ob Sie das Kapital auf einen Schlag benötigen werden oder nur allmählich reduzieren und wie stark der Endwert schwanken darf. 10 bis 15 Jahre Ansparzeit sollten es für die norwegische Finanzformel schon sein. Zudem ist es natürlich wichtig, zu wissen, um wie viel Geld es geht. Also, welche Summe brauchen Sie, um sich Ihren Wunsch zu erfüllen? 10.000 Euro? 100.000 Euro? Oder gar 500.000 Euro?

Gut zu wissen

Sie brauchen gar nicht das ganz konkrete Sparziel beziehungsweise die ideale exakte Ansparsumme. Sie müssen nicht genau wissen, wie viel Geld Sie in Zukunft ansammeln wollen. Das ist oftmals auch gar nicht nötig, denn Unwägbarkeiten bedeuten, dass es ohnehin sehr schwer ist, heute zu wissen, wie viel Geld exakt Sie in 20 Jahren brauchen. Dann reicht es, wenn Sie feststellen, dass Sie jeden Monat einen bestimmten Betrag zurücklegen könnten, und diesen gerne sinnvoll investieren würden.

Die nächste Frage, die Sie sich stellen müssen, lautet: Wie sicher muss diese Summe am Ende der Ansparzeit herauskommen? Manchmal hat man ja gewisse Träume, weiß aber auch, dass die Welt nicht zusammenbricht, wenn diese nicht gänzlich erfüllt werden. Wer sich gerne im Alter von 60 Jahren ein Segelboot kaufen möchte und am liebsten eins für 300.000 Euro hätte, aber auch damit zufrieden ist, sich notfalls nur ein kleineres gebrauchtes für unter 100.000 Euro kaufen zu können, kann natürlich beim Sparen auf dieses Ziel ein größeres Risiko eingehen als derjenige, der unbedingt 160.000 Euro braucht, um später die Kosten des täglichen Bedarfs stemmen zu können. Welches Risiko Sie eingehen können und wollen, dürften Sie nach dem Lesen des Abschnitts »Risiko!?! So wählen Sie den richtigen Anlageklassenmix« gut beantworten können.

Gut zu wissen

Für die folgenden Beispielrechnungen gelten die Sparziele 10.000 Euro, 50.000 Euro, 100.000 Euro, 150.000 Euro, 300.000 Euro und 500.000 Euro. Verzeichnet sind auch die nötigen monatlichen Ansparsummen, um diese Ziele zu erreichen. Damit können Sie aus den Tabellen beides ablesen: was Sie mit einer bestimmten monatlichen Sparsumme erreichen können beziehungsweise wie viel Sie zurücklegen müssten, um ein vorab definiertes Ziel zu erreichen.

Wie Sparrate und Ansparsumme zusammenhängen

Die monatliche (oder jährliche) Sparrate und die Ansparsumme hängen natürlich zusammen: Je mehr Sie regelmäßig zurücklegen können, desto mehr werden Sie in der Zukunft angespart haben, und je mehr Sie ansparen wollen, desto mehr müssen Sie zurücklegen. So weit, so logisch. Dazwischen steht aber die Rendite – und die ist mindestens so entscheidend.

Picken wir uns ein Beispiel aus Tabelle 9 heraus: Wenn Sie über 20 Jahre eine Summe ansparen wollen, die heutigen 100.000 Euro entspricht (die Inflation ist also berücksichtigt, in Wirklichkeit ist die Summe nominal höher), und mit einer jährlichen realen Rendite von 4,5 % rechnen, müssen Sie monatlich 260 Euro investieren. Wenn Sie 10 Jahre länger warten können, bis Ihr Sparziel erreicht ist, müssten Sie nur halb so viel zurücklegen. Umgekehrt bedeutet das natürlich, dass 133 Euro pro Monat auf 30 Jahre zu 100.000 Euro führen.

Tabelle 9: Ansparziel, Anlagezeitraum und Rendite – eng miteinander verzahnt

		Ansparziel (fett) und monatliche Sparrate (gerundet; mager) jeweils in Euro					
jährliche reale Rendite	**Anlagezeit in Jahren**	**10.000**	**50.000**	**100.000**	**150.000**	**300.000**	**500.000**
4,5 %	10	66	330	660	990	1.990	3.310
4,5 %	20	26	130	260	390	780	1.300
4,5 %	30	13	67	133	200	400	670

So lesen Sie die Tabelle: Um binnen 20 Jahren bei einer realen Rendite von 4,5 % 100.000 Euro anzusparen, müssen Sie monatlich 260 Euro investieren. Wenn Sie 10 Jahre mehr Zeit haben, reichen 133 Euro monatlich.

Gut zu wissen

Bei der historischen Betrachtung des Ölfonds stand stets die Rendite von 6 % brutto im Zentrum. Für zukünftige erwartete Renditen gilt in diesem Buch stets, dass diese real, das heißt nach Abzug der Inflation, angegeben werden. Das heißt, wenn im Endergebnis als angesparte Summe ein Betrag von 100.000 Euro steht, dann ist damit die Summe gemeint, die heutigen 100.000 Euro entspricht. Sie können also mit dem Geld so viel kaufen wie heute mit 100.000 Euro. Man spricht davon, dass die Summe in heutiger Kaufkraft angegeben ist. Beim Blick in die Zukunft ergibt das mehr Sinn, als mit Bruttorenditen zu arbeiten. Schließlich orientieren Sie sich als Privatanleger, wenn Sie darüber nachdenken, wie viel Geld Sie in der Zukunft einmal haben wollen, daran, was entsprechende Wünsche heute kosten.

Denken Sie daran, Ihren Sparbetrag um die erwartete Inflation von 2 % anzugleichen. Sobald im Text und in den Tabellen mit realer Rendite gerechnet wird, ist diese Anpassung automatisch inbegriffen.[65] Solange Ihr Gehalt ähnlich stark oder mehr steigt, schmerzt Sie die leichte Erhöhung der Summe nicht.

Statt der historischen Ölfondsrendite stehen in der Tabelle zu erwartende reale Renditen, die einer Aktienquote von 70 % entsprechen. Damit wird beim Ölfonds geblieben, denn das ist die aktuell angestrebte Quote. Die zu erwartende zukünftige Rendite hängt von der Quote und damit Risikobereitschaft ab. Der Ölfonds hat im Laufe der Zeit seine Risikobereitschaft geändert, das ist möglich. Nachdem Sie dieses Buch gelesen haben, werden Sie vermutlich Ihre Risikobereitschaft so genau einschätzen können, dass Sie sich für ein Risikoprofil entscheiden, an dem Sie dann über die Jahre festhalten – und die entsprechende Aktienquote von Anfang an wählen. Damit einher geht dann die entsprechende zu erwartende durchschnittliche Rendite. Die Zukunft hat es so an sich, dass sie unberechenbar ist. Zukünftige Renditen können deshalb nur Schätzungen sein. Für die Beispielrechnungen gilt eine jährliche reale Rendite von 4,5 %. Bei dieser so zentralen Zahl unterscheiden sich die Prognosen zum Teil deutlich. Hier handelt es sich um einen Mittelwert, der auf mehreren Schätzungen, darunter von der Norwegischen Zentralbank, dem ETF-Anbieter Vanguard sowie dem Investmentberater Gerd Kommer, basiert. Das soll das Risiko von Abweichungen nach oben wie nach unten vermindern. In jedem Fall gilt natürlich: Es gibt keine Garantie.

Gut zu wissen
Auch eine zu niedrig veranschlagte Renditeerwartung kann Probleme bringen. Sie würde nämlich dazu führen, dass zu viel gespart würde und damit im Hier und Jetzt weniger Geld als möglich zur Verfügung stünde.

Wie sich Startkapital auf die Sparrate auswirkt

Tabelle 10 listet Rechenbeispiele auf für den Fall, dass Sie bereits etwas Startkapital besitzen. Dann reicht eine niedrigere monatliche Rate, um Ihre Ziele zu erreichen – oder Sie setzen sich gleich ein höheres Sparziel. Für das Ziel von 100.000 Euro reichen bei einem Startkapital von

Tabelle 10: So viel müssen Sie investieren, wenn Sie bereits ein kleines Startkapital angespart haben

		Ansparziel (fett); Startkapital (kursiv), und monatliche Sparrate (gerundet; mager), jeweils in Euro					
jährliche reale Rendite	**Anlage-zeit in Jahren**	**10.000**	**50.000**	**100.000**	**150.000**	**300.000**	**500.000**
		1.000	*10.000*	*25.000*	*35.000*	*50.000*	*150.000*
4,5 %	**10**	55	230	405	630	1.470	1.770
4,5 %	**20**	20	67	105	170	465	360
4,5 %	**30**	8	17	8	25	150	(82)

So lesen Sie die Tabelle: Um binnen 20 Jahren bei einer realen Rendite von 4,5 % 100.000 Euro in heutiger Kaufkraft anzusparen, müssen Sie, wenn Sie 25.000 Euro Startkapital haben, monatlich 105 Euro investieren. Wenn Sie 10 Jahre mehr Zeit haben, reichen 8 Euro monatlich. Wenn Sie 500.000 Euro anpeilen und mit 150.000 Euro starten, können Sie 30 Jahre lang monatlich 82 Euro entnehmen und haben am Ende dennoch Ihr Ziel erreicht. Wenn Sie 10 Jahre weniger Zeit haben, müssen Sie monatlich 360 Euro investieren.

25.000 Euro monatlich 105 Euro binnen 20 Jahren (statt 260 Euro ohne Startkapital). In einem Fall wirft das Investment sogar so viel ab, dass Sie rein theoretisch monatlich einige Euro herausnehmen könnten, statt anzusparen, und am Ende dennoch die gewünschte Summe erreichen würden. Das ist in der Tabelle durch eine negative Sparrate, die in Klammern gesetzt ist, gekennzeichnet. Wenn Sie mit 150.000 Euro starten und in 30 Jahren eine halbe Million haben wollen, können Sie monatlich bis dahin 82 Euro entnehmen und haben am Ende dennoch 500.000 Euro übrig. »Entsparen«, wie es heißt, werden Sie auch, wenn Sie Ihr angespartes Vermögen nach einigen Jahrzehnten nicht auf einen Schlag brauchen, sondern sich nur allmählich auszahlen lassen (siehe »Sonderfall Entsparen«). Ihr restliches Kapital lassen Sie dann weiterarbeiten und Rendite erwirtschaften.

Gut zu wissen

Renditeerwartungen sind immer nur Schätzungen, aber keine Werte, die garantiert werden können. Die Prozentsätze, die Sie mit Ihrem Zukunftsfonds realisieren, können nach oben oder unten abweichen. Sichere Renditen fallen erheblich niedriger aus. Garantiezinsen für Lebensversicherungen liegen heutzutage bei unter 1 % – vor Inflation. Um diesen Wert mit dem geschätzten des Zukunftsfonds vergleichen zu können, müssten Sie vom Garantiezins noch die Preissteigerung abrechnen und würden dann unter null landen. Ihr Kapital würde also real mit der Zeit schrumpfen.

Wie sich der Zinseszinseffekt auf Ihr Kapital auswirkt

Nun fragen Sie sich sicher, wie die Beträge in der Tabelle zustande gekommen sind. Ganz einfach: Es ist eine Addition aus Sparbeträgen und Zinsen, inklusive Zinseszinseffekt unter der Berücksichtigung der erwarteten realen Rendite. Die Zinsen, die auf Zinsen anfallen, sind also auch enthalten. Die Auswirkungen von Zinsen und Zinseszinsen lassen sich am einfachsten anhand einer festen jährlichen Investition nachvollziehen, auf die zum Jahresende Zinsen gezahlt werden und die dann weitere Jahre angelegt bleibt. Am ersten Tag des folgenden zweiten Jahres wird die Summe um den neuen Sparbetrag erhöht. Und am Ende dieses Jahres fallen Zinsen auf den zweiten Sparbetrag sowie die Summe aus erstem Sparbetrag inklusive erster Zinszahlung an. Über die Jahre setzt sich das dann fort. Ganz konkret:

- Sie haben sich entschieden, jährlich 1.000 Euro anzulegen (das sind übrigens weniger als 85 Euro pro Monat). Wenn Sie 5 % Rendite erwirtschaften, haben Sie am Jahresende 1.050 Euro.
- Am ersten Tag des folgenden Jahres legen Sie Ihre Jahresinvestition in Höhe von 1.000 Euro obendrauf, starten also mit 2.050 Euro ins neue Jahr, auf die dann zum 31. Dezember schon dank Zinseszinseffekt 102,50 Euro Ertrag (5 % von 2.050) gezahlt werden. Die neue Summe beträgt demnach am Ende des Jahres 2.152,50 Euro.
- Das dritte Jahr starten Sie mit 3.152,50 Euro, auf die Sie wiederum 5 % Rendite aufschlagen, also 157,62 Euro. Damit geht das dritte Jahr mit 3.310,12 Euro zu Ende.

Davon haben Sie 3.000 Euro angespart, 310,12 Euro sind Zinsen und Zinseszins. Wenn Sie schon im dritten Jahr über 150 Euro Rendite erzielen – dreimal so viel wie im ersten Jahr –, können Sie sich bestimmt vorstellen, dass Ihre Rendite eines Tages höher sein wird als Ihre Einzahlung. Das wäre in diesem Rechenbeispiel im 15. Jahr der Fall, ohne Zinseszins erst 5 Jahre später.

Sonderfall Entsparen

Ein Sonderfall unter den Sparzielen ist, wenn die angesparte Summe nicht auf einen Schlag, sondern über mehrere Jahre hinweg ausbezahlt werden soll. Der klassische Fall ist die private Altersvorsorge, aber es kann genauso gut ein Sparplan sein, den Sie zur Geburt Ihres Kindes oder Enkels anlegen, um daraus später dessen Studium über einige Jahre hinweg zu bezuschussen.

In diesen Fällen hören Sie zwar irgendwann auf, Geld einzuzahlen, tragen das Ersparte aber nur allmählich ab. Das hat den großen Vorteil, dass das verbleibende Kapital in Ihrem Zukunftsfonds weiterarbeiten kann. Wenn Sie beispielsweise 220.000 Euro angespart haben und sich im ersten Jahr davon 20.000 Euro ausbezahlen lassen, können die restlichen 200.000 Euro weiterhin Rendite erwirtschaften – bei 5 % pro Jahr wären das satte 10.000 Euro. Am Ende des Jahres haben Sie also schon wieder 210.000 Euro. Das bedeutet, dass Ihre Sparsumme ziemlich langsam abgetragen wird, obwohl Sie jährlich 20.000 Euro abheben. In diesem Fall könnten Sie von den 220.000 Euro statt 11 Jahre über 15 Jahre lang zehren.

Besonders interessant ist dieses Modell für Freiberufler, die im Alter zwar kürzertreten, aber nicht gänzlich aufhören wollen zu arbeiten. Nehmen wir an, Sie glauben, im Alter mit 4.000 Euro brutto, also vor Steuer, im Monat auskommen zu können. Für einige Jahre wollen Sie in eine Art Altersteilzeit gehen und nur noch so viele Aufträge annehmen, dass Sie im Monat 2.000 Euro vor Steuern einnehmen. Das bedeutet, dass Sie den gleichen Betrag anderweitig finanzieren müssen. Vielleicht kommen davon 800 Euro aus einer beruflichen Altersvorsorge, es bleiben demnach 1.200 Euro im Monat, die Sie mithilfe Ihres Zukunftsfonds erwirtschaften wollen. 25.000 Euro haben Sie bereits angespart.

Wenn Sie 30 Jahre vor Renteneintritt zu sparen beginnen und davon ausgehen, 25 Jahre lang jeden Monat 1.200 Euro zu benötigen, dann müssten Sie ab sofort jeden Monat 167 Euro in Ihren Zukunftsfonds einzahlen. Angenommen wurde hier die 4,5 %ige reale Rendite der Aktienquote von 70 %. Natürlich wurde durch Anwendung einer realen Rendite bereits berücksichtigt, dass Sie monatlich in 30 Jahren fast 2.200 Euro ausgezahlt bekommen möchten, denn diese höhere Summe dürfte dann eine Kaufkraft von heute 1.200 Euro haben. Bei einer zu erwartenden realen Rendite von 4 % (die einer Aktienquote von 60 % entspricht – siehe oben) müsste der monatliche Betrag knapp 50 Euro höher liegen.

Alles klar? Warum Sie nicht allzu lange warten sollten, um mit Ihrem Zukunftsfonds zu starten

Eine gute Vorbereitung und solide Vorüberlegungen sind wichtig, keine Frage. Aber warten Sie nicht zu lange, denn es gibt nur einen perfekten Einstieg, um anzufangen, die norwegische Finanzformel für sich umzusetzen: möglichst bald (nämlich nachdem Sie dieses Buch fertig gelesen haben). Sie müssen nicht bis Anfang des nächsten Jahres warten, um Ihren Zukunftsfonds zu starten, schließlich haben auch die Norweger mitten im Jahr begonnen zu investieren. Geben Sie sich stattdessen maximal zwei Monate und fangen am 1. des übernächsten Monats an. Ich bin mir sicher, Sie werden es nicht bereuen. Wer jetzt sagt »Ja, aber die Aktienmärkte sind doch derzeit so volatil, es wird sicher bald wieder runtergehen«, der hat womöglich nicht ganz unrecht. Das Argument hätte aber genauso gut schon vor ein paar Jahren kommen können. Damals waren die führenden Indizes niedriger als heute, waren aber ebenfalls in den Jahren davor schon kräftig gestiegen. Dennoch hatten viele Angst einzusteigen – und haben deshalb einen großen Teil des Aufschwungs verpasst. Ja, es hat zuletzt eine Korrektur gegeben. Auch in den Jahren nach der Finanzkrise sind nicht alle wichtigen Märkte ständig gestiegen. Solch Auf und Ab gehört (leider) einfach dazu. Doch wer wie der norwegische Ölfonds langfristig denkt, sollte die Zeit haben, solche Tiefschläge zu überstehen und nach einiger Zeit eine erheblich bessere Rendite zu erzielen, als wenn jegliches Risiko gemieden wird.

Risiko!?! So wählen Sie den richtigen Anlageklassenmix

Beim Glücksspiel und im wahren Leben gibt es den Ausdruck »Alles auf eine Karte setzen«, und manchmal ist es genau das, was man tun sollte. In Sachen Geldanlage gilt das jedoch nicht. Diversifikation sollte es stattdessen heißen, mit anderen Worten: Risikostreuung. Wie Sie bereits wissen, ist der Ölfonds ziemlich gut darin, Risiken zu minimieren. Aus diesem Grund hält er so viele unterschiedliche Wertpapiere und verteilt das Investment auf Anleihen, Aktien und Immobilien.

Die Portfoliotheorie unterscheidet zwischen einer riskanten und einer sicheren Anlage. In die erste Kategorie fallen üblicherweise Aktien, in die zweite Anleihen. Deren Verhältnis steuert das Risiko Ihres Gesamtinvestments. Dazu sollten die gewählten Anleihen wirklich sicher sein, also ein Verlustrisiko von null haben. Doch die Finanzkrise hat gezeigt, dass das selbst für vermeintlich sichere Anleihen nicht gilt. So musste der Ölfonds im Jahresbericht 2008 vermelden, in dem Segment von drastischem Wertverfall überrascht worden zu sein. Es war einfach zu wenig auf solide Staatsanleihen und zu viel auf andere Anleihen, die ähnlich abstürzten wie Aktien, gesetzt worden. Auch aktuell ist das Anleihenportfolio des Ölfonds für eine sichere Anlage erstaunlich stark in Bonds von Unternehmen und Schwellenländern investiert. Beide haben ein höheres Ausfallrisiko als Anleihen der großen Industriestaaten. Hinzu kommen Wechselkurseffekte. Diese Problematik hat NBIM erkannt und schlägt vor, sich vom Modell der vergangenen Jahre zu entfernen, was den Anleihenanteil angeht. Dieser soll künftig nur noch auf Staatsanleihen in wenigen stabilen Währungen setzen. Auch um nicht allzu viele Produkte im Depot zu haben, ist es für Sie ratsam, den riskanten Teil auf den Aktienpart auszulagern und wenige, dafür sicherere Werte im Anleihenpart zu halten. Wenn die neusten Vorschläge von NBIM umgesetzt werden, wird auch der Ölfonds seinen Anleihenteil so strukturieren. Dann bleibt weiterhin die Herausforderung der niedrigen Zinsen und das damit verbundene Risiko, dass diese steigen und die Anleihenpreise unter Druck geraten.

Lassen wir Immobilien zunächst einmal außen vor und nehmen wir an, Sie wollen nur in Aktien und Anleihen investieren. Dann müssen Sie sich lediglich entscheiden, wie das Mischverhältnis sein soll. Generell gilt: Je höher der Aktienanteil, desto höher das Risiko, aber langfristig hoffentlich auch die Rendite. Das bedeutet auch: Je langfristiger Sie denken, desto höher kann der Aktienanteil Ihres Portfolios ausfallen.

Tabelle 11 listet die drei historischen und die aktuell angestrebte Aufteilung der Vermögensklassen des Ölfonds auf. Eine dieser Spalten könnte auch für Sie der ideale Vermögensklassenmix sein (Immobilien bleiben zunächst unberücksichtigt, können aber auf die Anteile so einfach wie beim Ölfonds angerechnet werden). Für die Überlegung, welche Aufteilung für Sie die richtige ist, sollten Sie sich die weiteren Zeilen genauer anschauen. Diese enthalten die geschätzte zukünftige reale Rendite – also inflationsbereinigt – für ein entsprechend strukturiertes Depot sowie einen Anhaltspunkt für den maximalen historischen Verlust. Dieser Wert gibt an, wie viel ein Portfolio maximal an Wert verlieren könnte, bevor es den Tiefpunkt erreicht. Schauen Sie sich die Prozentzahl an und fragen Sie sich, ob Sie es aushalten könnten, mitanzusehen, wenn Ihr Zukunftsfonds über ein oder zwei Jahre besehen um so viel abstürzt. Durch diese beiden Prozentwerte bekommen Sie einen Eindruck, mit welchem Risiko und welcher Chance Sie bei den jeweiligen Aktienquoten rechnen können.

Die Entscheidung für Ihren Anlageklassenmix hängt von Ihrer Risikobereitschaft ab. Sie ist davon geprägt, wie viel Risiko Sie finanziell aushalten können beziehungsweise auch müssen, vor allem aber davon, wie viel Sie psychisch (er)tragen können.

Tabelle 11: Renditeerwartungen in Abhängigkeit vom Vermögensklassenmix

vergleichbare Phase des Ölfonds	100 % Aktien	Status quo	Ausbau	Aufbau	Start
Ölfonds Anlageklassenmix seit Jahr	nur zum Vergleich, wird vermutlich nie geschehen	2017	2007	1998	1996
Aktien	100 %	70 %	60 %	40 %	0 %
Anleihen	0 %	30 %	40 %	60 %	100 %
langfristige reale Rendite (Schätzung)	6 %	4,5 %	4 %	3 %	1 %
Endwert von 20.000 € Einmalanlage plus 300 € mtl. Sparrate nach 20 Jahren	201.000 €	164.000 €	153.000 €	134.000 €	104.000 €
Anzahl Jahre, die Sie nach 20 Jahren monatlich 1.000 € entnehmen können	62	21	18	14	9
Endwert von 20.000 € Einmalanlage plus 300 € mtl. Sparrate nach 30 Jahren	409.000 €	300.000 €	271.000 €	223.000 €	153.000 €
Anzahl Jahre, die Sie nach 30 Jahren monatlich 1.000 Euro entnehmen können	unendlich	unendlich	55	27	14
maximaler realer historischer kumulierter Verlust (Schätzung)	60 %	40 %	35 %	25 %	1 %

Bis auf den Aktien- und Anleihenanteil sind alle Zahlen der Lesbarkeit halber gerundet.

Finanzielle Risikofähigkeit – welches Risiko Sie stemmen können

Ihre finanzielle Fähigkeit sowie Ihre Notwendigkeit, Risiken einzugehen, hängen letztlich davon ab, wie wichtig Ihre Ersparnisse in der Zukunft sein werden. Wer das Geld nicht so dringend braucht, kann mehr Risiko eingehen als jener, der unbedingt darauf angewiesen ist (lesen Sie sich dazu noch einmal das Beispiel mit dem Segelboot im Abschnitt »Ansparsumme und Investmenthorizont« durch). Allerdings muss derjenige, der nur wenig zur Seite legen kann, womöglich größere Schwankungen in Kauf nehmen, um überhaupt eine Chance zu haben, auf einen guten Schnitt zu kommen.

Für die finanzielle Risikofähigkeit spielen folgende Faktoren eine Rolle:

- **Höhe Ihres zukünftigen Einkommens:** Je höher dieses ist, desto mehr Risiko können Sie eingehen. Das gilt vor allem, wenn Ihre laufenden Kosten im Verhältnis zu Ihrem Einkommen niedrig sind. Üblicherweise wird hier eine Annahme darüber getroffen, wie sich das Einkommen in den kommenden Jahren entwickeln wird. Dann wird daraus der sogenannte Barwert errechnet, der angibt, wie viel die Summe des über den Ansparzeitraum verdienten Einkommens heute wert ist.
- **Weiteres Vermögen, das zu Geld gemacht werden kann:** Egal ob Immobilien, Kunstwerke, Autos oder Bargeld (Letzteres ist natürlich schon Geld, sollte aber nicht unberücksichtigt bleiben) – je mehr Sie davon haben, desto höher ist das Risiko, das Sie eingehen können.
- **Ihr Investmenthorizont ist ebenfalls ein entscheidendes Kriterium:** Da Aktienanlagen stärker schwanken als Anleihen, kann deren Wert höher sein, je länger der Anlagezeitraum ist.
- **Zweck der Ersparnisse:** Sparen Sie, um sich beim Renteneintritt ein Segelboot kaufen zu können, das auch gerne eine Kategorie kleiner (oder größer) ausfallen kann, je nach Anlageerfolg? Dann nur zu und mehr Mut zum Risiko. Wenn Sie hingegen in Ihren Zukunftsfonds investieren, um daraus einen Großteil Ihrer laufenden Ausgaben im Alter zu finanzieren, sollten Sie es vorsichtiger angehen (je weiter der Zeitpunkt des Rentenalters weg liegt, desto mehr dürfen Sie natür-

lich wagen – siehe den Abschnitt »Ansparsumme und Investmenthorizont« oben).

Gut zu wissen

Sie haben schon gelernt, dass Diversifikation das Risiko senken kann. Wenn Ihr Geld in verschiedenen Anlagen steckt, die sich eher unterschiedlich entwickeln, schwankt Ihr Vermögen weniger stark, als wenn Sie alles auf eine Karte setzen. Wenn sich zwei oder mehrere Werte ziemlich unterschiedlich entwickeln, heißt das in der Fachsprache, sie korrelieren wenig; wenn sie eher im Gleichmarsch verlaufen, korrelieren sie stark. Auch Einkommen korrelieren unterschiedlich stark mit dem Aktienmarkt. Wer in der Finanzbranche arbeitet, bekommt eher dann einen hohen Bonus ausbezahlt, wenn es der Wirtschaft und damit auch den Aktienmärkten gut geht. Sein Einkommen korreliert also stärker mit Aktien als das eines verbeamteten Lehrers, dessen Gehalt lange im Voraus bekannt und sicher ist. In der Theorie sollte deshalb ein Lehrer, der zudem Pensionsansprüche erwirbt, bei seiner Geldanlage mehr Risiko eingehen dürfen als der Banker. Dass es sich in der Praxis wohl oftmals umgekehrt verhält, dürfte an der unterschiedlichen Risikowilligkeit liegen. Vielleicht entdecken Beamte, die sich mit dem Finanzmarkt näher beschäftigen und mit den dortigen Risiken sowie dem Vorteil ihres stabilen Einkommens aus Arbeit auseinandersetzen, die Börse ja dennoch für sich.

Notwendigkeit – wie viel Risiko Sie eigentlich eingehen müssten

Freiberufler oder selbstständige Unternehmer mit nur geringer sonstiger Altersvorsorge werden nicht umhinkommen, ein gewisses Risiko einzugehen. Denn angesichts der Tatsache, dass es im Grunde keine Produkte mehr gibt, die einen Garantiezins liefern, der über der Inflationsrate liegt, kann kaum jemand so viel sparen, dass eine sichere Verzinsung ausreicht, um den Lebensabend zu finanzieren. So liegt der Garantiezins für Lebensversicherungen derzeit bei unter 1 %, natürlich vor Inflation. Wenn die Alternativen also sind, mit sicherer Rendite gerade so viel zu erwirtschaften, dass der Staat Ihnen nicht unter die Arme greifen muss, mit Risiko aber womöglich ein komfortables Auskommen zu erreichen, dann müssen Sie das wohl eingehen – und haben damit gute Chancen, besser abzuschneiden.

Gut zu wissen

Für eine erste grobe Orientierung können Sie einer Faustregel folgen, um Ihre Aktienquote zu bestimmen. Sie lautet: 100 minus Lebensalter = Aktienanteil in Prozent. Es geht hier nicht darum, sich starr an die Regel zu halten. Vielmehr hilft diese, den Zusammenhang zwischen Sparzeit, Investmenthorizont und Risiko zu erkennen und dann hoffentlich leichter die passende Quote zu finden. Je jünger Sie sind, desto höher fällt demnach die Aktienquote aus. Das ergibt Sinn, denn Sie haben dann mehr Zeit, Verluste wieder aufzuholen. Jene, die noch mehr Jahre vor sich haben, Geld zu verdienen (deren Barwert des zukünftigen Einkommens höher ist), haben tendenziell einen höheren Aktienanteil. Wie bei Faustregeln so üblich, gibt es Kritik daran. Manche Kritiker halten sie alleine deshalb für unbrauchbar, weil eine 101-Jährige, die Geld für ihren Enkel anlegen will, eine Aktienquote von –1 % hätte.[66] Dieses Gegenargument zählt aber nicht, denn natürlich wäre in dem Fall stattdessen das Lebensalter des Enkels einzusetzen. Wäre dies beispielsweise 6 Jahre, dann betrüge der Anhaltspunkt für die Aktienquote 94 %.

Psychische Risikofähigkeit – wie viel Risiko Sie verkraften

Egal welche Entscheidung Sie hinsichtlich der Aufteilung Ihres Kapitals auf die einzelnen Vermögensklassen treffen, entscheidend ist, dass Sie danach ruhig schlafen können. Die Tatsache, dass Sie Verluste bis zu einem bestimmten Grad rein theoretisch stemmen könnten, ist gut und schön. Doch es nutzt nichts, wenn Sie sich, um Ihr Sparziel zu erreichen, eine hohe Aktienquote aufbürden und in der Folge dauergestresst sind. Sie müssen mit dem Risiko also auch psychisch gut umgehen können.

Dazu ein Beispiel:

- Person A hat ein sehr gutes und sicheres Einkommen, kommt also auch gut ohne das investierte Geld klar. Theoretisch könnte sie also ein hohes Risiko bei der Geldanlage eingehen, weiß aber auch, dass sie schon bei kleineren Wertverlusten nicht mehr ruhig schlafen könnte.
- Person B verdient weniger gut und weniger sicher, benötigt demzufolge die Ersparnisse später dringlicher. Sie hat keine Probleme damit, zwischendurch jährliche Verluste von 30 % und mehr zu hinzunehmen, weil sie davon ausgeht, dass am Ende das Ergebnis stimmen wird.

Weil sie Verlustphasen psychisch besser durchstehen kann, kann B womöglich ein höheres Risiko eingehen als A, obwohl B finanziell nicht so gut abgesichert ist.

Fragen Sie sich, wie Sie vermutlich auf unterschiedliche maximale kumulative Verluste (siehe Tabelle) reagieren. Wenn der Wert Ihres Zukunftsfonds um 25 % fällt, können Sie dann Ruhe bewahren und an Ihrer Strategie festhalten? Werden Sie also nicht panisch – womöglich zu Tiefstkursen – verkaufen, sondern wie geplant stoisch investiert bleiben und sogar weiter zukaufen? Was passiert bei 40 % Verlust?

Natürlich kann die Realität ganz anders aussehen. Doch wenn Ihnen schon bei dem Gedanken daran mulmig zumute wird, sollten Sie vielleicht besser auf Ihren Bauch hören und kleine Abstriche beim Risiko machen. Je klarer Sie sich darüber sind, dass Sie Risiken finanziell eingehen können und müssen, und je mehr Sie daran glauben, dass Aktien Anleihen langfristig überlegen sind, desto höher dürfte wohl auch Ihre psychische Risikobereitschaft sein – oder werden. Denn oftmals zeigt sich, dass eine intensivere Beschäftigung mit und ein tieferes Verständnis von Finanzmärkten zu mehr Belastbarkeit führt.

Gut zu wissen

Viele Direktbanken (auch Online-Banken genannt) bieten im Internet Tools an, mit denen Sie Ihre Risikobereitschaft berechnen können. Das kann ein guter erster Anhaltspunkt sein. Sie sollten sich aber darüber hinaus mit möglichen Verlusten und Gewinnen auseinandersetzen. Die historische Entwicklung des Ölfonds nachzuvollziehen sowie Tabelle 11 mit erwarteten realen Renditen und maximalem kumulativem Verlust je nach Aktienquote genauer anzuschauen hilft Ihnen dabei. Schauen Sie sich zum Beispiel auf Websiten wie onvista.de auch einmal den historischen Verlauf des MSCI ACWI (All Country World Index) und anderer Indizes über 10, 15, 20 und mehr Jahre an. Bedenken Sie dabei, dass die Indexentwicklung üblicherweise keine laufenden Einzahlungen berücksichtigt.

Rebalancing: Wer zu passiv bleibt, fällt um

Wie der norwegische Ölfonds können Sie die Gewichtung von Aktien und Anleihen natürlich im Nachhinein verändern. Das sollten Sie aber nur sehr überlegt tun. Denn wenn Sie die Aktienquote häufig – zum Beispiel alle zwei Jahre oder öfter – in der Überzeugung ändern, auf diese Weise eine höhere Rendite zu erwirtschaften, verfallen Sie letztlich in eine Strategie, die mit der des Ölfonds nicht mehr viel gemein hat: Sie gehen aktiv auf Jagd nach Überrenditen, statt passiv einen guten Schnitt zu machen, und werden vermutlich langfristig daran scheitern.

Laut norwegischer Finanzformel sollte das Mischverhältnis der Anlageklassen nur geändert werden, wenn sich Ihre Risikobereitschaft ändert. Das ist der Fall, wenn sich Ihre finanzielle Risikofähigkeit, die Notwendigkeit, Risiken einzugehen, oder Ihre psychische Risikofähigkeit ändert. Das kann – muss aber nicht – geschehen, wenn einer der folgenden Ereignisse eintritt: veränderte Einkommens- oder Familiensituation, Erbschaft, Nachwuchs, neues Sparziel, veränderte Renditeerwartung et cetera.

Gut zu wissen
Es ist absolut menschlich, ins Zweifeln zu geraten. Die starke Volatilität des Aktienteils, dessen tägliche und jährliche Schwankungen also, machen Ihnen auf einmal Angst, sodass Sie plötzlich mehrheitlich Anleihen halten möchten? Dann rufen Sie sich zunächst einmal in Erinnerung, dass ein Auf und Ab an den Märkten unvermeidlich ist. Wenn Sie dennoch an der Umschichtung festhalten wollen, haben Sie womöglich Ihre psychische Risikofähigkeit falsch eingeschätzt. Das kann passieren. Sollten Sie daraufhin zu einem weniger riskanten Profil wechseln, dürfen Sie sich ein paar Jahre später aber nicht ärgern, damit eine niedrigere Rendite erwirtschaftet zu haben. Führen Sie sich das vor Augen und versuchen Sie am besten von vornherein, Ihre Risikowilligkeit akkurat einzuschätzen. Das spart Zeit, Ärger und Kosten in Form von Gebühren und gegebenenfalls entgangenen Renditen.

Gute Gründe für eine Umschichtung

Es bedarf keiner plötzlichen unerwarteten Veränderungen, damit eine Umschichtung in Ihrem Portfolio Sinn ergibt. Änderungen vorzunehmen ist oft als Teil der Strategie notwendig. Dafür gibt es mehrere Gründe.

Investmenthorizont erreicht Sinnvoll kann eine Umschichtung sein, wenn sich der Zeithorizont verändert oder langsam dem Ende nähert. Wenn Sie also im Alter von 30 Jahren zu investieren angefangen haben, um ab einem Alter von 70 für 10 Jahre Ihre Rente aufzubessern, dann bietet es sich an, die Aktienquote spätestens zu Rentenbeginn allmählich abzusenken, um Schwankungen zu minimieren. Eine Umschichtung zugunsten von Anleihen ist dann die richtige Wahl, weil weniger Zeit bleibt, eventuelle Verluste aufzuholen. Schließlich ist die Ansparzeit zu Ende gegangen und Sie lösen Ihren Zukunftsfonds nun über ein Jahrzehnt – bis sie 80 werden – auf. Die Faustregel 100 minus Lebensalter = Aktienanteil in Prozent berücksichtigt dies. Den entsprechenden Wert können Sie als Ausgangswert nehmen und gegebenenfalls alle fünf bis zehn Jahre Ihren Vermögensklassenmix anpassen. Für das Beispiel würde das bedeuten: Sie starten mit einer Aktienquote von 70 % (100–30), senken diese im Alter von 40 Jahren auf 60 und dann weiter ab, bis sie bei Renteneintritt mit 70 Jahren bei 30 % liegt. Die Aktienquote nach jedem Geburtstag zu senken ist allein wegen des damit verbundenen Aufwands nicht sinnvoll. Gehen Sie normalerweise in 10 %-Schritten vor. In manchen Fällen ist es möglich, den Anlageklassenmix leicht zu verändern, ohne aktiv umzuschichten. Das funktioniert, indem über einen gewissen Zeitraum nur in die eine Anlageklasse investiert wird oder – im Falle des Entsparens – nur Werte aus einer Anlageklasse verkauft werden (siehe dazu auch Ende dieses Abschnitts).

Gut zu wissen

Wenn die Aktien – kurz bevor Sie deren Anteil reduzieren wollen (etwa weil Sie Ihr Erspartes zur Aufbesserung der Rente brauchen) – stark an Wert verloren haben, kann es sinnvoll sein, die Aktienquote nicht weiter abzusenken. Denn Sie riskieren, zu einem besonders schlechten Zeitpunkt zu verkaufen. Meist folgt nach einem Crash die Erholung. Verkaufen Sie deshalb zunächst lieber Anleihen, um zu entsparen. Wenn der Crash die Aktienquote so gedrückt hat, dass diese unter den angepeilten Wert gefallen ist, gibt ihre Strategie das vor. Gleiches gilt, wenn Sie das Ersparte über einen langen Zeitraum von über 20 Jahren aufbrauchen wollen. Dann sind die Aussichten auch besonders gut, dass sich die Aktien weiter gut entwickeln, und Sie sollten nicht nur, weil Sie in die Entsparphase übergehen, automatisch Anleihen verkaufen.

Anlageklassenmix konstant halten Umgeschichtet werden muss üblicherweise selbst dann hin und wieder, wenn der Anlageklassenmix konstant bleiben soll. Denn Aktien und Anleihen werden sich selten im Jahresverlauf parallel entwickeln, also in Prozent gerechnet gleich stark steigen oder fallen. Doch nur in diesem Fall wäre der Anlageklassenmix am Anfang und am Ende eines Jahres identisch.

Normalerweise wird mal die eine Anlageklasse besser abschneiden und mal die andere. Genau das besagt die Annahme, dass diese wenig korrelieren. Demzufolge ändert sich auch das Verhältnis der Anlageklassen im Portfolio. Der Anteil der stärker gestiegenen Anlageklasse erhöht sich und jener der anderen fällt. Um wieder auf den Mix zu kommen, der zur Strategie passt, muss also umgeschichtet werden. Das bringt den positiven Effekt mit sich, dass **➔antizyklisch** investiert wird. Das bedeutet, Teile der teurer gewordenen Wertpapiere werden verkauft, während der Anteil der billiger gewordenen aufgestockt wird. Eine Beispielrechnung hierzu finden Sie in Kapitel 2 im Abschnitt »Kaufen, wenn alle anderen verkaufen, und was das mit Rebalancing zu tun hat«.

Veränderungen der Quote müssen gar nicht immer aktiv geschehen, indem im Depot befindliche Aktien ver- und Anleihen gekauft werden oder umgekehrt. Die Einzahlungen eine Zeit lang nur in die Vermögensklasse fließen zu lassen, deren Anteil erhöht werden soll, hat gerade in den Anfangsjahren des Sparens einen starken Effekt. Wenn Sie entsparen, das Vermögen also allmählich auflösen, gilt diese Regel umgekehrt. Allerdings sollte es nicht länger als sechs bis zwölf Monate dauern, das gewünschte Verhältnis zwischen Anlagen und Anleihen (wieder) zu erreichen. Rechnen Sie sich aus, was es für Ihren Anlageklassenmix bedeutet, wenn Sie über ein Quartal nur Aktien (ver-)kaufen, und schauen Sie, ob und wie viel Sie am Ende noch umschichten müssen, um das gewünschte Verhältnis zu erreichen.

Gut zu wissen

Natürlich muss der einmal festgelegte und zu Ihrem Risiko passende Wert des Aktienanteils nicht laufend exakt eingehalten werden. Auch der Ölfonds lässt eine Schwankungsbreite zu. Das ist alleine deshalb sinnvoll, um die Kosten für den Handel und den mit diesem verbundenen Aufwand niedrig zu halten. Schauen Sie, dass Sie mit dem Rebalancing beginnen, wenn der Aktienanteil zwischen 5 und

10 Prozentpunkte vom Zielwert abweicht. Im Falle einer Aktienquote von 70 % hieße das, frühestens dann umzuschichten, wenn diese unter 65 % fällt oder über 75 % steigt. Mehr als einmal pro Quartal sollten Sie ohnehin nicht umschichten. Wer besonders wenig Zeit aufwenden möchte, schichtet normalerweise nur einmal alle sechs oder 12 Monate um und greift nur häufiger ein, wenn die Aktienquote um 10 Prozentpunkte über- oder unterschritten wird.

Geld zu verteilen: die Auswahl der richtigen Papiere

Kernstück des Investments nach der norwegischen Finanzformel ist der Kauf der Wertpapiere für den Aktien- und Anleihenteil Ihres Portfolios. Mittlerweile wissen Sie vermutlich schon, wie Ihre persönliche prozentuale Aufteilung auf diese beiden Anlageklassen aussieht. Im Folgenden wird die neue Vorgabe für den Ölfonds benutzt, also ein Aktienanteil von 70 % und entsprechend 30 % für Anleihen. Die hier vorgestellte Tabelle rechnet beispielhaft den Aufbau eines Depots mit dieser Aufteilung und einem Volumen von 100.000 Euro durch. Selbstverständlich eignet sich diese Tabelle auch als Vorbild für jeden anderen Anlageklassenmix. Schauen Sie zuerst auf die größer und fett gedruckten Prozentwerte und die dahinter stehende Spalte ganz am Ende der Tabelle und lesen Sie die Anmerkung. Im Laufe dieses Kapitels bekommen Sie erläutert, wieso genau die in der Tabelle aufgeführten Werte die passenden sind, wenn Sie sich am Ölfonds orientieren wollen.

Passende Aktien finden

Die aktuelle Benchmark des norwegischen Ölfonds ist der Aktienindex FTSE Global All Cap. Es gibt diverse vergleichbare Indizes, die auf ähnliche Art die weltweiten Märkte abbilden. NBIM kopiert wie beschrieben nicht eins zu eins diesen Index, sondern setzt eigene Schwerpunkte.

Tabelle 12: Beispielhafter Anlageklassenmix und Depotaufteilung angelehnt am Ölfonds

Totalvolumen (kann durch Sparraten ersetzt und / oder ergänzt werden)	Anlage-klasse campus_ap_51261_abb_05.jpg	Anteil am Zukunfts-fonds in Prozent	Anteil in Euro	Wirtschafts-geografische Aufteilung GROB	Anteil an Ver-mögens-klasse in Prozent	Anteil in Euro	Größen-kriterium	Anteil an Industrie-/Schwellen-länderpart	Anteil in Euro	Geografische Auf-teilung FEIN	Anteile an Large bzw. Small Cap-Anteil Prozent	Anteil in Euro	Anteil vom Totalvolumen in % bei 70 %iger Aktienquote	Anteil an der Ver-mögens-klasse in Prozent	Schwerpunkt des relevanten Index / ETF
										Nordamerika	44 %	19.712 €	20 %	28 %	Aktien Large Cap Nordamerika
							Large Cap	80 %	44.800 €	Europa	44 %	19.712 €	20 %	28 %	Aktien Large Cap Europa
										Asien, Ozeanien	12 %	5.376 €	5 %	8 %	Aktien Large Cap Asien, Ozeanien
				Entwickelte Märkte	80 %	56.000 €									
										Nordamerika	44 %	4.928 €	5 %	7 %	Aktien Small Cap Nordamerika
							Small Cap	20 %	11.200 €	Europa	44 %	4.928 €	5 %	7 %	Aktien Small Cap Europa
	Aktien	70 %	70.000 €							Asien, Ozeanien	12 %	1.344 €	1 %	2 %	Aktien Small Cap Asien, Ozeanien
100.000 €															
				Schwellenländer	20 %	14.000 €	all	100 %	14.000 €			14.000 €	14 %	20 %	Aktien Schwellenländer
	Anleihen	30 %	30.000 €	Euroraum	100 %	30.000 €						30.000 €	30 %	100 %	Euro-Staatsanleihen

So lesen Sie die Tabelle: Egal, für welchen Anleiheklassenmix Sie sich entscheiden, je 28 % vom Aktienvolumen Ihres Zukunftsfonds bzw. der Sparrate für diesen Part sollten in Large-Cap-Aktien aus Nordamerika und Europa investiert sein und 20 % in Aktien aus Schwellenländern (analog sind die anderen fett gedruckten Werte in den letzten beiden Spalten der Tabelle zu lesen). Bei einer Aktienquote von 70 % entspricht der Schwellenländeranteil 14 % des Gesamtvolumens (dieser Wert ändert sich also in Abhängigkeit vom Anleiheklassenmix), bleibt aber immer 20 % des Aktienanteils und 20 % von 70 sind 14 %).

Der Ölfonds hält Aktien von über 9.000 Unternehmen direkt. Er ist also nicht nur indirekt über Fonds und andere Konstrukte an Unternehmen beteiligt.

Wer als Privatinvestor die internationalen Aktienmärkte auch nur annähernd mit Einzelwerten abbilden möchte, dürfte größte Schwierigkeiten bekommen. Es ist schlichtweg zu viel Geld vonnöten, um sich selbst nur in die wichtigsten 500 Aktien des FTSE Global All Cap oder eines entsprechenden Index einzukaufen.[67]

Schon eher möglich wäre es, Anteile an den Top-Ten-Werten zu kaufen. Dazu zählten Anfang 2020 Apple, Microsoft und Amazon sowie Facebook. Doch die wichtigsten zehn Werte des FTSE Global All Cap machten gerade einmal 11 % des Index aus. Wer nur darin investiert, bildet also nur die Spitze ab und diversifiziert damit sehr wenig – für eine Anlagestrategie nach dem Vorbild des norwegischen Ölfonds völlig unbrauchbar. Also, was tun?

Die Alternative für den Privatanleger lautet Exchange Traded Funds, kurz ETFs. ETFs bilden passiv einen Index nach, um dessen Zusammensetzung und damit auch Performance zu kopieren.

Was ist eigentlich … ein ETF?

ETFs sind passive Fonds, die an der Börse gehandelt werden. Sie kopieren einfach einen Index statt wie ein aktiver Fonds ständig je nach Marktlage Aktien zu kaufen und verkaufen. Fällt der Index, so verliert auch der ETF entsprechend an Wert. Umgekehrt verhält es sich, wenn der abgebildete Index zulegt. ETFs sind das passive Gegenstück zu klassischen, aktiv gemanagten Fonds, bei denen der → **Fondsmanager** durch laufende Käufe und Verkäufe versucht, einen Index zu schlagen, also besser als der Markt zu sein (was viel zu selten gelingt, siehe Kapitel 2). Weil nicht aktiv investiert, sondern passiv einem Index gefolgt wird, ist diese Form der Anlage erheblich preiswerter. Schließlich braucht es kein Fondsmanagement, das aufwändig Unternehmen und Märkte analysiert, sondern nur eines, das Kauf- und Verkaufsorders gibt, damit das Portfolio in seiner Zusammensetzung dem gewünschten Index folgt. Während bei aktiv gemanagten Fonds eine jährliche Gebühr von 1 bis 2 % durchaus üblich ist, liegen die Kosten bei ETFs in der Regel deutlich unter 0,5 % pro Jahr, manchmal gar unter 0,1 %.

Mittels ETFs ist es einfach und preiswert geworden, ganze Aktienmärkte ins Depot zu nehmen. Dabei spielt es keine Rolle, ob es weltweite ETFs sind oder regionale. Es gibt Tausende von ETFs und entsprechend kompliziert ist es, den Überblick zu behalten. Darunter sind auch solche, die sich nur bestimmten Branchen widmen oder nur auf Aktien mit besonders hoher Dividendenrendite setzen. Hier nähern ETFs sich vom Prinzip her aktiven Fonds an. Es werden kleine Marktsegmente ausgewählt, deren Zusammensetzung sich zudem laufend recht stark ändern kann (wie im Falle der ETFs mit Unternehmen der höchsten Dividendenrendite).

Gut zu wissen

Jeder Kostenunterschied wirkt sich langfristig auf die Rendite aus. Selbst wenn ein Fonds vor Kosten dauerhaft den Index schlagen sollte, dürfte das nach Kosten fast immer anders aussehen. ETFs zeichnen sich durch besonders niedrige laufende Kosten aus.

Oberste Priorität hat stets eine angemessene Diversifikation. Um bei Ihrer Geldanlage den Überblick zu behalten, empfiehlt es sich, in möglichst wenige Produkte investiert zu sein. Die optimale Anzahl hängt von mehreren Faktoren ab. Die wichtigsten sind:

- **Ihre Anlagesumme:** Je mehr Geld Sie investieren möchten, desto mehr unterschiedliche Wertpapiere können Sie halten, weil auf jedes Einzelne eine größere Summe entfällt. Damit sind die relativen Transaktionskosten (Gebühren, Ihre mit Kauf und Auswahl verbundene Arbeit) niedriger.
- **Die Häufigkeit Ihrer Investition:** Sparpläne machen es meist einfacher, das Kapital auf viele Wertpapiere zu verteilen, weil die Kaufgebüh-

ren nicht selten geringer sind oder gar ganz wegfallen. Somit sind auch kleinere Beträge pro Wertpapier möglich.

- **Ihre Bank:** Wenn dort beispielsweise monatlich oder vierteljährlich in einen Sparplan eingezahlt werden kann und die Mindestsumme pro Kauf 50 Euro beträgt, muss das zu Ihrem Investitionsverhalten passen – oder Sie suchen sich eine andere Bank. Zudem gibt es nicht alle gewünschten ETFs bei jeder Bank. Schauen Sie, ob Ihre Bank auf bestimmte Produkte (häufig desselben Anbieters) Rabatte einräumt. Wählen Sie aber nie ein Produkt, nur weil es günstig erscheint. Auch wenn es sich durchaus lohnen kann, Depots bei zwei oder mehr Banken zu unterhalten und dann dort jeweils zu kaufen, was wenig Gebühren kostet und zu Ihrer Strategie passt, sollten Sie diesen Schritt nur gehen, wenn Sie wissen, dass Sie auch bei mehreren Depots noch gut den Überblick behalten können. Eventuell hilft Ihnen dabei eine Software wie MoneyMoney.
- **Ihr Organisationsgeschick:** Je mehr Instrumente und Depots Sie haben, desto aufwändiger ist es, den Überblick zu behalten und beispielsweise schnell ermitteln zu können, wie hoch Ihre Aktienquote gerade ist und wie die regionale Verteilung aussieht.

Richtig gewichten

Zunächst sollten Sie wie der Ölfonds Ihr Investmentuniversum festlegen. Wer wie Sie dessen Strategie folgt, sollte geografische ETFs wählen und wie hergeleitet Schwellenländer und darüber hinaus Small Caps übergewichten. Das bedeutet, dass es nicht ausreicht, einfach nur einen ETF auf die globalen Aktienmärkte, repräsentiert durch Indizes wie den FTSE Global All Cap oder den MSCI World, zu kaufen, da sonst die USA zu viel Gewicht einnehmen und die Schwellenländer zu wenig. Im MSCI World sind die Schwellenländer übrigens trotz des Zusatzes »Welt« überhaupt nicht enthalten, der MSCI ACWI gewichtet diese mit rund 10 %. Deshalb gilt es, durch die Kombination verschiedener Produkte für die gewünschte Verteilung der Anlagesumme zu sorgen.

Die Detailanalyse des Ölfonds hat gezeigt, dass dieser einen Small-Cap- und einen Schwellenländer-Anteil von je rund 10 % enthält. Wer an den langfristigen Renditevorteil und die geringere Korrelation mit Standardwerten dieser Aktienkategorien glaubt, sollte höhere Werte erwägen. Ich schlage für beides einen größeren Wert von bis zu 25 % vor.

Für die geografische Aufteilung wird der Aktienanteil des Portfolios zunächst in entwickelte Märkte und Schwellenländer aufgeteilt. Um wirklich eine Übergewichtung Letzterer durchzusetzen, sollten Sie zum Beispiel ein Verhältnis von 80 zu 20 wählen (mit diesen Werten wird auch in Tabelle 12 gerechnet). Der Industrieländeranteil lässt sich dann gemäß der Aufteilung des Ölfonds und unter Berücksichtigung des Small-Cap-Anteils weiter splitten: Dort macht Nordamerika 41 % aus (USA 39 %, Kanada 2 %), Europa steht für 34 %, Asien 20 % und Ozeanien 2 %, Lateinamerika kommt auf 1,5 %, Afrika sowie der Nahe Osten auf jeweils unter 1 % (aufgrund von Rundungen ergibt die Summe nicht genau 100 %). Vor allem zur Region Asien gehören größere Anteile von Schwellenländern, darunter China, Indien und Taiwan. Dementsprechend ist der Anteil Asiens am Industrieländerportfolio zu reduzieren.

Nur auf den ersten Blick ist es mit der regionalen Gewichtung nicht mehr ganz so einfach, wie Sie es sich vielleicht vorgestellt hatten. Daten zur internationalen Verteilung der weltweiten Wirtschaftsleistung helfen, analog zum Ölfonds das eigene Portfolio zu strukturieren. Sie schwanken ein wenig von Jahr zu Jahr und je nach Berechnungsmethode. Jüngere, gerundete Werte der Handelsorganisation UNCTAD liefern für Europa und Nordamerika beim Industrieländeranteil je 44 %, verbleiben für den Asien- und Pazifikanteil 12 %. Letzteres entspricht drei Prozentpunkten mehr als dem Japananteil des Ölfonds, der ganz klar den Großteil an der Region ausmacht. Lateinamerika und der Nahe Osten bleiben hier unberücksichtigt, da diese dem Schwellenländeranteil zugeschlagen werden.

Das Small-Cap- und Large-/Mid-Cap-Segment des Industrieländeranteils im Portfolio sollte jeweils entsprechend gewichtet werden. Die hier hergeleitete Aufteilung ist jene aus Tabelle 12, die zeigt, wie ein nach Ölfondskriterien strukturiertes Portfolio aufgeteilt sein sollte. Entscheidend sind die Prozentwerte, die die Anteile an der jeweiligen Vermögensklasse und den Unterkategorien des Aktienanteils gemäß Region sowie Marktkapitalisierung wiedergeben. Diese stehen in der zweiten Spalte von rechts (betitelt mit »Anteil an der Vermögensklasse«) und sind stets gleichbleibend, während die Werte bezogen auf das Totalvolumen von der Aktienquote abhängen. Nehmen Sie diese Werte als Orientierung, ob es sich jetzt um zwei Prozentpunkte mehr oder weniger handelt, ist letztlich nicht so entscheidend. Je nach Depotgröße et cetera lässt sich so eine Abweichung auch gar nicht vermeiden. Die letzte Spalte gibt an, welchen Schwerpunkt ein ETF haben sollte, der genau diesen Anteil Ihres Zukunftsfonds abdeckt, Produktbeispiele erhalten Sie in einer weiteren Tabelle im nächsten Abschnitt »Passende ETFs auswählen«. Sofern es Ihre Bank zulässt, sollten Sie Ihre Sparraten entsprechend aufteilen. Später lernen Sie noch Vorschläge zur Vereinfachung kennen, falls es nicht möglich sein sollte, in alle Kategorien zu investieren – etwa weil das Investitionsvolumen dafür zu klein ist.

Passende ETFs auswählen

Das Angebot an ETFs ist, zumindest was die Aktienmärkte in den USA und Europa angeht, groß – und unübersichtlich. So zeigt die deutschsprachige Website *www.justetf.com* ungefähr 300 unterschiedliche ETFs an, die Aktienindizes in Europa abdecken, und für die USA immerhin noch rund 180. Morningstar kommt ebenfalls auf eine sehr große Auswahl. Schließen Sie für ETFs auf bedeutende Indizes synthetische Replikation aus. Bei dieser Methode muss der ETF-Anbieter keine einzige Aktie des entsprechenden Index besitzen, um diesen nachzubilden (zu »replizieren« in der Fachsprache, daher Replikationsmethode). Stattdessen geht er mit einem Vertragspartner ein Tauschgeschäft ein, das als Rendite die vom Index verspricht. Diese Art von ETFs trägt deshalb auch den Beinamen »swap« (von *to swap* – tauschen). Klingt kompliziert und problematisch? Ist es auch. Deshalb raus damit. Zum Hintergrund: Schwer verständliche Finanzgeschäfte waren mitverantwortlich für die Finanzkrise vor gut zehn Jahren. Allein das ist ein guter Grund, auf Investitionen in verwirrende Produkte zu verzichten, selbst wenn diese mit geringfügig niedrigeren Gebühren einhergehen. Übrig bleiben immer noch mehr als halb so viele ETFs wie zu Anfang. Diese replizieren Indizes vollständig oder mittels der sogenannten Sampling-Methode. Dabei halten die ETFs nicht die Papiere aller im Index enthaltenen Unternehmen exakt gemäß deren Gewichtung. Stattdessen wird eine Auswahl getroffen, die den Markt möglichst exakt widerspiegelt. Diese Methode wird häufig bei großen Indizes mit sehr vielen Papieren (wie einem globalen Index) oder weniger liquiden angewandt, um die Kosten niedrig zu halten. Das ist akzeptabel.

Gut zu wissen

Der mögliche Kostenvorteil von Swap-ETFs hat seinen Preis. Die Gebühren mögen niedriger sein, wegen einer ab 2018 geltenden neuen Regelung haben Swap-ETFs aber steuerliche Nachteile.[68] Außerdem riskiert, wer in diese Form von ETFs investiert, einen Teil seines Vermögens zu verlieren, sollte der Vertragspartner des ETF-Anbieters pleitegehen. Denn anders als bei klassischen ETFs gibt es da nur eingeschränkte Garantien. Davor warnen auch die Verbraucherzentralen.[69]

ETFs gibt es auf die Indizes verschiedener Anbieter. Die großen Indexanbieter sind FTSE/Russell, Dow Jones/S&P sowie MSCI. Laut *www.justetf.com* ist in Deutschland das Angebot auf MSCI-Indizes besonders groß. Das Beispielportfolio nach norwegischer Finanzformel stützt sich deshalb auf sie – auch wenn die Benchmark der Norweger von FTSE kommt.

Um die weltweiten Aktienmärkte wie der Ölfonds nach regionalen Schlüsseln und mit den entsprechenden Schwerpunkten abzubilden, sollten Sie vorzugsweise ETFs nur auf Indizes eines Anbieters kaufen. Sonst riskieren Sie, von Ihrer Strategie abzuweichen. Es könnte beispielsweise sein, dass ein Anbieter bestimmte Länder anders kategorisiert als ein anderer und diese deshalb in zwei von Ihnen gehaltenen ETFs auftauchen und so übergewichtet werden. In der Regel sollte es aber immer besser sein, ETFs auf Indizes verschiedener Anbieter zu mischen, als wesentliche Teile der Weltwirtschaft gar nicht abzudecken.

MSCI-Indizes umfassen meist standardmäßig Large und Mid, nicht aber Small Caps. Dafür gibt es dann reine Small-Cap-ETFs. Der MSCI Germany investiert mit Large und Mid Caps breiter als ein ETF auf den DAX 30 (der nur Large Caps beinhaltet und noch nicht einmal alle). Entsprechend enthält der MSCI Europe, der auch Deutschland abdeckt, mehr als nur die größten 30 deutschen Unternehmen. Das ist gut für die Diversifikation und die Risikosteuerung.

Gut zu wissen

Verlassen Sie sich nicht vollständig auf den Namen eines Index oder ETF, sondern schauen Sie, wie dieser wirklich aufgebaut ist. So enthält der schon erwähnte MSCI World trotz des Namens nur Aktien aus Industrieländern und nicht der ganzen Welt. Um auch Schwellenländer abzudecken, müssten Sie den MSCI ACWI wählen. Die vier zusätzlichen Buchstaben stehen für All Country World Index. Auch enthält manch ein Schwellenländer-Index Länder, die Sie vielleicht zu Industrieländern gezählt hätten. Im Falle von MSCI sind das zum Beispiel Polen und Taiwan. Singapur hingegen zählt mittlerweile für MSCI zu den Industrieländern.

Der Small-Cap-Anteil wird im Beispielportfolio durch separate ETFs abgedeckt und kann so relativ einfach nach Wunsch (über-)gewichtet werden. Wenn das Portfolio besonders simpel aufgebaut sein soll, bieten sich sogenannte IMI ETFs an, wobei IMI für Investable Market Index steht. Diese Form von ETFs enthalten neben Large und Mid auch Small Caps, nicht aber Micro Caps. Allerdings werden die Aktien kleiner Unternehmen damit laut MSCI normal-, nicht aber wie gewünscht übergewichtet. Eine Einbeziehung von Micro Caps lohnt aufgrund der hohen Kosten üblicherweise nicht.

Die Auswahl an MSCI-ETFs ist je nach abzudeckender Region unterschiedlich gut. Zum Beispiel gibt es aktuell in Deutschland zehn Nordamerika-ETF (USA, Kanada), während das Angebot an reinen USA-ETFs erheblich größer ist. Ähnliches gilt für andere Regionen. Dazu kommt, dass nicht jede Bank alle ETFs im Angebot hat. Wie Sie sehen werden, ist es dennoch möglich, ein Portfolio aufzubauen, das den norwegischen Ölfonds so weit wie möglich und sinnvoll nachahmt. Beispielsweise können alternativ ETFs auf Indizes anderer Anbieter gewählt werden. Denkbar wäre auch, MSCI-Indizes mit leicht anderer Aufteilung zu wählen, beispielsweise was die Marktkapitalisierung der Unternehmen oder die enthaltenen Länder angeht. So gibt es viele Asien/ Pazifik-ETFs ohne Japan, das dann über einen eigenen ETF abgedeckt werden könnte, und es wäre auch nicht problematisch, auf Kanada zu verzichten. Bedenken Sie außerdem, dass sich das Angebot laufend ändert. Meist gibt es mit der Zeit mehr ETFs. Die Chancen stehen also gut, dass in ein paar Monaten ETFs auf dem Markt sind, die heute noch fehlen. Das lässt sich auch daran erkennen, dass das Angebot an ETFs seit der Erstauflage dieses Buches gewachsen ist. Mit einem deutschen Depot das entsprechende Portfolio nachzubilden dürfte also immer einfacher werden. Sie müssen aber nicht jedes Mal wechseln, wenn ein neuerer, passenderer ETF auf den Markt kommt. Gegebenenfalls tauschen Sie später einige ETFs einfach aus. Eine Tabelle mit konkreten Produktbeispielen für internationale Aktien-ETFs, die zur norwegischen Finanzformel passen, finden Sie in Tabelle 13. Diese berücksichtigen bereits die im nächsten Kapitel diskutierten ethischen Vorgaben.

Gut zu wissen

Beim Vergleich von Indizes und deren Wertentwicklung ist es wichtig zu wissen, ob es sich dabei um einen Kurs- oder Performanceindex handelt. Der DAX 30 wird üblicherweise als Letzterer berechnet, manch andere wie der EuroStoxx 50 nicht. Das heißt, es wird bei der Berechnung des DAX davon ausgegangen, dass ausgeschüttete Gewinne sofort wieder in den Index angelegt werden. Das bringt einen automatischen Zinseszinseffekt mit sich. Wenn der DAX andere Indizes längerfristig schlägt, kann das allein daran liegen. Suchen Sie sich für Vergleiche also stets dieselbe Art von Indizes aus, am besten die Performanceindexversion. Fonds und ETFs, die Gewinne reinvestieren, werden thesaurierend genannt und sind gegenüber ausschüttenden zu bevorzugen, weil die Wiederanlage automatisch abläuft.

Tabelle 13: Auswahl möglicher nachhaltiger Aktien-ETFs für einen Zukunftsfonds nach Norwegischem Vorbild

Region	Anbieter	ISIN	Index (lt. Anbieterdokument)	Replikation	A/T	L	M	S	laufende Kosten in % p.a.	Anmerkung
ALL	UBS	LU0629459743	MSCI World SRI	physisch	A	x	x	–	0,25	
ALL	DWS	IE00BZ02LR44	MSCI World ESG	physisch	T	x	x	–	0,2	Unternehmen mit relativ niedrigem CO_2-Ausstoß, ohne Tabak
ALL	Amundi	LU1861134382	MSCI World SRI	physisch	T	x	x	–	0,18	
ALL	Amundi	LU1602144229	MSCI World Low Carbon	physisch	T	x	x	–	0,25	Unternehmen mit relativ niedrigem CO_2-Ausstoß
NA	BNP	LU1291104575	MSCI North America	physisch	T	x	x	–	0,25	erfüllt nicht alle Nachhaltigkeitskriterien
USA	iShares	IE00BYVJRR92	MSCI USA SRI	physisch, optimiert	T	x	x	–	0,2	
USA	UBS	LU0629460089	MSCI USA SRI	physisch	A	x	x	–	0,28	
USA	iShares	IE00B3VWM098	MSCI USA Small Cap	physisch, optimiert	T	–	–	x	0,43	nicht nachhaltig
USA	Amundi	LU1861136247	MSCI USA SRI	physisch	T	x	x	–	0,1	
EM	iShares	IE00BYVJRP78	MSCI EM SRI	physisch	T	x	x	–	0,25	
EM	UBS	LU1048313891	MSCI EM SRI	physisch	A	x	x	–	0,35	
EM	iShares	IE00BFNM3P36	MSCI EM IMI	physisch, optimiert	T	x	x	x	0,18	
EM	SPDR	IE00B48X4842	MSCI EM Small Cap	physisch, optimiert	T	–	–	x	0,55	nicht nachhaltig
A-P	UBS	LU0629460832	MSCI Pacific SRI	physisch	A	x	x	–	0,4	
A-P	BNP	LU1291106356	MSCI Pacific ex Japan	physisch	T	x	x	–	0,25	schließt nur kontroversielle Waffen aus
Jap	UBS	LU1230561679	MSCI Japan SRI	physisch	A	x	x	–	0,4	
Eu	iShares	IE00B52VJ196	MSCI Europe SRI	physisch, optimiert	T	x	x	–	0,2	
Eu	BNP	LU1291101555	MSCI Europa Small Cap	synthetisch	T	–	–	x	0,25	schließt nur kontroversielle Waffen aus
Eu	Amundi	LU1861137484	MSCI Europa SRI	physisch	T	x	x	–	0,18	

In der Tabelle sind thesaurierende ETFs, also solche, die den Vorteil haben, die Gewinne automatisch wieder anzulegen, in der sechsten Spalte von links, mit einem »T« gekennzeichnet, die ausschüttenden mit einem »A«.
Ein »X« in der Spalte mit L, M oder S gibt an, dass dieser ETF Large (L), Mid (M) beziehungsweise Small Caps (S) enthält.
Laufende Kosten sind die jährlich anfallenden Gebühren in Prozent, auch Gesamtkostenquote oder Total Expense Ration (TER) genannt. Daneben fallen gegebenenfalls noch Depot- sowie Handelsgebühren an. Diese sind von Bank zu Bank unterschiedlich und hängen auch vom Volumen ab. Sie sollten diese deshalb individuell berechnen, um zur Gesamtheit der Kosten über die gesamte Haltedauer, Total Cost of Ownership (TCO), zu kommen.
Bei den Regionen steht das Kürzel ALL für alle Regionen, NA für Nordamerika (USA plus Kanada), A-P für Asien/Pazifik, EM für Schwellenländer, Eu für Europa. Die Gewichtung der Länder innerhalb der Region sowie weitere Daten, die sich mit der Zeit ändern können, stehen in den zugehörigen Dokumenten, auf der Internetseite des ETF-Anbieters oder der Bank. Sie finden sie auch, indem Sie nach den ISIN-Nummern im Internet suchen, das ist ein Code, der jedes Wertpapier eindeutig identifiziert, oder den entsprechenden Index genauer anschauen.

Um diesen Effekt auch bei Anlagen auf andere Indizes zu erreichen, empfiehlt es sich stets, Ausschüttungen wieder anzulegen. ETFs, die Gewinne automatisch wiederanlegen, werden thesaurierend genannt. In der Tabelle 13 mit Produktvorschlägen sind diese mit einem »T« gekennzeichnet, die ausschüttenden mit einem »A«. Wer selbst dafür sorgt, dass die jährlichen Zahlungen reinvestiert wird, erzielt den gewünschten Zinseszinseffekt auch mit einem ausschüttenden ETF. Das erfordert aber ein wenig mehr Disziplin.

Sinnvolle Anleihen identifizieren

Bei den Anleihen hat NBIM im Herbst 2017 für eine umfassende Änderung plädiert. In einem Brief an das Finanzministerium schlugen die Ölfondsmanager vor, dass im Benchmark-Index fortan keine Unternehmensanleihen mehr enthalten sein sollen und Staatsanleihen nur noch in einer kleinen Zahl ausgewählter Währungen: US-Dollar, Euro und britisches Pfund.[70] Das sind nicht nur drei besonders wichtige internationale Währungen, sondern die Staaten dahinter stehen auch gemeinsam für den Großteil des norwegischen Außenhandels. Da der Fonds aus gutem Grund nicht in norwegische Kronen investieren darf, ist die Beschränkung auf die Währungen der wichtigsten Handelspartner die bestmögliche Reduzierung des Wechselkursrisikos, die Norwegen im Anleihenteil leisten kann. Schließlich wird zukünftiger Handel vor allem in diesen drei Währungen stattfinden, die zudem besonders liquide Staatsanleihen bieten, also solche, die häufig gehandelt werden und deshalb laufend ver- und gekauft werden können. Die maximale Laufzeit soll, so NBIM, zehn Jahre betragen.

Die neuen NBIM-Vorgaben für Privatanleger, die in der Eurozone leben, simpel umzusetzen, bedeutet, ausschließlich in auf Euro lautende Staatsanleihen mit Restlaufzeiten von bis zu 10 Jahren zu investieren. Trotz dieser Einschränkung ist das Angebot enorm, die Unterschiede sind auch nicht zu vernachlässigen. So gibt es zum Beispiel Staatsanleihen von Ländern außerhalb der Eurozone, die in Euro emittiert werden. Weniger stabile Länder versuchen, ihre Chancen, an Geld zu kommen, zu erhöhen, indem sie Schulden in einer wichtigeren und stabileren Währung als der eigenen ausgeben. So macht es zum Beispiel die Türkei.[71] Für Privatanleger sind diese Anleihen als Investment aber wenig geeignet. Zum einen gibt es teilweise recht große Mindestanlagevolumen und zum anderen handelt es sich um Länder mit vergleichsweise schwacher Bonität. So bewertet Standard & Poor's (S&P) die Kreditwürdigkeit der Türkei erheblich schlechter als die Deutschlands.[72] Inwieweit derartig autokratisch regierten Ländern Geld geliehen werden sollte, ist zudem eine ethische Frage.

Wenn Sie einen vergleichsweise sicheren Anleihenteil möchten, sollten Sie sich also am besten auf die Mitgliedsländer der Eurozone beschränken. Doch auch hier klaffen die Ratings auseinander. So bewertete S&P Griechenland zwischenzeitlich schlechter als die Türkei, während Italien besser bewertet ist und Deutschland sogar die Bestnote erhält. Natürlich zahlte Griechenland entsprechend höhere Zinsen. Das klingt verlockend, hat aber einen Haken: Komplett in griechische Staatsanleihen zu investieren würde zwar die Vorgabe »Eurozone« erfüllen, käme aber mit einem erheblichen Risiko, das jenes von einigen Aktien übersteigen dürfte. Da die norwegische Finanzformel auch für den Anleihenteil Diversifikation vorschreibt, wird das in Obligationen investierte Kapital ebenfalls gestreut.

Gut zu wissen

Denken Sie daran, dass Anleihen ebenfalls im Wert schwanken können, wenn sich das allgemeine Zinsniveau oder das Ausfallrisiko ändern. Angesichts der sehr niedrigen derzeitigen Zinsniveaus erscheinen mittelfristig Zinserhöhungen, die auf den Kurs einer Anleihe drücken, wahrscheinlicher als weitere Zinssenkungen. Wer sich stärker absichern möchte, setzt stärker auf Anleihen mit kürzerer Restlaufzeit oder ersetzt gar einen Teil durch Tagesgeld.

Mit Anleihen verschuldet sich ein Land oder Unternehmen für eine bestimmte Zeit (die Laufzeit der Anleihe) zu einem vorher festgelegten Zinssatz. Als Beispiel: Sie leihen Deutschland auf 10 Jahre 1.000 Euro zu einem jährlichen Zinssatz von 0,5 % – dieser Wert ist aktuell (Frühjahr

2020), für Anleger allerdings ein Wunschtraum, zum Rechnen nehmen wir ihn trotzdem –, indem Sie eine entsprechende Staatsanleihe kaufen. Dann bekommen Sie jedes Jahr 5 Euro (0,5 % von 1.000) und am Ende der Laufzeit Ihre 1.000 Euro wieder zurück. Während dieser Zeit können Sie die Anleihe aber jederzeit weiterverkaufen. Wenn die Zinsen stabil bleiben, ändert sich der Preis der Anleihe nicht. Sinken die Zinsen hingegen, steigt der Preis, denn plötzlich werden Anleihen, die noch 0,5 % zahlen, attraktiver als diejenigen, die aktuell auf den Markt kommen. Umgekehrt verhält es sich, wenn die Zinsen steigen.

Auch Bonitätsänderungen wirken sich auf den Preis aus. Würde Deutschland plötzlich von S&P oder einer der anderen Ratingagenturen massiv abgewertet, weil diese das Ausfallrisiko als gestiegen ansehen, hätte dies in der Regel denselben Effekt wie eine Zinserhöhung. Soll heißen: Nur Anleihen, die über die komplette Laufzeit gehalten sowie bedient und am Schluss zurückgekauft werden, sind sicher. Das weiß man aber immer erst am Ende der Laufzeit. Das bedeutet, dass Anleihen mit kürzerer Laufzeit vorzuziehen sind, wenn es um höhere Sicherheit geht.

Noch sicherer fahren Sie, wenn Sie als weitere Bedingung ein besonders gutes Rating vorgeben. Es gibt ETFs, die lediglich Anleihen von Staaten berücksichtigen, deren Ausfallrisiko als so gering angesehen wird, dass sie ein AAA-Rating bekommen. Deutschland zählt traditionell zu den am besten bewerteten Staaten. Deshalb sind auch Bundeswertpapiere besonders geeignet und können durchaus eine Alternative zu ETFs sein. Einen Überblick des Angebots der Finanzagentur erhalten Sie auf deren Website,[73] kaufen und verkaufen können Sie diese börsennotierten Produkte über Ihre Bank.

Tabelle 14 enthält einige beispielhafte ETFs sowie einen Hinweis auf die deutschen Staatsanleihen. Die Zusammensetzung der Referenzindizes für die ETFs sind unterschiedlich, dementsprechend schwankt die Bedeutung verschiedener Staaten. Detaillierte Angaben zu den ETFs, darunter auch, welche Rolle Staatsanleihen welcher Länder spielen, finden Sie indem Sie im Internet nach der → **ISIN**, die dazu dient jedes Wertpapier international identifizieren zu können, suchen. Dann tauchen die Seiten oder PDFs des Anbieters mit den entsprechenden Angaben auf. So erfahren Sie, wie das Investment des ETF auf Länder

Tabelle 14: Auswahl möglicher ETFs mit Eurozonen-Staatsanleihen und deutsche Bundeswertpapiere

Anbieter	ISIN	Index (lt. Anbieter-Dokument)	A/T	Restlaufzeit in Jahren	laufende Kosten in % p. a.
iShares	IE00B3FH7618	Bloomberg Barclays Euro Treasury Bond 0-1	A	0-1	0,20
Deka	DE000ETFL185	EUROGOV® Deutschland 1-3 (Kurs-)	A	0-3	0,15
Deka	DE000ETFL490	Solactive Eurozone Rendite Plus 1-10 Bond	A	1-10	0,15
db x-trackers	LU0290355717	iBoxx® Euro Sovereigns Eurozone TR	T	1-25+	0,15
Lyxor	LU1829219556	EuroMTS Highest Rated Macro-Weighted Government Bond 1–3	T	1-3	0,17
Lyxor	LU1287023342	FTSE MTS Highest Rated Macro-Weighted Government Bond	T	1-25+	0,16
iShares	IE00B14X4Q57	Bloomberg Barclays Euro Government Bond 1-3	A	1-3	0,20
iShares	IE00B3VTMJ91	Bloomberg Barclays Euro Government Bond 1-3	T	1-3	0,20
SPDR	IE00B6YX5F63	Bloomberg Barclays Euro Treasury Bond 1-3	A	1-3	0,15
db x-trackers	LU0925589839	iBoxx® EUR Sovereign Yield Plus 1-3 Index	T	1-3	0,15
iShares	DE000A0H0785	iBoxx® EUR Liquid Sovereigns Capped 1.5-10.5 Index	A	1,5-10,5	0,16
iShares	IE00B1FZS681	Bloomberg Barclays Euro Government Bond 5 Year Term	A	3-5	0,20
iShares	IE00B3VTML14	Bloomberg Barclays Euro Government Bond 3-7 Year Term	T	3-7	0,20
iShares	IE00B4WXJG34	Bloomberg Barclays Euro Government Bond 5-7	A	5-7	0,20
Lyxor	FR0011146356	FTSE MTS Highest Rated Macro-Weighted Government Bond 5-7	T	5-7	0,16
iShares	IE00B1FZS806	Barclays Euro Government Bond 10yr Term	A	7-10	0,20
iShares	IE00B3VTN290	Bloomberg Barclays Euro Government Bond 10	T	7-10	0,20
db x-trackers	LU0290357259	iBoxx® EUR Sovereigns Eurozone 7-10	T	7-10	0,15
SPDR	IE00BYSZ5Z42	Bloomberg Barclays Euro Government Bond 7-10	A	7-10	0,15
Bundesschuldenverwaltung	diverse	– (diverse Deutsche Staatsanleihen)	A/T	alle	

In der Tabelle sind thesaurierende ETFs, also solche, die den Vorteil haben, die Gewinne automatisch wieder anzulegen, in der vierten Spalte von links mit einem »T« gekennzeichnet, die ausschüttenden mit einem »A«. Alle in der Tabelle enthaltenen ETFs spiegeln den Index entweder durch vollständige Replikation oder Sampling wider.

und Laufzeiten verteilt ist. Beides sind Informationen, die etwas über das Risiko aussagen. Kürzere Laufzeiten bringen ein geringeres Risiko, aber auch eine niedrigere laufende Verzinsung mit sich. Was die Länder angeht, hilft ein Blick auf deren Rating, um die Ausfallwahrscheinlichkeit besser einschätzen zu können.

Bei Anleihen ist es viel schwieriger, die ethische Komponente der norwegischen Finanzformel zu erfüllen. Zwar gibt es Instrumente wie nachhaltige oder Green Bonds, doch deren Anlagespektrum setzt auf andere Produkte als Staatsanleihen. Häufig handelt es sich um Unternehmensanleihen mit höherem Ausfallrisiko und damit eine Abweichung von der norwegischen Finanzformel.

Gut zu wissen

Wie bei Fonds und Aktien lohnt aufgrund der anfallenden Gebühren der Kauf von ETFs meist erst, wenn Sie mehr als ein paar Hundert Euro auf einen Schlag investieren. Anders beim regelmäßigen Sparen in ETFs. In dem Fall verzichten viele Banken auf die entsprechenden Aufschläge oder bieten niedrigere Gebühren an.

Falls Sie generell oder zumindest anfangs nur sehr kleine Summen zur Seite legen können – sagen wir 30 Euro oder 50 Euro im Monat –, mag eine Aufteilung auf eine Handvoll ETFs für Aktien und Anleihen je nach Angebot Ihrer Bank zu aufwändig sein. In dem Fall könnten Sie sich darauf beschränken, für den Aktienanteil zunächst nur einen ETF auf den globalen MSCI World Socially Responsible/ESG zu kaufen (in der Tabelle 13 die obersten ETFs und eventuell noch den ETF für Schwellenländern dazu mischen (in der Tabelle mit EM gekennzeichnet). Bei den Anleihen bietet sich an zu schauen, was Ihre Bank als Beimischung für einen Sparplan mit relativ kleiner Summe erlaubt. Um einen Anleihenanteil von 33 % aufzubauen, könnten Sie beispielsweise einmal im Quartal eines der Anleihen-ETFs aus Tabelle 14 kaufen.

Seit ein paar Jahren investiert der norwegische Ölfonds direkt in Immobilien und kauft vor allem Gewerbeimmobilien in ausgewählten Städten. Haben Sie schon einmal daran gedacht, sich ein Büro in London oder eine Lagerhalle am Rande von München zuzulegen? Vermutlich nicht. Wenn Privatleute von Immobilienkauf reden, meinen sie üblicherweise die selbst genutzte Wohnung oder das Eigenheim, manchmal auch eine Mietwohnung als Kapitalanlage. Hierin unterscheiden sie sich also vom Ölfonds.

Aktuell ist er mit 2,7 % in reale Immobilien investiert, Anteile an börsennotierten Immobilienunternehmen wie dem DAX-30-Konzern Vonovia zählen nicht dazu. Das entspricht 2,70 Euro pro 100 Euro oder 2.700 Euro pro 100.000 Euro. Das bedeutet, um auch nur eine Wohnung kaufen zu können und dennoch wie der norwegische Ölfonds investiert zu sein, müssten Sie eine ziemlich große Gesamtanlagesumme haben. Nehmen wir an, ein realistischer Kaufpreis für eine 3-Zimmer-Wohnung liegt bei 270.000 Euro. Um solch ein Objekt zu kaufen und gleichzeitig Ihr Portfolio wie der norwegische Ölfonds aufgeteilt zu haben, müssten Sie eine Anlagesumme von satten 10 Millionen Euro haben. Denn 270.000 Euro sind 2,7 % davon – so viel wie der Anteil am Fonds Ende 2019. Traurig, aber wahr: Die wenigsten von uns sind so vermögend.

Ihnen bleiben drei Alternativen, was das Investment in Immobilien angeht:

1. **Sie lassen zusätzliche Immobilien außen vor:** Schließlich steckt ohnehin schon ein Teil Ihres mithilfe der norwegischen Finanzformel angelegten Geldes in Immobilienaktien. Nämlich insofern, als diese in den ETFs genauso enthalten sind wie in den entsprechenden Indizes.
2. **Sie investieren indirekt mehr in Immobilien:** Mit ETFs auf Immobilienaktien, REITs sowie Aktien von Immobilienunternehmen erhöhen Sie das Gewicht von Immobilien in Ihrem Zukunftsfonds. So folgen Sie der norwegischen Finanzformel im Rahmen Ihrer Möglichkeiten als Privatanleger ohne Millionenvermögen bestmöglich.
3. **Sie ignorieren die norwegische Finanzformel an dieser Stelle und kaufen eine Immobilie:** Damit wäre erheblich mehr als ein paar Prozent Ihres

Vermögens, vielleicht gar über die Hälfte, in diese Anlageklasse investiert, Immobilien wären drastisch überrepräsentiert.

Für jede dieser Alternativen gibt es gute Argumente. Wichtig ist, dass die Entscheidung wohlüberlegt erfolgt. Dazu gehört auch, sich darüber klar zu sein, dass Haus und Grund zu kaufen nicht unbedingt immer die beste Geldanlage ist.

Ohne zusätzliche Immobilien Wer es sich einfach machen möchte und bereit ist, auf ein klein wenig Diversifikation zu verzichten, teilt das zu investierende Vermögen nur auf Anleihen und Aktien auf. So hat es der Ölfonds bis vor einigen Jahren schließlich auch gemacht. Allein anhand der in Deutschland gehaltenen Aktien sehen Sie, dass Immobilien dennoch eine Rolle spielen: Zu den größten hiesigen Engagements des Ölfonds gehören Vonovia und Deutsche Wohnen. 8,7 % hält Norwegen an dem DAX-30-Unternehmen aus der Immobilienbranche und an der etwas kleineren Deutsche Wohnen AG 9,1 %. Das entspricht 0,31 % beziehungsweise 0,16 % des Aktienanteils des Fonds. Auch in anderen Ländern gibt es Firmen aus dem Immobiliensektor, sodass die Branche durchaus abgedeckt ist, selbst wenn Sie nichts weiter tun. Allerdings folgen Sie damit der norwegischen Anlagestrategie in diesem Punkt eingeschränkter, als wenn Sie zusätzlich indirekt in Immobilien investieren.

Indirektes Immobilieninvestment Ein Immobilienanteil, wie ihn der Ölfonds aufweist, ist ganz einfach zu erreichen, indem Sie gezielt mehr Immobilienaktien wie die von Vonovia kaufen oder – noch einfacher und breiter gestreut – in spezielle ETFs oder REITs investieren. Von offenen wie geschlossenen Immobilienfonds hingegen rate ich ab. Diese sind häufig teuer, wenig transparent und unter Umständen schwer handelbar – vor allem zu Krisenzeiten. ETFs kennen Sie schon und der entsprechende ETF würde in diesem Fall internationale Immobilienaktien oder REITs enthalten, die historisch eine niedrige Korrelation mit anderen Märkten aufweisen.

Tabelle 15: Auswahl möglicher Immobilien-ETFs

Region	Anbieter	ISIN	Index (lt. Anbieter-Dokument)	Replikation	A/T	laufende Kosten in % p.a.
INDUSTRIELÄNDER	iShares	IE00B1FZS350	FTSE EPRA/NAREIT Developed Dividend	Physisch	A	0,59
INDUSTRIELÄNDER	Amudi	lu17376552823	FTSE EPRA NAREIT Global	Physisch	A	0,24
ALL	SPDR	IE00B8GF1M35	Dow Jones Global Real Estate Securities (RESI)	Physisch, sampling	A	0,40
Eu	ComStage	LU0378436793	STOXX® Europa 600 Real Estate	Physisch	A	0,25
Eu	db x-trackers	LU0489337690	FTSE EPRA/NAREIT Developed Europa	Physisch, sampling	T	0,33
Eu	iShares	IE00B0M63284	FTSE EPRA/NAREIT Developed Europe ex UK Dividend	Physisch	A	0,40

Gut zu wissen
REITs sind Aktiengesellschaften, die mit Immobiliengeschäften Geld verdienen und für die unter anderem vorgeschrieben ist, dass sie einen großen Teil der Gewinne ausschütten. Sie können auch selbst REITS kaufen; Beispiele enthält Tabelle 15.

Direktes Immobilieninvestment Viele träumen davon, ein Haus oder eine Wohnung nicht nur zu bewohnen, sondern auch ihr Eigen nennen zu dürfen. Die »eigenen vier Wände« oder das »Eigenheim« heißt es dann, »Betongold« und dergleichen. Warum Miete zahlen, wenn man auch eine Hypothek bedienen kann? Das klingt nach einer vernünftigen Frage. Und es ist auch eine vernünftige Frage, jedenfalls wenn sie nicht nur rhetorisch gemeint ist, sondern ergebnisoffen. Denn Kaufen statt Mieten ist längst nicht immer die wirtschaftlichere Lösung. Oftmals scheint es nur so.

Wer eine Immobilie kauft, zahlt nicht nur den Kaufpreis dafür, sondern auch weitere Gebühren, zum Beispiel für den Notar und die Grunderwerbsteuer sowie die gegebenenfalls anfallende Maklerprovision. Diese Nebenkosten können 10 %, 15 % oder gar mehr des Kaufpreises ausmachen und werden auf diesen aufgeschlagen. Das heißt, es ist auch Kapital, das nicht anderweitig investiert werden kann und durch die Wertsteigerung und gegebenenfalls Mieteinnahmen oder -ersparnis erst erwirtschaftet werden muss. Später fallen dann laufend Zahlungen für die Instandsetzung oder Rückstellungen an, die sonst in der Miete enthalten sind. All diese Ausgaben müssen Sie berücksichtigen, wenn Sie die Rendite einer selbst genutzten oder vermieteten Immobilie berechnen. Vermutlich würden Sie Ihren Immobilienkauf zum Teil über Kredit finanzieren. Die Hypotheken- und Zinszahlungen dafür sind natürlich ebenso eine Ausgabe wie die Anzahlung auf den Kaufpreis. Ganz zu schweigen von der Zeit, die Sie für den Kauf und die Verwaltung einer Immobilie aufwenden müssen. Auch der Ölfonds weist für den Immobilienteil eine erheblich höhere Kostenquote aus als für den finanziellen Teil des Fonds, also die Aktien und Anleihen.

Auf der Einnahmeseite stehen die Mieteinnahmen beziehungsweise – sofern Sie Ihre Immobilie selbst bewohnen – die Mietersparnis und natürlich die Wertsteigerung. Lassen Sie sich von den rasant steigenden Preisen der vergangenen Jahre in Städten wie Berlin nicht täuschen; lange Zeit legten die Preise in der deutschen Hauptstadt kaum zu. Zumal vor zehn Jahren die Zinsen erheblich höher lagen, für eine preiswertere Wohnung mussten Sie für die monatliche Finanzierung also womöglich genauso viel ausgeben, wie heute für eine erheblich teurere. Die durchschnittliche jährliche Rendite auf die vergangenen 20 Jahre besehen ist erheblich niedriger, als Sie womöglich denken. Zudem gibt es viele, vor allem ländliche Gegenden, in denen die Preise fallen und dies wohl auch in Zukunft tun werden.[74]

Gut zu wissen

Mögliche Renditen eines Immobilieninvestments hängen auch davon ab, wie viel Eigenkapital Sie für Haus oder Wohnung mitbringen und welchen Anteil des Kaufpreises Sie im Gegenzug über einen Kredit finanzieren. Wenn die Zinsen auf Schulden niedriger sind als die prozentuale Wertsteigerung, steigt die Aussicht auf ein gutes Geschäft. Bedenken Sie aber, dass Sie ehrlicherweise die Wertsteigerung mit der Performance Ihres Zukunftsfonds vergleichen müssen. Zu den Vorteilen einer Immobilie zählt die steuerliche Bevorzugung von selbst genutzten Immobilien im Vergleich zu Finanzanlagen – so ist die Wertsteigerung in ersterem Fall nicht zu versteuern. Allerdings ist davon auszugehen, dass derartige Vor- und Nachteile üblicherweise in den aktuellen Preisen bereits enthalten, also eingepreist, sind.

Bevor Sie sich für einen Kauf entscheiden, sollten Sie alles ganz genau durchrechnen. In jedem Fall gilt: Eine Immobilie stellt ein Klumpenrisiko dar. Das bedeutet, ein Großteil Ihres investierten Kapitals steckt in einer Anlage, die sich entweder gut entwickelt oder schlecht und entsprechend viel Einfluss auf die Gesamtperformance hat. Weil die Wohnung oder das Haus viel Kapital bindet, steigt das Risiko. Wenn der Wert Ihrer Immobilie heute 270.000 Euro beträgt und Ihr nach norwegischer Finanzformel aufgebautes Portfolio 100.000 Euro, dann übt die Rendite der Immobilie entscheidenden

Einfluss auf die Gesamtrendite aus. Einen solchen Effekt versucht der norwegische Ölfonds mithilfe seiner Anlagestrategie zu verhindern.

Es gibt dennoch Gründe, in eine selbst genutzte Immobilie zu investieren. Vor allem wenn die Rendite nicht das entscheidende Kriterium ist. Stehen Sie finanziell sehr solide dar und wünschen sich deshalb, eine Eigentumswohnung oder ein Haus zu besitzen, weil Sie gerne in den eigenen vier Wänden wohnen möchten, die Sie eines Tages an Ihre Kinder vererben können, dann sieht die Rechnung womöglich anders aus. In einem solchen Fall passt die Immobilie nur bedingt in die norwegische Finanzformel, weil sie kein reines Investitionsobjekt ist, sondern im Grunde ein Konsumgut.

Aus Investitionssicht ist ein anderer Aspekt interessant: Sogar wenn die Rendite einer selbst genutzten Immobilie nicht so hoch ist wie die eines Portfolios nach norwegischer Finanzformel, kann sie helfen, entsprechend viel Vermögen anzusparen. Dann zwar nicht im Zukunftsfonds, sondern in Form der Immobilie. Es zeigt sich nämlich, dass Eigenheimbesitzer diszipliniertere Sparer sind. Das Phänomen heißt »Zwangssparen«. Wer eine Hypothek bedienen muss, hat keine Wahl: Jeden Monat muss für Zinsen und Tilgung ein bestimmter Betrag überwiesen werden. Dieser dient dazu, die Schulden bei der Bank abzubauen, und baut gleichzeitig das Immobilienvermögen auf (denn je mehr des Kredites abbezahlt ist, desto höher der Nettowert der Immobilie – also deren Preis minus Schulden). Freies Sparen und Investieren, zum Beispiel in ETFs nach der norwegischen Finanzformel, erfordert hingegen mehr Selbstdisziplin. Hier haben Sie den Vorteil, dass die monatlichen Raten flexibel sind und gemäß der aktuellen Lebenslage nach oben oder unten angepasst werden können. Das bringt aber auch den Nachteil mit sich, dass Sie vielleicht manchmal gar nicht so viel zur Seite legen, wie es im Falle eines Immobilienkaufs und den von der Bank vorgegebenen monatlichen Raten getan würde. Theoretisch nämlich sollten Sie als Mieter oder Immobilienbesitzer unabhängig davon, was Sie ohnehin schon sparen, monatlich grob gesagt die gleichen Ausgaben haben:

- Entweder Sie bezahlen Zinsen und Tilgung sowie Hausgeld (für die Instandhaltung).
- Oder Sie bezahlen Miete, die üblicherweise niedriger sein sollte als die Summe aus den vorherigen drei Posten. Dann legen Sie diese Er-

sparnis nach der norwegischen Finanzformel an und investieren die entsprechende Summe zusätzlich in den Zukunftsfonds.

Gut zu wissen

Wer weiß, dass »Zwangssparen« ein wesentlicher Grund dafür ist, dass Immobilienbesitzer häufig mehr Vermögen haben als Mieter, dem fällt es womöglich leichter, auch als Mieter Spardisziplin zu zeigen. Dann investieren Sie, wie es die norwegische Finanzformel vorsieht, beständig und bauen stetig ein Vermögen auf – sogar ganz ohne Immobilienbesitz – und bleiben dabei auch noch flexibler, als wenn Sie ein Haus oder eine Wohnung kaufen würden.

Unbedingt dranbleiben

Ein essenzieller Bestandteil der norwegischen Finanzformel ist, stetig zu investieren. Es spielt keine Rolle, ob es gerade turbulent an den Märkten zugeht oder ruhig, stets wird das Portfolio aufgestockt. Allenfalls wenn die eigene wirtschaftliche Situation sich ändert und plötzlich mehr oder weniger Geld zum Sparen vorhanden ist, wird die Summe angepasst (siehe den Abschnitt »Planbarkeit« in Kapitel 4).

Die Einkünfte von Angestellten sind erheblich stabiler als die norwegischen Öleinnahmen. Deshalb sollte die von ihnen regelmäßig zur Seite gelegte Summe deutlich weniger schwanken als bei den Norwegern. Selbst wenn Sie Unternehmer oder Freiberufler mit unsteten Einnahmen sind, empfiehlt es sich, einen festen monatlichen Betrag anzulegen und diesen dann gegebenenfalls am Jahresende aufzustocken, falls Sie doch mehr Geld als gedacht erübrigen können. So ist garantiert, dass Sie stetig einen Mindestbetrag investieren – ganz nach norwegischem Vorbild.

Am besten lässt sich dieser Teil der norwegischen Finanzformel durch automatisiertes, regelmäßiges Anlegen realisieren. Die meisten Banken nennen das einen Sparplan. Mit diesem Dauerauftrag wird stets derselbe Betrag überwiesen. Das bringt mehrere Vorteile mit sich:

- **Das Risiko, komplett zu einem besonders schlechten Zeitpunkt, also zu relativ hohen Kursen, in den Markt einzusteigen, entfällt:** Damit entgeht Ihnen natürlich auch die Chance, all Ihr Geld zu investieren, wenn die Kurse gerade relativ schwach sind. Banken sprechen hier häufig vom Durchschnittskosteneffekt, preisen diesen allerdings lediglich positiv an. Letztlich handelt es sich nur um einen psychologisch beruhigenden Effekt. Denn Sie gehen ja davon aus, dass die Preise der Wertpapiere langfristig steigen werden. Ob sie aber gerade schon relativ hoch sind und womöglich vor einer Korrekturphase stehen, auf die dann wieder ein Aufschwung folgt, oder ob sie immer noch relativ niedrig sind, wissen Sie immer erst hinterher.
- **Das Investment reißt nicht plötzlich ein Loch in Ihre Finanzen:** Stattdessen ist Ihre Sparrate einfach einer unter vielen Ausgabeposten.
- **Eine Kombination mit größeren Einmalzahlungen ist möglich:** Startkapital, eine Erbschaft oder ein Bonus wie etwa Weihnachtsgeld können jederzeit zusätzlich eingezahlt werden.
- **Die Kosten sind oftmals geringer:** Banken verlangen für Sparpläne häufig niedrigere oder keine Gebühren. Und Sie sparen sich jede Menge Arbeit und damit Zeit, weil automatisch gekauft wird.
- **Der größte Vorteil ist vermutlich die Selbstdisziplinierung:** Sie haben schon gelernt, dass Privatanleger – und nicht nur die – bei fallenden Kursen dazu neigen, zu verkaufen, statt beharrlich ihrer Strategie zu folgen und weiter zu investieren. Später, wenn die Märkte sich längst erholt haben, steigen sie dann vielleicht wieder ein – zu höheren Kursen, als zu denen sie zuvor verkauft haben. Das ist psychologisch verständlich, aber ein großer Fehler, der dazu führt, Verluste zu realisieren und Gewinne zu vermeiden.

Gut zu wissen

Der simpelste Trick, um unabhängig von der Marktlage zu investieren, ist, dies automatisch regelmäßig zu tun. Wenn Sie sich nicht jedes Mal bei Ihrer Bank einloggen müssen, um eine Kauforder zu erteilen, sondern diese ohne ihr Zutun an einem bestimmten Datum ausgeführt wird, ist das Risiko geringer, dass Sie diese wegen der aktuellen Marktlage überstürzt stoppen. Ebenso riskieren Sie nicht, dass das Geld nicht investiert wird, weil Sie vergessen, eine Kauforder zu tätigen oder weil gerade etwas vermeintlich Wichtigeres ansteht, wofür Sie es lieber ausgeben. Die Lösung, um wie die Norweger stetig zu sparen, heißt deshalb Sparplan.

Am besten legen Sie automatisch gleich nach Gehaltseingang jeden Monat dasselbe an, ganz bequem per Dauerauftrag. Indem Sie Geld ins Portfolio einzahlen, sobald es auf Ihrem Konto eingegangen ist, steht es nicht mehr zur Verfügung, wenn die anderen Ausgaben anfallen. So kommen Sie nicht in Versuchung, es »ausnahmsweise« zu einem anderen Zweck zu verwenden. Auf diese Weise ahmen Sie den norwegische Ölfonds nach, in den zunächst die gesamten Öleinnahmen fließen. Zudem befolgen Sie einen Rat des aktuellen Wirtschaftsnobelpreisträgers Richard Thaler, der ebenfalls für eine derartige Automatisierung plädiert.[75] Denken Sie daran, den Sparbetrag einmal jährlich zu erhöhen, etwa um den Prozentsatz ihrer Gehaltssteigerung, mindestens aber um die Inflationsrate. Das kostet Sie real nicht mehr, bringt aber viel.

Alles klar? 10 Schritte zur Eröffnung Ihres Zukunftsfonds:

1. Starten Sie mit einem Kassensturz und schaffen Sie sich einen Überblick darüber, welches Vermögen Sie schon haben. Berücksichtigen Sie dabei Wertpapiere ebenso wie Immobilien und Bares sowie bedeutende Wertgegenstände. Denken Sie dabei auch darüber nach, wie hoch und wie sicher Ihr zukünftiges Einkommen sein wird.
2. Überlegen Sie, wofür Sie sparen möchten und wie sicher Sie ein bestimmtes finanzielles Ziel erreichen müssen.
3. Schauen Sie sich ihre Einnahmen und Ausgaben an und kalkulieren Sie, was Sie monatlich investieren können und möchten. Bedenken Sie, dass es häufiger leichter als gedacht ist, noch

30 Euro monatlich zusätzlich einzusparen und zu investieren. Auf Dauer ergeben auch solch kleinere Beträge ein angenehmes Extrasümmchen.

4. Legen Sie die Sparrate fest, die zu Ihnen passt, und nehmen Sie sich vor, am Ball zu bleiben. Dazu gehört neben einem Sparplan mit Dauerauftrag auch, im Laufe der Jahre Rebalancing vorzunehmen.
5. Setzen Sie sich mit dem kurzfristigen Verlustrisiko von Aktien ebenso wie mit den damit verbundenen längerfristigen Chancen auseinander und bestimmen Sie darauf basierend die Aktienquote.
6. Entscheiden Sie als Nächstes, ob und wie stark Sie Schwellenländer und Small Caps übergewichten.
7. Wählen Sie für alle Vermögensklassen die passenden Indizes und dazu passende Produkte (konkrete Beispiele in den entsprechenden Tabellen hier im Buch).
8. Überlegen Sie, ob Sie Immobilien als dritte Anleiheklasse mit aufnehmen. Falls Sie am Kauf einer Immobilie zur Eigennutzung interessiert sind, seien Sie sich darüber im Klaren, dass das aus finanzieller Sicht nicht immer eine gute Wahl ist. Setzen Sie sich mit den Vor- und Nachteilen auseinander und entscheiden Sie erst, wenn Sie mehrere Szenarien durchgerechnet haben. Kaufen Sie nur dann eine Immobilie, wenn Sie sich sicher sind, dass das längerfristig die bessere Entscheidung ist. Dabei dürfen auch andere Aspekte als der mögliche finanzielle Gewinn eine Rolle spielen.
9. Falls Sie schon ein wenig Geld auf dem Konto angespart haben, nehmen Sie das als Startkapital. Wenn es in anderen Wertpapieren steckt, denken Sie darüber nach, diese zu verkaufen und lieber in Ihren Zukunftsfonds einzuzahlen. Bedenken Sie dabei auch mögliche steuerliche Konsequenzen.
10. Erwägen Sie, Jahresboni, Erbschaften oder sonstige Extrazahlungen, die Sie später erhalten, aber nicht sofort benötigen, ebenfalls in Ihren Zukunftsfonds einzuzahlen. Mit dem Geld können Sie einfach so am Markt zukaufen.

Am Ende gewinnt immer die Bank? Bloß nicht.

Staatliche Investmentvehikel sind hervorragende Möglichkeiten, um Ex-Politikern bestens bezahlte Posten zu besorgen – auf Kosten der Allgemeinheit. Nicht so in Norwegen. Dort führen Experten den Ölfonds – zu Gunsten der Allgemeinheit. Die verdienen zwar auch gut, schreiben Kostenkontrolle aber groß. Deshalb ist die Verwaltung des Fonds ziemlich preiswert. Das liegt auch daran, dass mittlerweile streng darauf geachtet wird, welche externen Mandate vergeben werden und wie diese vergütet werden. Die Managementkosten des Ölfonds liegen bei nur rund 0,05 % des Fondsvolumens.

Auch wenn es illusorisch sein dürfte, eine solch niedrige Quote als Privatinvestor zu erreichen, so sollten Sie den norwegischen Kostenfokus stets im Hinterkopf haben. Investitionsbezogene Ausgaben niedrig zu halten ist eine der einfachsten Möglichkeiten, um besser abzuschneiden als die meisten anderen Privatinvestoren.

Gut zu wissen

Informieren Sie sich am besten online über aktuelle Konditionen und Angebote verschiedener Banken und vergleichen Sie die Kosten der Anbieter gründlich: wie *www.finanztip.de*, *www.test.de/geldanlage-banken* oder *www.justetf.com*.

Bevor Sie anfallende Gebühren verringern oder gar ganz vermeiden können, müssen Sie wissen, welche Kosten überhaupt im Rahmen Ihres Zukunftsfonds anfallen. Dies sind:

- **Handelsgebühr:** Jede Bewegung in Ihrem Depot kostet zunächst einmal Geld. Denn egal, ob Sie Wertpapiere kaufen oder verkaufen, üblicherweise müssen Sie Ihre Bank dafür bezahlen.
- **Ausgabeaufschlag:** Neben den gewöhnlichen Handelsgebühren verlangen vor allem aktiv gemanagte Fonds noch Ausgabeaufschläge von zum Teil mehreren Prozent. Manchmal ist das auch bei ETFs der Fall.

- **Depotgebühr:** Diese hängen je nach Bank vom Volumen des Depots und/oder von der Anzahl der Posten ab und werden meist jährlich oder einmal im Quartal fällig. Direktbanken nehmen häufig keine Depotgebühr.
- **Verwaltungsgebühren:** Aktiv gemanagte Fonds, die Banken Ihnen anbieten, kosten in Deutschland oft 1 bis 2 % Verwaltungsgebühren pro Jahr, ETFs hingegen meist deutlich unter 0,5 %. Bei Einzelaktien entfallen Verwaltungsgebühren ganz.
- **Persönliche Transaktionskosten:** Die direkt anfallenden monetären Kosten mögen am augenscheinlichsten sein, sind aber längst nicht alles. Wie viel Zeit Sie in Ihre Geldanlage stecken, ist auch relevant. Die damit verbundenen Kosten unterschätzt man leicht. Freiberuflern und Selbstständigen fällt es in der Regel leichter, die Kosten zu beziffern, die anfallen, wenn sie sich um ihre Geldanlage statt um neue Aufträge kümmern. Doch auch Angestellte sollten bedenken, dass viel Arbeit mit dem Investment Kosten bedeutet – in Form von Stress und weniger Freizeit.

Wie können Sie die anfallenden Kosten senken? Wenn Sie wie der Ölfonds Ihren Zukunftsfonds überwiegend selbst managen, haben Sie die Ausgaben zu einem großen Teil in der Hand. Sie können diese oft deutlich reduzieren, indem Sie günstige Produkte wählen und einen Wechsel zu einem anderen Finanzinstitut in Betracht ziehen. Meist sind es die Direktbanken wie Consors, Comdirect und andere, die die besten Konditionen bieten. Klassische Filialbanken wie die Deutsche Bank oder die Commerzbank sowie die lokale Sparkasse bieten häufig auch Depotmodelle, die erheblich preiswerter sind als das Standardangebot. Achten Sie überall auf die Kosten: Vielfach gibt es Finanzprodukte ohne Ausgabeaufschlag oder Sparpläne, bei denen keine oder niedrigere Handelsgebühren anfallen als bei einer Einmalanlage. Zugegeben, das Angebot ist nicht gerade übersichtlich. Das liegt unter anderem daran, dass die Gebührenstrukturen sich oft ändern – zu oft, um Ihnen an dieser Stelle aktuelle konkrete Hinweise geben zu können. Die im Anhang angegebenen Websites können Ihnen dabei aber helfen.

Was Ihre persönlichen Transaktionskosten angeht, machen Sie es am besten wie die Norweger und verbringen nicht so viel Zeit mit Ihrer Geldanlage vor dem Computer. Die Norweger gelten nämlich auch deshalb als besonders glücklich, weil sie ihrer Freizeit einen hohen Stellenwert einräumen. In Oslo und Umgebung sehen Sie häufig schon am Nachmittag unter der Woche im Winter jede Menge Leute auf den Skiloipen und im Sommer beim Wandern.

Gut zu wissen

»We are living in a happy nation« – eine der bekanntesten Songzeilen der neueren Popgeschichte stammt zwar aus Schweden, ist laut Vereinten Nationen aber mindestens genauso auf Norwegen zu münzen. Denn das Land gehört wie die anderen nordischen Länder regelmäßig zur Spitzengruppe im World Happiness Report[76] und hat damit glücklichere Bewohner als die meisten anderen Staaten. Mit Finnland, Dänemark, Island, Norwegen und Schweden liegen von den sieben bestplatzierten Ländern in der im März 2020 publizierten Ausgabe fünf im Norden. Und Deutschland? Belegt aktuell Platz 17.

Freiheit, Solidarität, Gesundheit und ein funktionierender Staat sind laut UN wesentliche Faktoren dafür, dass die Norweger sich selbst so glücklich schätzen. Natürlich trägt auch der wirtschaftliche Reichtum zum Glücksgefühl bei, reicht aber bei Weitem nicht aus. Das erklärt vielleicht, warum der Ölstaat Katar weit abgeschlagen auf dem 65. Platz landet. Geld ist nun einmal nicht wichtiger als Freiheit.

Die Vereinten Nationen gehen in ihrem Bericht sogar auf den Ölreichtum Norwegens und den Ölfonds ein: »Norwegen gelangt trotz niedrigeren Ölpreises an die Spitze des Rankings. Manchmal heißt es, dass Norwegen sein so hohes Glücksgefühl nicht wegen, sondern trotz des Ölreichtums erreicht und aufrechterhält. Weil es sich dazu entschieden hat, das Öl langsam zu fördern und die Überschüsse lieber für die Zukunft zu investieren, statt jetzt auszugeben, ist es Norwegen gelungen, aus dem Boom-Bust-Zyklus anderer rohstoffreicher Staaten herauszukommen. Damit das gut gelingt, braucht es ein hohes Maß an gegenseitigem Vertrauen, gemeinsame Ziele, Generosität und gutes Regieren.«

Auf dem Laufenden bleiben

Dieses Buch über den norwegischen Ölfonds zu schreiben war nur möglich, weil dieser äußerst transparent agiert. Jedes Quartal wird ein rund 50 Seiten starker Bericht veröffentlicht und einmal im Jahr ein erheblich umfangreicherer. Das Mandat der Regierung steht ebenso im Internet wie das Stimmverhalten des NBIM auf Hauptversammlungen sowie die Ethikberichte. Zu den Jahresberichten gehört eine aktuelle Liste mit einem genauen Überblick über die Wertpapiere, die der Ölfonds am Jahresende hält.

Um zu messen, wie erfolgreich Sie sind und ob Ihre Anlage noch zu Ihrer Strategie passt, sollten Sie ähnlich verfahren. Weil es bei Ihnen nicht um Milliardenbeträge geht und Sie auch nicht im Auftrag der Bürger handeln, reicht es jedoch, wenn Sie dafür sorgen, dass Sie bei Bedarf schnell die Eckdaten Ihres Investments zur Hand haben.

Wenn Sie eine Familie haben oder in einer Partnerschaft leben, ist das Geld, das Sie anlegen, womöglich auch dazu da, um für andere (mit) vorzusorgen, zum Beispiel fürs Studium, die gemeinsame Rentenzeit, oder es soll den zu vererbenden Kapitalstock bilden. In dem Fall ist es gut, wenn Sie den anderen gegenüber regelmäßig Rechenschaft ablegen und das Portfolio sowie die aktuelle Rendite präsentieren können. Wenn Sie das Vermögen nur für sich aufbauen, sollten Sie die Daten für sich selbst ebenfalls zur Hand haben.

Ein bisschen Buchführung muss sein

Nehmen Sie sich fest vor, jederzeit alle wichtigen Informationen des Portfolios in leicht verständlicher Form griffbereit zu haben. Am wichtigsten ist die Portfoliostruktur. Daraus sollte die Aufteilung auf die Vermögensklassen, die geografische Aufteilung sowie gegebenenfalls der Anteil von Small Caps sowie Schwellenländern hervorgehen. Die Struktur ist die Basis für Rebalancing und damit die einzige Information, die Sie sich wirklich regelmäßig anschauen müssen, schließlich geht es darum, ab und an aktiv zu werden.

Auch die jährliche Ansparsumme gilt es stets im Blick zu haben. Daran sehen Sie, wie viel Geld Sie pro Jahr eingezahlt haben und ob das noch Ihrem Plan entspricht. Denken Sie daran, wie wichtig Beständigkeit ist. Nur im Notfall sollten Sie die Sparrate absenken oder aussetzen.

Es gibt noch etliche weitere Kennzahlen und Informationen, die zugänglich sein sollten, um einen Überblick zu behalten:

- **Rendite des abgelaufenen Kalenderjahrs:** Aus dieser geht hervor, wie erfolgreich Ihr Investment in den vergangenen zwölf Monaten war und wie es sich im Vergleich zu anderen Indizes und Anlageformen geschlagen hat.
- **Durchschnittliche jährliche Rendite seit Auflegung:** Das ist eine etwas längerfristige Betrachtung, die Ihnen auch hilft, zu verstehen, dass Schwankungen einfach dazugehören, auf Dauer aber zu einem großen Teil ausgeglichen werden.
- **Gesamtrendite:** Leichter verständlich als Durchschnittswerte ist häufig, wie stark Ihr Investment prozentual und absolut insgesamt zugelegt hat. Das zeigt dieser Wert.
- **Transaktionen:** Hierzu zählen Käufe und Verkäufe sowie Ausschüttungen (Dividenden). Sie sollten stets im Blick haben, wann Sie welches Wertpapier für welche Summe gekauft haben und wie viel Dividende Sie erhalten. Nur so können Sie die oben genannten Renditen errechnen. Die Transaktionsdaten sind auch wichtig, wenn Sie Steuerzahlungen berechnen wollen. Zwar kümmert sich die Bank darum, dass die Quellensteuer, die Sie schulden, abgeführt wird. Sie sollten aber auch stets den Überblick behalten, was so pro Jahr an den Staat gezahlt werden muss.
- **Aktueller Wert:** Natürlich sollten Sie im Blick haben, wie viel Ihr persönlicher Zukunftsfonds gerade aktuell wert ist. Wenn Sie alle Papiere bei nur einer Bank halten, ist dies ganz einfach, sonst müssen Sie mehrere Depots aufaddieren.

Fertigen Sie, sobald Sie mit dem Investieren beginnen, einmal im Jahr einen kleinen Bericht an, aus dem die Entwicklung Ihres Zukunftsfonds in den vergangenen zwölf Monaten hervorgeht. Am besten machen Sie die Aufstellung so, dass Sie die Ergebnisse für das Gesamtportfolio sehen. Einen großen Teil der Daten sollten Sie automatisch von Ihrer Bank bekommen. Überlegen Sie sich gut, wie oft Sie sich jede einzelne Anlage und Anlageklasse anschauen. Denn natürlich wird es da erheblich stärkere Ausschläge geben. Bedenken Sie, dass es am wichtigsten ist, an Ihrer Strategie, also der Portfoliostruktur und der Sparrate, festzuhalten. Lassen Sie sich nicht davon irritieren, falls zwischendurch mal eine alles andere als schöne Rendite auftaucht. Denken Sie in solchen Fällen daran, dass auch der norwegische Ölfonds auf seinem Weg zum Erfolg Dämpfer hinnehmen musste und dass das im langfristig orientierten Kapitalmarkt dazugehört. Zwischenzeitliche Rückschläge sind das Risiko, das es zu tragen gilt, um langfristig erfolgreich zu sein.

Gut zu wissen

Banken liefern Übersichten über Renditen und andere relevante Informationen zu Ihrem Depot häufig gut präsentiert online. Sollten Sie jedoch das Finanzinstitut wechseln – etwa weil Sie ein kostengünstigeres Angebot gefunden haben –, gehen historische Daten verloren. Auch helfen Ihnen diese Daten nur bedingt, falls Sie mehrere Depots unterhalten, denn dann müssen Sie alles zu einem Portfolio zusammenführen. Daher sollten Sie vorsichtshalber mehrgleisig fahren und die entsprechenden Daten zusätzlich in eine Excel-Tabelle übertragen oder bei einem bankenunabhängigen Anbieter speichern. Wie gehabt empfehle ich *www.justetf.com* und *www.morningstar.de*. Beide helfen Ihnen, die Struktur Ihres Portfolios zu durchschauen, wobei die Angaben bei Morningstar zum Teil detaillierter sind. Dafür errechnet JustEtf Vorschläge fürs Rebalancing. Teilweise sind diese Angebote kostenlos. Auch Finanzsoftware wie MoneyMoney kann hilfreich sein.

Ganz besonders wichtig ist, dass Sie sich und anderen gegenüber erläutern können, warum das Geld genau so und nicht anders angelegt ist, also Ihre Strategie verstanden haben und erläutern können – auch wenn Ihr Zukunftsfonds oder Teile davon einmal mächtig in den Miesen ist. Dann haben Sie auch gute Aussichten, dass Sie auf lange Sicht mit einem soliden Vermögen dastehen, das Sie nicht nur gar nicht so viel Geld, sondern vor allem auch nicht so viel Zeit und Mühen gekostet hat.

Alles klar? Das müssen Sie hinsichtlich Kostenkontrolle und Transparenz beachten

1. Liegen die jährlichen prozentualen Gebühren für alle ETFs in Ihrem Zukunftsfonds im Durchschnitt unter 0,5 % (berechnen Sie diese so, dass ein ETF, der 1/3 ihres Portfolios ausmacht, auch bei den Gebühren entsprechend berücksichtigt wird)?
2. Betragen die Gebühren je Sparrate nicht mehr als 2 % (bei Sparraten von 100 Euro und mehr sollten sie drunter liegen)?
3. Wie gut ist das Angebot kostenloser Sparpläne?
4. Ist die Depotführung gratis?
5. Was bietet welche Bank derzeit als Angebot für Neukunden?
6. Können Sie jederzeit herausfinden, wie die Struktur Ihres Portfolios aussieht, und diese Information dann als Basis für eine Rebalancing-Entscheidung nutzen?

Auf die Plätze …

Sobald Sie sich entschieden haben, nach der norwegischen Finanzformel anzulegen und wissen, welche Produkte Sie kaufen wollen, sollten Sie alle mit Ihrem Einstieg ins systematische Investieren verbundenen Formalien erledigen. Denn erst wenn Sie ein Depot haben, können Sie richtig loslegen. Dazu eine kleine Checkliste:

1. **Wählen Sie die richtige Bank:** Dabei ist es besonders wichtig, auf die Kosten und das Produktangebot zu achten. Aktuelle Preisvergleiche finden Sie im Netz unter *www.finanztip.de, www.justetf.com, www.test.de/geldanlage-banken/.* Falls Sie schon bei einer Bank sind, schauen Sie, ob diese wirklich die günstigste ist. Wenn nicht, brauchen Sie nicht gleich komplett zu wechseln. Es reicht, Ihr Depot bei der preiswerteren Bank einzurichten, das Girokonto müssen Sie nicht wechseln. Haben Sie schon ein Depot bei einer Bank, die aber zu teuer ist, so können Sie das ganz einfach umziehen. Oft-

mals erhalten Sie dann sogar noch eine Prämie. Beachten Sie, dass der Übertrag eines Depots bestimmt eine Woche, manchmal sogar länger dauert. Während dieser Zeit haben Sie keinen Zugriff auf Ihre Wertpapiere. Auch wenn Sie diese verkaufen wollen, lohnt häufig der komplette Umzug des Depots. Denn vermutlich sind auch die Verkaufsgebühren bei der neuen, preiswerteren Bank niedriger.

2. **Eröffnen Sie ein Depot mitsamt Verrechnungskonto:** Das Depot enthält Ihre Wertpapiere, das Verrechnungskonto ist jenes, von dem für jeden Kauf Geld abgebucht wird und wohin Erlöse aus Verkäufen sowie Dividenden überwiesen werden. Da Direktbanken normalerweise preiswerter sind als Filialbanken, benötigen Sie vermutlich ein Online-Depot. Dies beantragen Sie im Internet über die Website der jeweiligen Bank. Dafür laden Sie das entsprechende Formular im Netz runter, füllen es aus und gehen entweder zur Post, um dort Ihre Identität mittels Ausweisdokument bestätigen zu lassen, oder nutzen mit Videofunktion das entsprechende Online-Verfahren.
3. **Stellen Sie Geld bereit. Bevor Sie kaufen können, müssen Sie Geld auf das Verrechnungskonto einzahlen:** Das machen Sie am besten per Dauerauftrag von Ihrem Girokonto. Sorgen Sie dafür, dass Ihre monatliche Sparrate alle vier Wochen automatisch von dort auf das Verrechnungskonto fließt und damit für Investitionen zur Verfügung steht. Haben Sie schon Startkapital, so beginnen Sie damit, dieses zu überweisen.
4. **Legen Sie los:** Kauf- und Verkaufaufträge sollten Sie stets online abgeben, das ist auch bei Filialbanken einfacher und preiswerter als vor Ort. Zumal Sie am Schalter riskieren, dass der Bankberater Ihnen doch noch eine von den teureren Lösungen aufschwätzt, an denen das Geldinstitut mehr verdient. Bevor Sie das erste Mal handeln, werden Sie auf die damit verbundenen Risiken hingewiesen. Lesen Sie sich diese gut durch. Wenn Sie dieses Buch gründlich gelesen haben, sollte Ihnen klar sein, dass Risiken zwar einerseits zu Finanzgeschäften dazugehören, aber andererseits mit den richtigen Produkten durch Diversifikation reduziert werden können und vor allem kurzfristig hoch sind, langfristig aber erheblich geringer ausfallen.

5. **Handeln Sie.** Für den konkreten Auftrag an Ihre Bank geben Sie die internationale Wertpapierkennnummer ISIN in die entsprechende Kauf- oder Verkaufsmaske ein, bestimmen die Stückzahl und legen gegebenenfalls ein Preislimit fest und wählen einen Börsenplatz (XETRA-Handel und Frankfurt sind besonders üblich, vergleichen Sie aber Preise und Gebühren).
6. **Programmieren Sie einen Sparplan.** Der Betrag, den Sie monatlich vom Giro- aufs Verrechnungskonto überweisen, muss ebenso regelmäßig investiert werden. Dazu dient Ihr Sparplan, den Sie nach dem gleichen Muster wie eine Kauforder abgeben – nur dass regelmäßig statt nur einmalig gekauft wird.
7. **Denken Sie ans Rebalancing.** Mindestens einmal im Jahr sollten Sie schauen, ob die Aufteilung Ihres Portfolios auf die Vermögensklassen noch im Rahmen der zuvor definierten Schwankungsbreite ist. Wenn nicht, schichten Sie um. Die Website *www.justetf.com* bietet gegen eine Gebühr an, diese Aufgabe automatisch zu übernehmen.

6 Aber bitte mit Ethik

Finanzieller Erfolg wird in Prozent oder Euro ausgedrückt. Norwegen achtet jedoch darauf, nicht um jeden Preis Gewinne zu machen, sondern bei der Geldanlage selbst auferlegte ethische Richtlinien einzuhalten. Dass muss sich nicht negativ auf die Rendite auswirken. Auch Sie können bei Ihren Investitionen Rücksicht nehmen und Ihren persönlichen ethischen und moralischen Vorstellungen gemäß nachhaltig handeln. Der Finanzmarkt hält hierfür passende Produkte bereit – ganz im Sinne der Anlagestrategie nach der norwegischen Finanzformel.

Öl und Ethik – (k)ein Widerspruch?

Norwegen ist bekannt als umweltfreundliches Land. Es setzt bei der Stromerzeugung fast ausschließlich auf Wasserkraft und hat weltweit den größten Anteil an emissionsfreien Elektroautos im Straßenverkehr. Gleichzeitig ist das Land ein besonders großer Öl- und Gasexporteur – daher rührt ein guter Teil der wirtschaftlichen Stärke Norwegens und natürlich auch das im Ausland angelegte Milliardenvermögen. Der Ölfonds speist sich schließlich aus den Gewinnen, die Norwegen mit dem Export dieser fossilen Rohstoffe macht. Wir alle wissen, dass nicht nur die Verbrennung von Kohle, sondern auch die von Öl und – in geringerem Maße – Gas ein großer Klimakiller ist. Was Elektrizitätserzeugung und Mobilität angeht, weiter so stark auf diese Ressourcen zu setzen bedeutet, dass die Erderwärmung über die angepeilten 2 Grad Celsius steigt.[77]

Wenn Norwegen und der Ölfonds nun als besonders ethisch verantwortungsvoll auftreten, zeugt das von einer gewissen Doppelmoral, die in den Medien auch immer wieder thematisiert wird.[78]

Das klassische Gegenargument lautet: »Wenn wir es nicht machen, macht es jemand anders.« Soll heißen: Das Öl, das Norwegen nicht fördern und exportieren würde, käme dann eben aus Russland oder Saudi-Arabien. Es würde dennoch klimaschädlich verfeuert und womöglich sogar unter problematischeren Bedingungen gefördert. Da ist sicherlich etwas Wahres dran. Im Großen und Ganzen handeln Norwegen und der Ölfonds sicherlich verantwortungsbewusster als viele Staaten und Investoren. Zudem darf man nicht vergessen, dass es die Konsumenten sind, die das Öl verbrennen, und nicht Norwegen. Es gehören immer Angebot und Nachfrage zusammen. So hat Norwegen im Jahr 2016 als erstes Land der Erde beschlossen, bei staatlichen Einkäufen keine Produkte mehr zuzulassen, die die Abholzung der Regenwälder beschleunigen.[79] Die Regierung ist sich also bewusst, dass sie einerseits als Teil der globalen Wirtschaft zur Zerstörung der Umwelt beiträgt, bemüht sich aber gleichzeitig darum, die Auswirkungen zu reduzieren. Beim Ölfonds zeigt sich das, indem er in bestimmte Unternehmen nicht investiert und dies verkündet.

Gut zu wissen

In den Anfangsjahren des Ölfonds gab es noch keine klaren ethischen Bestimmungen. Die norwegische Zentralbank hatte einen entsprechenden Wunsch der Linkspartei als zu teuer, riskant und kompliziert abgetan. Doch die verantwortungsbewussten linken Politiker konnten sich letzten Endes durchsetzen: Seit 2004 gibt es für den Ölfonds ethische Richtlinien sowie einen Ethikrat. Mittlerweile genießen die norwegischen Ethikstandards breite Unterstützung und bekommen auch international viel Aufmerksamkeit.

Ab auf die schwarze Liste

Für den Ölfonds hat das Finanzministerium ethische Richtlinien erlassen, die bei den Investitionen zu befolgen sind. Denn es reicht nicht, dass es als legal gilt, was ein Unternehmen macht; die Geschäftspraktiken sollen ethisch-moralischen Wertvorstellungen genügen. Als inakzeptabel gelten:

- umfassende oder systematische Verletzung der Menschenrechte
- starke Umweltverschmutzung
- starke Abhängigkeit vom Energieträger Kohle
- übermäßiger Ausstoß von Klimagasen (Das könnte schon unter das Umweltverschmutzungskriterium fallen. Dass die Richtlinien des Fonds diese Emissionen explizit einzeln auflisten, macht deutlich, dass dem Schaden dadurch besonders viel Bedeutung beigemessen wird und es völlig klar sein soll, dass es sich um inakzeptable Umweltverschmutzung handelt. Andererseits gibt es Spielraum bei der Definition von »übermäßig«.)
- Produktion bestimmter Waffentypen wie Streubomben (Waffenhersteller sind also nicht grundsätzlich ausgeschlossen)
- Herstellung von Tabakprodukten
- Schwere Korruption (Auch hier gibt es also Spielraum bei der Definition, es obliegt der Zentralbank, zu entscheiden, wann ein Fall bedeutend genug ist, um ein Unternehmen auszuschließen.)

So investiert der Ölfonds beispielsweise nicht in Unternehmen, die an der Produktion von Streuwaffen oder Atombomben beteiligt sind (dazu zählen übrigens auch die Flugzeughersteller Boeing und Airbus), gegen grundlegende Arbeitnehmerrechte verstoßen oder durch Kohlekraft den Klimawandel beschleunigen. Man kann darüber streiten, ob die genannten Kriterien ausreichen, in jedem Fall sind sie ein Anfang. Wenn Unternehmen gegen die ethischen Richtlinien des Ölfonds verstoßen, kommen deren Aktien oder Anleihen auf eine schwarze Liste, über deren Zusammensetzung der fünfköpfige Ethikrat entscheidet. Heutzutage bestimmt die norwegische Zentralbank – bis 2015 war es noch das norwegische Finanzministerium –, ob ein Ausschluss wirklich stattfindet, und veröffentlicht die schwarze Liste im Internet.[80] Der

Ölfonds stößt die entsprechenden Anteile in der Folge ab beziehungsweise kauft diese gar nicht erst. Die schwarze Liste wird laufend ergänzt und wächst beständig.

Zehn bekannte ausgeschlossene Unternehmen

Zu den Unternehmen, in die Norwegen derzeit aus verschiedenen ethischen Gründen nicht investiert, gehören:

1. Tata Power, der größte Stromanbieter Indiens, der vom Mischkonzern Tata dominiert wird (Ausschluss wegen starker Abhängigkeit vom Energieträger Kohle)
2. Lockheed Martin, US-amerikanischer Rüstungs- und Technologiekonzern (wegen der Beteiligung an der Atomwaffenproduktion)
3. Honeywell International, großer US-amerikanische Mischkonzern (wegen der Beteiligung an der Atomwaffenproduktion)
4. Airbus, europäischer Flugzeugbauer (wegen der Beteiligung an der Atomwaffenproduktion)
5. Boeing, US-amerikanischer Flugzeugbauer (wegen der Beteiligung an der Atomwaffenproduktion)
6. Philip Morris, US-amerikanischer Tabakkonzern (wegen der Produktion von Tabakwaren)
7. G4S, britischer Sicherheitsdienstleister (wegen Verletzung der Menschenrechte)
8. Duke Energy Corp, US-amerikanischer Energiekonzern (wegen starker Umweltverschmutzung)
9. China Power International Development, Chinesischer Energiekonzern (wegen Kohlebasierter Stromgewinnung)
10. ZTE Corporation, Chinesischer Telekomkonzern (wegen Korruption)

Eine aktuelle Übersicht liefert der Ölfonds online unter *www.nbim.no/en/responsibility/exclusion-of-companies/* .

Die Macht des Großaktionärs

Mit dem Ausschluss aus dem Ölfonds versucht Norwegen, die Unternehmen an ihrer empfindlichsten Stelle zu treffen: indem es ihnen den Geldhahn zudreht. Denn nichts anderes bedeutet es, wenn ein Investor nicht bereit ist, Anteile an einem Unternehmen zu kaufen. Wenn die Norweger kein Kapital (mehr) zur Verfügung stellen, heißt das, von einem der größten Investoren der Erde boykottiert zu werden. Es gibt bei Kapitalerhöhungen also einen kaufkräftigen Investor weniger und damit stehen die Chancen schlechter, sich an der Börse zu einem guten Preis frisches Geld zu besorgen.

Ein solcher Ausschluss durch den Ölfonds bleibt normalerweise nicht unbemerkt. Die Folge: Jede Menge negative Presse, die dem Unternehmen schadet. Ein Beispiel dafür ist Wal-Mart, von dem sich der Ölfonds ziemlich bald nach der Etablierung der Ethikregeln trennte: »Biggest pension fund boycotts Wal-Mart« (»Größter Pensionsfonds boykottiert Wal-Mart«), schrieb der britische *The Guardian* zu der Entscheidung[81] und in den USA titelte das Wirtschaftsmagazin *Fortune*: »Norway to Wal-Mart: We don't want your shares«[82] (»Norwegen zu Wal-Mart: Wir wollen eure Aktien nicht«). Das Unternehmen habe massiv gegen Menschen- und Arbeitnehmerrechte verstoßen, unter anderem weil es Kinderarbeit zuließe und Angestellte dazu zwinge, unbezahlte Überstunden zu machen, hieß es in der Begründung.[83] Da half auch kein Protest des US-Botschafters in Norwegen. Im Gegenteil, der Ölfonds hat auch hier Signalfunktion: Wie schlimm Wal-Mart seine Angestellten zum Teil behandelt, wurde vielen erst durch den Ausschluss aus dem Ölfonds bewusst. Erst 2019 wurde die Divestment-Entscheidung wieder zurückgenommen, laut Holdingsliste war der Fonds aber Ende des Jahres weiter nicht in Wal-Mart investiert.

Auch in der *Financial Times* und *The Wall Street Journal* tauchen die norwegischen Entscheidungen immer wieder auf[84] und die *Süddeutsche Zeitung* schrieb: »Es ist fast ein Politikum, wenn der Fonds gezielt nicht investiert.«[85] Derartige negative Berichterstattung rückt die Unternehmen sowohl bei anderen Investoren wie auch bei Konsumenten in ein schlechtes Licht. Erstere wissen zudem, dass sie nun einen großen Abnehmer weniger für die Aktien haben, die sie an den entsprechenden Unternehmen halten.

Seit NBIM über den Ausschluss von Unternehmen entscheidet, hat das Management des Ölfonds auf Vorschlag des ethischen Rats wenige Unternehmen wieder für investierbar erklärt, darunter: Singapore Technologies Engineering (ausgeschlossen im Jahr 2002 wegen der Beteiligung an der Produktion von Anti-Personen-Minen)[86] und Raytheon (ausgeschlossen im Jahr 2005 wegen der Produktion von Streubomben)[87]. Beide haben Ihr Verhalten also geändert, nachdem sie vom Ölfonds kein Geld mehr bekamen. Allerdings gibt NBIM an, nicht zu wissen, welchen Einfluss genau der Ölfonds hatte.

Die schwarze Liste ist die wohl bekannteste Ausprägung der Ethik des norwegischen Ölfonds. Das Management von NBIM nimmt aber auch auf die Unternehmen, deren Anteile es hält, direkten Einfluss – oder versucht es zumindest, indem es auf Hauptversammlungen das Stimmrecht ausübt.

Norwegen besitzt über seine Aktieninvestments Anteile an etlichen Großunternehmen. Wenn NBIM auf Hauptversammlungen gegen die vorgeschlagene Linie stimmt, erregt das Aufmerksamkeit. So versuchen die Norweger beispielsweise, ihre Vorstellungen von fairer Entlohnung von Vorstandsvorsitzenden durchzusetzen, statt einfach Jahresgehälter jeglicher Höhe durchzuwinken. Bei der Hauptversammlung von Volkswagen im Mai 2017 verweigerte der Ölfonds auf breiter Linie entgegen den Empfehlungen des deutschen Autobauers die Entlastung der Vorstands- und Aufsichtsratsmitglieder und drückte auf diese Weise klipp und klar seine Unzufriedenheit aus.[88] Auch bei Apple, Facebook, Roche, SAP sowie UBS stimmte der Ölfonds manches Mal gegen die Empfehlungen des Managements und forderte beispielsweise, die Macht des Gründers einzuschränken (bei Facebook), oder wollte den **→ Aufsichtsrat** nicht entlasten (bei SAP). Bei den Ölriesen Chevron und Exxon unterstützte Norwegen Vorschläge anderer Aktionäre, die möglichen Auswirkungen des Klimawandels näher zu untersuchen.[89] All diese Entscheidungen, auch neuere aus 2020, können in einer Datenbank online abgerufen werden.[90]

Ein Ökofonds im Ölfonds

Seit 2009 investiert der Ölfonds aufgrund politischer Vorgaben einen sehr kleinen Anteil des Vermögens gezielt nach Umweltkriterien. Es gibt sozusagen eine Art Fonds im Fonds. Ende 2019 waren 6,3 Milliarden Euro, also rund 0,9 %, des des Aktienvolumens, in Anteilen an Unternehmen angelegt, die sich mit alternativen Treibstoffen oder der Ressourcenschonung beschäftigen. Zu den bekannteren unter ihnen zählen beispielsweise die ursprünglich aus Deutschland stammende Linde, Enel aus Italien oder der Elektroautohersteller Tesla. Anteile an diesen Unternehmen sind auch im klassischen Aktienanteil enthalten – dann aber nicht als spezielle Umweltinvestments, sondern, weil diese Unternehmen zu den Märkten zählen, in die der Ölfonds investiert. Im Jahr 2019wurde mit den Öko-Investments im Vergleich zum Gesamtaktienanteil des Ölfonds eine klare Überrendite erzielt. Das Umweltportfolio stieg um 35,8 % während alle Aktien im Fonds im Schnitt 26 % zulegten.

Gut zu wissen
Die Überrendite der Öko-Investments ist natürlich kein Beweis dafür, dass sich die Aktien der dazu zählenden Firmen auch in Zukunft besser entwickeln werden als der Durchschnitt. Auch hier gilt das Prinzip der zu erwartenden durchschnittlichen Rendite, die langfristig auf dem Niveau des entsprechenden Marktes liegen wird und im Lichte des entsprechenden Risikos gesehen werden sollte.

Die Macht der Reichweite

Darüber hinaus veröffentlicht der Ölfonds Positionspapiere. In jüngster Zeit forderte NBIM unter anderem, dass multinationale Unternehmen, in die der Ölfonds investiert, ihre Steuerzahlungen nicht durch dubiose Konstrukte verschleiern, sondern transparent machen. Häufig tritt der Ölfonds direkt mit Unternehmen in Kontakt, trifft sich mit Managern oder fordert Informationen an. So untersuchte NBIM beispielsweise, wie Firmen mit der kostbaren Ressource Wasser umgehen, sich auf die Herausforderungen des Klimawandels vorbereiten und ihre Emissionen senken. Angesichts der vielen Flüchtlinge, die aus Syrien in die Türkei gekommen sind, wandte NBIM sich an Textilfirmen, an denen der Ölfonds Anteile hält, um herauszufinden, wie diese zu verhindern versuchen, dass Zulieferer aus der Türkei diese Arbeiter mittels illegaler Beschäftigung ausbeuten. Das sind Anfragen, wie sie Nichtregierungsorganisationen auch immer wieder stellen, und ein erster Schritt dahin, Unternehmen zu ethischem Verhalten zu motivieren. Einen detaillierten Einblick in die vielen ethischen Aktivitäten des Ölfonds gibt dessen jährlich veröffentlichter Bericht über verantwortliches Investieren.

Gut zu wissen

Aktien sind Anteile an Unternehmen, und wem ein Unternehmen mit gehört, der darf mitbestimmen. Üblicherweise hat jede Aktie auf der Hauptversammlung eine Stimme.[91] Wer die Mehrheit hat, hat die Macht. Es gibt aber auch diverse Minderheitenrechte. So kann die Übernahme durch ein anderes Unternehmen von einem Viertel der Aktionäre blockiert werden. Die sogenannte Sperrminorität liegt damit bei 25 %. Zudem hat jeder Anteilseigner das Recht, zu einer Hauptversammlung zu gehen und dort zu sprechen. Das ist mit Aufwand und Kosten verbunden, den die meisten Kleinaktionäre zu Recht scheuen. Es lohnt aber, zumindest einmal eine solche Veranstaltung zu besuchen. Als Eintrittskarte reicht eine Aktie. Danach werden Sie noch ein bisschen besser verstehen, wie Unternehmen geführt werden, und vermutlich auch einen Eindruck bekommen, wie kompliziert Aktienrecht und das Managen eines Großunternehmens sein können. Mit nur einer Aktie haben Sie auf der Hauptversammlung natürlich so gut wie kein Gewicht. Doch sogar Kleinaktionäre können ein wenig Macht ausüben. Wie, erfahren Sie im nächsten Abschnitt.

Ethisches Investieren für Privatanleger

So wie der Ölfonds gewisse Standards wahren möchte, geht es auch vielen Privatanlegern. Nicht alle Menschen mögen Kohleproduzenten oder Fluggesellschaften Kapital zur Verfügung stellen, schließlich verdienen diese letztlich mit besonders klimaschädlichem Verhalten. Waffenproduzenten oder Zulieferer zur Atomenergieindustrie sind erst recht nicht jedermanns Sache. Dann gibt es noch die Unternehmen, die Gewerkschaften die Arbeit schwer machen, und jene, die auf problematische Art Steuern vermeiden. All das mag im jeweiligen Land legal sein, ist vielen privaten Investoren aber nicht recht. Wie der Ölfonds haben auch Sie gewisse Möglichkeiten, nicht all diese Unternehmen zu stützen.

Wenn Sie nur in Einzelaktien investieren, ist das relativ unkompliziert: Sie wählen einfach nur aus denen, deren Geschäftsmodell Sie akzeptieren können. Bei ETFs, der bevorzugten, weil preiswerten diversifizierten Anlagevariante für Privatanleger, ist das etwas anders. Diese investieren zunächst einmal in alle Papiere eines Index. So sind Sie als Investor stets gezwungen, über den ETF alle Unternehmen, die zum Beispiel im MSCI Germany vertreten sind, zu kaufen und diesen so Geld zur Verfügung zu stellen. Dabei gibt es viele Gründe, gerade das nicht zu wollen, und die häufigsten dürften ethischer Natur sein.

Doch zum Glück gibt es mittlerweile nachhaltige oder ethische ETFs. Wie beim Ölfonds gelten für diese Kriterien, die dazu führen, dass sie in gewisse Unternehmen nicht investieren. Letztlich sind es die Indexanbieter, die diese Spezialform ihrer Indizes erstellen. Die von MSCI mit dem Kürzel SRI (Socially Responsible Investment, also sozial verantwortliche Anlage) gekennzeichneten Indizes schließen Unternehmen aus, die in den folgenden Bereichen tätig sind:[92]

- Alkohol
- Atomenergie
- gentechnisch veränderte Organismen (GVO/GMO)
- Glücksspiel
- militärische Waffen
- Pornografie

- Tabak
- zivile Schusswaffen
- Kohlekraft

Üblicherweise sind nicht nur die Produzenten der Produkte ausgeschlossen, sondern auch Unternehmen, die mit dem Verkauf der entsprechenden Güter mehr als 5 % ihres Umsatzes erzielen. Damit würde also nicht nur ein Alkoholproduzent exkludiert, sondern ebenso ein börsennotierter Großhändler, der einen nicht unerheblichen Teil seiner Einnahmen aus dem Verkauf von Alkoholika erzielt.

Gut zu wissen

Immer wieder gibt es Kritik an Nachhaltigkeitsindizes, darunter auch an denen von MSCI.[93] Beklagt wird, dass zwar die genannten Branchen ausgeschlossen sind, andere von vielen als problematisch angesehene Unternehmen wie beispielsweise der Chemiekonzern Bayer und der Ölriese Total aber nicht. Natürlich würde manch einer sicher auch sein Geld lieber nicht in diese investieren. Von daher hat diese Kritik eine gewisse Berechtigung. MSCI aber sagt, dass diese Firmen in ihrer Branche zu den vorbildlichsten gehören und deshalb für ein relativ nachhaltiges Investment taugen. Das Argument ist nicht von der Hand zu weisen, denn in jedem Fall ist es besser, einen nachhaltigen Index nachzubilden, als auf ethische Standards überhaupt nicht zu achten. Dass auch ethische ETFs nicht perfekt sind, sollte keine Ausrede dafür sein, nicht einmal zu versuchen, ein wenig nachhaltiger zu investieren.

Hier geht MSCI zum Teil strikter, zum Teil weniger strikt vor als der Ölfonds. Zum Beispiel haben die liberalen Norweger keine Probleme damit, einen kleinen Anteil am Flensburger Erotikunternehmen Beate Uhse zu halten (der finanziell allerdings kein gutes Investment war – Beate Uhse meldete Ende 2017 Insolvenz an) oder in Alkoholproduzenten investiert zu sein. Dafür schließt Norwegen Kohleproduzenten aus, ist aber bei Waffenherstellern nicht ganz so streng. Ausgeschlossen werden nur besonders kontroverse Waffentypen wie Atomwaffen oder Landminen. Ende 2019 hielt der Ölfonds zum Beispiel 2,6 % am deutschen Rüstungskonzern Rheinmetall.

Letztlich ist Ethik natürlich auch eine Frage der eigenen Werte. Je höher die Ansprüche, desto schwieriger dürfte es sein, ein Produkt zu finden, das diese erfüllt. In jedem Fall ist der Kauf von MSCI SRI ein erheblicher Fortschritt gegenüber dem Investment in den gesamten Index, zumal MSCI noch weiter geht, als lediglich Hersteller der genannten Produkte auszuschließen. Denn MSCI kombiniert diesen SRI-Ausschluss mit dem sogenannten »Klassenbesten«-Verfahren. Das bedeutet, dass MSCI in diesem Fall nicht nur Unternehmen ausschließt, welche die obigen Produkte herstellen, sondern auch von den verbleibenden nur die Besten in die mit SRI gekennzeichnete Indexvariante aufnimmt. Nur jene, die in den Bereichen Umwelt, Soziales und Unternehmensführung besonders gut abschneiden, kommen in den Index. Diese Kriterien werden üblicherweise auf Englisch abgekürzt. Dann werden die drei Buchstaben ESG verwendet, diese stehen für *environmental*, *social* und *governance*. Drastische Verstöße gegen Umweltschutzstandards und Arbeitnehmerrechte führen zum Ausschluss. Ansonsten geht es vor allem darum, in den drei genannten Bereichen besser zu sein als andere Unternehmen. Auch wenn die Stiftung Warentest bemängelt, dass MSCI nicht so transparent ist, wie es wünschenswert wäre, ist der Kauf eines SRI ETF, also eines ethischen Anlageprodukts, dem eines gewöhnlichen ETF klar vorzuziehen.[94] MSCI bietet diverse weitere und speziellere Nachhaltigkeitsindizes an. So zum Beispiel den Globalen Umweltindex (MSCI Global Environment Index)[95], der nur Unternehmen enthält, die mindestens die Hälfte ihres Umsatzes mit alternativen Energien, nachhaltiger Wasserwirtschaft, ökologischem Bauen oder Abgasvermeidung oder -reinigung verdienen.[96]

Gut zu wissen

Trotz der zahlreichen Einschränkungen sind auch ethische ETFs breit gestreut – die Komponente Diversifizierung der norwegischen Finanzformel ist demnach gegeben. MSCI strebt an, dass die SRI-Indizes einen großen Teil der Marktkapitalisierung des Ursprungsindex abdecken. Die ähnliche Kursentwicklung der ethischen SRI und klassischen Index-Variante ist ein Zeichen dafür, dass diese Form der Replikation ganz gut gelingt, auch wenn nicht der komplette Index enthalten ist.

Was die Performance angeht, hat sich der MSCI World SRI seit Auflegung im Herbst 2007 um jährlich fast 1 % besser entwickelt als der entsprechende Index ohne ethische Komponente.[97] Das liegt unter anderem daran, dass die ethische Variante 2008 nicht so stark gefallen ist, 2009 aber dennoch stärker zulegte als der klassische Index. Bezogen auf die vergangenen zehn Jahre ist die jährliche Performance nahezu identisch, in den vergangenen fünf Jahren lag die ethische Variante aber wieder deutlich vorne. Ein Blick auf andere Indizes in ethischer und klassischer Ausführung legt nahe, dass die Abweichungen so gering sind, dass diese von der Höhe her durchaus mit dem üblichen Tracking-Error vergleichbar sind. Nichts deutet daraufhin, dass es zu einer spürbaren Underperformance kommen sollte. Eher liegen ethische Indizes leicht vorn. Je spezieller der Index, desto größer die Performanceunterschiede. So weicht der Globale Umweltindex von MSCI zum Teil deutlich von dessen Ursprungsindex, dem MSCI ACWI IMI, ab. Auf lange Sicht – seit Auflegung im Herbst 2008 – ist die durchschnittliche jährliche Performance fast identisch, bezogen auf die vergangenen fünf Jahre allerdings deutlich stärker (Stand 30. April 2020; der Elektroautohersteller Tesla bildet mit 17 % mit Abstand das stärkste Gewicht im MSCI Umweltindex und hat entsprechend viel Einfluss auf den Indexverlauf.).

Was ist eigentlich … der Tracking-Error?
Um einem Index zu folgen, kauft ein ETF die Aktien, die diesen ausmachen, in der gleichen Gewichtung wie per Index definiert.. Dabei kann es zu kleineren Abweichungen kommen, dem sogenannten Tracking-Error. Das ist die Schwankung, die als Abweichung vom Index

zustande kommt, zum Beispiel weil ETFs auch Gebühren zahlen müssen und weil der Index nicht immer hundertprozentig exakt kopiert werden kann. Üblicherweise ist der Tracking-Error bei liquideren Indizes, also solchen mit Aktien, die häufiger gehandelt werden, geringer als bei weniger liquiden.

Das Angebot an ethischen ETFs für Small Caps sowie Schwellenländer ist mittlerweile etwas besser als bei Erstauflage dieses Buches, aber immer noch nicht sonderlich umfassend. Deshalb enthält die Tabelle 13 mit Produktbeispielen einen synthetisch *replizierenden ETF sowie nicht nachhaltige ETFs.*

Gut zu wissen
Die Höhe des Tracking-Error ist von ETF zu ETF und von Jahr zu Jahr unterschiedlich. Wenn Sie sich die ETFs genauer anschauen, werden Sie also sehen, dass diese manchmal geringfügig besser, manchmal geringfügig schlechter abschneiden als der Index, auf den sie sich beziehen. Dieser Effekt dürfte sich auf Dauer nahezu ausgleichen, sodass nur ein relativ kleiner Tracking-Error bleibt. Versuchen Sie deshalb, sich davon nicht zu sehr verwirren zu lassen, und sorgen Sie dafür, vor allem eine preiswerte Bank und ETFs mit niedriger Gesamtkostenquote zu wählen. Das ist transparent und weniger aufwändig. Tabelle 13 enthält einige günstige ETFs. Was die Bank angeht, empfehle ich Ihnen, wie schon erwähnt eine Direktbank auszuwählen.

Die oben genannten Produkte könnten wesentliche Bestandteile Ihres Portfolios sein, ebenso natürlich frei nach Ihrer Wahl andere entsprechende ETFs. Wenn Sie Produkte suchen, sollten Sie dies nicht nur auf der Website Ihrer Bank tun, sondern auch auf den schon erwähnten Internetseiten wie *www.justetf.com* und *www.morningstar.de*. Dort lassen sich die ETFs oftmals besser vergleichen. Zudem entdecken Sie unter Umständen auch ETFs, die Ihre Bank womöglich nicht anbietet. In dem Fall können Sie darüber nachdenken, ein zweites Depot zu eröffnen oder die Bank komplett zu wechseln (weil das mit Aufwand verbunden ist, lohnt es nicht immer).

Gut zu wissen

Sie trauen dem Börsen-Kapitalismus nicht und legen Ihr Geld deshalb lieber aufs Sparbuch oder fest bei Ihrer Bank an? Dann mögen Sie vielleicht ein gutes Gewissen haben, doch oftmals leider zu Unrecht. Denn das Geld, das Sie Ihrer Bank auf diese Art leihen, kann diese ziemlich frei verwenden. Wenn Sie sich jedoch selbst um die Kapitalanlage kümmern, haben Sie es in der Hand, wem Sie Geld zur Verfügung stellen – und wem nicht.

Der norwegische Ölfonds hat, wie bereits erwähnt, eine Art Fonds im Fonds eingerichtet, der nach Umweltkriterien investiert. Als Privatinvestor könnten Sie ähnlich vorgehen und beispielsweise einen kleinen Anteil in spezielle Einzelaktien investieren. Das bietet sich aus zwei Gründen an:

1. **Um Unternehmen, die Ihrer Meinung nach besonders ethisch wirtschaften, mehr Kapital zur Verfügung zu stellen, als es gemäß passivem Investment angemessen wäre:** In dem Fall nutzen Sie einen kleinen Anteil Ihres Zukunftsfonds, um gezielt Unternehmen nach ethischen Kriterien auszuwählen und sich an deren Finanzierung zu beteiligen. Natürlich wollen Sie auch damit Rendite erwirtschaften. Ein derartiges Investment ist mit dem Umweltportfolio des Ölfonds vergleichbar. Auch dazu gibt es spezielle ETFs, zum Beispiel auf Unternehmen im Umweltsektor (siehe Index-Beispiel oben) oder Sie könnten Einzelwerte selber wählen, zum Beispiel die in Deutschland gehandelte Umweltbank. Achten Sie darauf, wie der Ölfonds nur einen kleinen Teil so speziell zu investieren. Als einzelner Aktionär werden Sie kaum ein spürbares Engagement vornehmen können, aber je mehr Leute ähnlich handeln, desto stärker merken es die Unternehmen. Und vielleicht schaffen Sie es ja wie der Ölfonds, andere zu inspirieren. Denkbar wäre auch, sich finanziell dort zu beteiligen, wo

schon mit kleineren Summen mehr erreicht werden kann, etwa an kommerziellen Crowdfunding-Projekten. Hier würde nicht mehr an den klassischen Börsen investiert, aber in gewisser Weise noch dem Ölfondsgedanken gefolgt, denn der erlaubt für die Umweltinvestitionen auch eine Abweichung vom Index.

2. **Um wie der Ölfonds auf Hauptversammlungen Stimmrecht und damit Einfluss auszuüben:** Als Besitzer von ETFs können Sie anders als der Ölfonds auf den Hauptversammlungen nicht abstimmen. Das Stimmrecht darf nur das ETF-Management wahrnehmen. Um Kontrolle und Einfluss auf Unternehmen auszuüben, ist es aber notwendig, eine Stimme zu haben. Anders als ETFs ermöglichen Einzelaktien dies. Denn einzelne Privatinvestoren halten so gut wie nie genug an einer börsennotierten AG, um ein entscheidender Faktor bei Abstimmungen zu sein. Dazu muss man schon unermesslich reich sein. Weil jedoch jeder Einzelaktionär – und sei er noch so klein – an der Hauptversammlung teilnehmen und dort reden kann, hat er über seinen kleinen Stimmanteil hinaus ein gewisses Machtpotenzial. So wie der Ölfonds versucht, verstärkt in saubere Unternehmen zu investieren, können Sie mit einem kleinen Anteil Ihres persönlichen Fonds gezielt Aktien von Unternehmen kaufen, auf deren Geschäftspraxis Sie Einfluss ausüben wollen. Manche mögen diesen Ansatz als naiv abtun, doch es kann durchaus mit wenig investiertem Geld etwas bewirkt werden. So gibt es in Deutschland börsennotierte Unternehmen, welche die Presse auf ihren Hauptversammlungen ausschließen; Aktionären aber müssen sie Zutritt gewähren. Als im Sommer 2017 der deutsche Waffenhersteller Heckler & Koch seine Aktionäre einlud, waren keine Journalisten dabei, der Kleinaktionär Jürgen Grässlin aber schon. Er thematisierte vor Ort problematische Geschäftspraktiken und erreichte mit Berichten darüber in der überregionalen Presse[98] womöglich mehr Aufmerksamkeit als eine kleine Wirtschaftsnachricht eines anwesenden Journalisten. Grässlin arbeitet mit dem Verband der Kritischen Aktionäre zusammen. Dieser setzt sich dafür ein, dass bestimmte gesellschaftliche Fragen von Großunternehmen jedenfalls nicht vollständig ignoriert werden können. Das ist im Kleinen vergleichbar mit dem, was der Ölfonds im Großen mit seinen Positionspapie-

ren und Anfragen an die Unternehmen macht. In diesem Fall wird also gezielt in ein Unternehmen investiert, um es zu beeinflussen, statt es – so wie es mit der schwarzen Liste des Ölfonds geschieht – zu boykottieren.

Alles klar? Wie Sie Ihre ethisch-moralischen Vorstellungen mit Ihrem Investment in Einklang bringen

1. Geben Sie sich nicht damit zufrieden, die Standardprodukte zu wählen, die einen Index ohne jegliches Nachhaltigkeitskriterium einfach nachbilden.
2. Wählen Sie stattdessen Varianten, die bestimmte Sektoren ausschließen und zusätzlich nach dem Klassenbesten-Prinzip vorgehen. Bei ETFs, die sich auf Indizes von MSCI beziehen, sind diese mit dem Kürzel SRI versehen, ESG wird verwendet, wenn lediglich das Klassenbesten-Kriterium zählt.
3. Überlegen Sie, eine kleine Summe Ihres Geldes einzusetzen, um Ihren Werten ganz bewusst Gehör zu verschaffen, etwa indem Sie Stimmrechte an die Kritischen Aktionäre übertragen.
4. Seien Sie selbst immer ein kritischer Kapitalanleger und halten Sie sich über die Medien auf dem Laufenden, was in der Weltwirtschaft so geschieht – das hilft auch, Marktbewegungen besser zu verstehen.
5. Darüber hinaus können Sie wie der Ölfonds einen geringen Anteil Ihres Zukunftsfonds gezielt in Unternehmen stecken, die Sie nach ganz bestimmten, zum Beispiel ökologischen Kriterien ausgewählt haben. Auch dafür gibt es spezielle ETFs. Der Anteil dieses Fonds im Fonds sollte aber niedrig bleiben, um der angestrebten Diversifikation nicht zu stark entgegenzuwirken.

7 So nicht. Aus Fehlern anderer lernen

Der Umgang mit Geld generell will ebenso gelernt sein wie cleveres Investieren. Auch Norwegen musste Lehrgeld zahlen, nachdem die reichen Ölvorkommen entdeckt worden waren. In der Zeit bis zur Etablierung des norwegischen Ölfonds lief so einiges schief. Selbst heute, wo der Ölfonds als Vorbild für Anleger dient, gibt es Aspekte der norwegischen Anlagestrategie, die für diesen angebracht sein mögen, die Sie als Privatanleger aber aus gutem Grund nicht übernehmen sollten. Welche das sind und wie Sie es besser machen können, erfahren Sie in diesem Kapitel.

Verlorene Jahrzehnte

Norwegen machte nach der Entdeckung und Erschließung der Ölvorkommen viele Jahre die gleichen Fehler, die auch andere zu Reichtum gekommene Staaten häufig begehen, und lebte über seine Verhältnisse, statt vorzusorgen.

Erst in den vergangenen Jahrzehnten, seit der Etablierung des Ölfonds, ist der norwegische Umgang mit Geld vorbildlich. Lehrreich sind gute wie schlechte Beispiele; schließlich ist es besser, aus den Fehlern anderer zu lernen, als diese selbst zu machen. Deshalb machen wir an dieser Stelle einen Sprung in jene Jahre der norwegischen Finanzgeschichte »vor dem Ölfonds«.

Der Ölfonds wurde mit der ersten Einzahlung im Jahr 1996 Realität; Öl floss vor der Küste Norwegens aber schon ab Anfang der 1970er-Jahre. Was in dem Vierteljahrhundert dazwischen passiert ist, dient eher als abschreckendes Beispiel. »Wir hatten 20 Jahre, in denen wir viel falsch gemacht haben«, sagt Martin Skancke, der für das Finanzministerium an der Entwicklung des Ölfonds beteiligt war.«[99] Als Phillips Petroleum vor mehr als 45 Jahren vor der Küste Norwegens erstmals Öl förderte, gab es keinerlei Anzeichen dafür, dass das Land die Rohstoffeinnahmen nutzen würde, um ein enormes Auslandsvermögen aufzubauen. So gut die Bürokraten in den 1960er-Jahren verhandelt und auf diese Weise dafür gesorgt hatten, dass beim Geschäft mit dem Öl viel in Norwegen und nicht nur bei den internationalen Multis hängenblieb, so naiv wurde das Geld in den darauffolgenden Jahrzehnten mit vollen Händen ausgegeben. Damals war die norwegische Gesellschaft in weiten Teilen auch noch eine andere. »Es gab nur einen Fernsehkanal und die Ladenöffnungszeiten waren sehr strikt. Alles in allem war es eine ziemlich regulierte Gesellschaft«, erinnert sich Erling Steigum. Der Wirtschaftsprofessor an der Osloer Hochschule BI ist einer der führenden Forscher, wenn es um den Ölfonds geht. »Ich weiß noch, wie an Weihnachten das erste Öl entdeckt wurde. Wir alle waren gespannt, was das mit Norwegen machen würde, aber niemand hat geahnt, dass es ein so großes Geschäft werden würde«, sagt er. Als jemand, der sich für politische und wirtschaftliche Zusammenhänge interessierte und seine akademische Laufbahn parallel zum Öl-Boom startete, war Steigum quasi prädestiniert, sich als Volkswirt damit zu beschäftigen, was das Öl mit dem Land macht.

Gut zu wissen

In Finanzdingen nicht rational zu handeln und auf unglaubliche Versprechen hereinzufallen ist menschlich. Ärgern Sie sich ruhig, wenn Ihnen das passiert ist, aber verbuchen Sie das unter dem Posten »Lehrgeld«. Und sorgen Sie vor allem dafür, es in Zukunft besser zu machen. Übrigens schützen weder Intelligenz noch Reichtum vor solchen Fehlern. Sie werden erstaunt sein, welche Prominente laut Medienberichten schon so alles Privatinsolvenz anmelden mussten.[100]

Anfangs nutzte der norwegische Staat das Ölgeschäft, um die Wirtschaft auf Pump in Gang zu halten. Das war allzu verlockend, denn als im Jahr 1973 die Ölkrise ausbrach, litt Norwegen nicht nur unter der globalen Rezession, sondern profitierte auch von dessen Auslöser, dem drastisch gestiegenen Ölpreis. »Die Politiker nahmen zukünftige Öleinnahmen vorweg und begannen, mehr Schulden zu machen. Damit gaben sie das Geld also im Grunde genommen aus, bevor sie es hatten, und handelten damit genau umgekehrt wie heute«, so Steigum. Große, ölfinanzierte Inlandsnachfrage sorgte dafür, dass Norwegen zwar eine höhere Inflation hatte, aber auch stärker wuchs als der Durchschnitt der Industrieländer und sich auf der Liste der reichsten Länder nach oben arbeitete.

Ende der 1970er-Jahre drohte diese Strategie schiefzugehen. Norwegens Exporte und damit die ganze Wirtschaft litten. Doch abermals wurde das Land von einem Ölpreisschock gerettet. Im Jahr 1979, nach der iranischen Revolution, sprang der Ölpreis erneut kräftig. Norwegen konnte aufatmen wie jemand, der gerade noch einmal den Kreditrahmen von der Bank erweitert bekommen hat. Das hieß aber auch: Das Land lebte weiterhin auf Pump. »Norwegen hatte sich davon abhängig gemacht, den Großteil der Öleinnahmen auszugeben«, schlussfolgert Skredderberget.[101] Spätestens als im Jahr 1986 der Ölpreis dramatisch fiel, war völlig klar, dass es so nicht weitergehen konnte.

Der Weg aus der Misere

Ökonomen hatten bereits mehrfach die Idee eines Fonds ins Spiel gebracht. Dieser sollte dazu dienen, die Erlöse aus dem Erdölgeschäft in Finanzvermögen umzuschichten und die negativen Auswirkungen auf die Volkswirtschaft – darunter auch den bereits erwähnten starken Wechselkurs – zu reduzieren.

Wirtschaftsprofessor Steigum gilt als einer der Väter des Ölfonds. Eine Expertengruppe unter seiner Führung lieferte im Jahr 1988 einen Bericht an das norwegische Finanzministerium[102] ab, in dem es klipp und klar hieß: »Die Petroleumreserven zu leeren, während Norwegen ein großes Zahlungsbilanzdefizit hat, bedeutet, dass heute nicht genug auf zukünftige Generationen Rücksicht genommen wird.« Deshalb gelte es, »Norwegens Schulden zu bezahlen und Forderungen gegenüber dem Ausland aufzubauen«, um so »ein Vermögen zu schaffen und sich um Umwelt und Naturressourcen auf eine Art und Weise zu kümmern, die gesamtgesellschaftlich vernünftig ist«. Zwar könne das »kurzfristig auf Kosten des laufenden Verbrauchs gehen. Aber ein Konsum, der auf der kurzfristigen Ausnutzung der Ressourcengrundlage basiert, wird längerfristig nicht aufrechterhalten werden können«, mahnte Steigum schon damals. Bereits zuvor hatte es unter anderem mit dem Tempo-Ausschuss weitere Expertengruppen mit ähnlichen Vorschlägen gegeben.

Die Idee für den norwegischen Ölfonds war also endgültig geboren. Doch bis das erste Geld eingezahlt wurde, sollten noch weitere acht Jahre vergehen. Immerhin beschloss das Parlament am 22. Juni 1990 das Gesetz zum Staatlichen Petroleumsfonds.[103] Nachdem Norwegen sich 1995 von seinen Nettoauslandsschulden befreit hatte, war der Ölfonds in Reichweite; schon bald sollten die Einnahmen aus dem staatlichen Geschäft mit Öl und Gas in diesen Fonds fließen.

Erste Entscheidungen

Von Anfang an war klar, dass das Geld nur im Ausland angelegt werden sollte, schließlich galt es, eine zu starke Krone zu verhindern. Zudem sollte zum größten Teil für die Zukunft angespart werden, laufend sollten nur Zuschüsse zum Haushalt erlaubt sein. Diese Entnahmen sollten wesentlich kleiner ausfallen als in den Jahren zuvor, in denen im Grunde genommen einfach ausgegeben wurde, was in die Staatskasse floss. Stattdessen wurden sämtliche Gewinne aus dem Ölgeschäft erst einmal in den Fonds eingezahlt, erst dann durfte der Staat sich bedienen. Allein das trug schon zu einer Disziplinierung bei. Schließlich ist die Hemmschwelle, etwas zurückzunehmen, das schon auf dem Sparkonto gelandet ist, viel größer, als wenn das Geld erst einmal durch die eigenen Hände geht.

Im Mai 1996 bekam der Fonds das erste Geld überwiesen, den Grundstock für das enorme heutige Vermögen, das im Herbst 2017 öffentlichkeitswirksam erstmals die 1-Billion-Dollar-Marke übersprang.[104] Das waren pro Kopf der damals (1996) 4,37 Millionen Einwohner[105] gerade einmal rund 450 Kronen, umgerechnet in etwa 105 D-Mark, also knapp 54 Euro. Nichts im Vergleich zu den heutigen über 190.000 Euro. »Mit so einer Summe hatte ich nicht gerechnet, als ich Finanzminister war und wir am 31. Mai 1996 die erste Einzahlung vornahmen«, erzählte der damalige Finanzminister Sigbjørn Johnsen mir knapp 20 Jahre nach diesem denkwürdigen Tag in Oslo.

Was Sie *nicht* vom norwegischen Ölfonds übernehmen sollten

Der norwegische Ölfonds ist ein vorbildlicher Investor. In manchen wenigen Dingen taugt er für Sie als Privatanleger aber auch als Negativvorbild. Jetzt erfahren Sie ganz konkret, welche Punkte der norwegischen Strategie Sie nicht übernehmen sollten (das heißt nicht, dass diese Punkte generell falsch sind, sie taugen aber in jedem Fall nicht für Privatanleger).. Damit Sie gleich daraus lernen können, gibt es auch Vorschläge, wie Sie es besser machen können. Diese berücksichtigt die Anleitung zum Aufbau Ihres Zukunftsfonds natürlich.

Zu viel Information

Schon seit einiger Zeit veröffentlicht NBIM online auf der Startseite *www.nbim.no* in Echtzeit den Marktwert des Ölfonds. Dieser Ticker, der quasi ständig in Bewegung ist, ist ein faszinierendes Spielzeug. Gerade Journalisten nutzen ihn gerne, um die aktuelle Größe des Fonds angeben zu können. Dafür ist er auch bestens geeignet.

Bevor Sie als Privatanleger ein Tool einsetzen, um einen laufenden Überblick über den Stand Ihres Investments zu bekommen, bedenken Sie, dass das letztlich mehr für Verwirrung sorgen als Nutzen stiften könnte. Das gilt generell für detaillierte Daten. Grundlegende Informationen über den Bestand und die Entwicklung Ihrer Investments sind wichtig, aber zu viele Daten lenken nur ab. Der Buchwert eines Einzelpostens beispielsweise ist zwar interessant, aber unter dem Strich für Sie irrelevant. Wenn Ihre Strategie besagt, Sie sollen diesen Posten haben, dann ist das entscheidend und nicht der aktuelle Wert. Ein unerwartet starkes Plus oder Minus würde Sie womöglich nur zum ungeplanten Verkauf und damit vom Nachahmen des norwegischen Vorbilds abbringen.

Fokussieren Sie sich darauf, an Ihrer Strategie festzuhalten und regelmäßig, aber nicht zu häufig und auch nicht zu detailliert einen Bericht zu erstellen. Was da hineingehört, haben Sie weiter oben schon erfahren. Dieser Bericht bildet dann die Grundlage für womöglich notwendige Rebalancing-Entscheidungen.

Zu viele zu kleine Investments

Während die Norweger riesige Summen in Konzerne wie Apple, Nestlé und BMW investiert haben, halten sie an manchen Unternehmen auch winzige Volumina, manchmal nicht mehr als ein paar Tausend Euro. Selbst wenn eine solche Anlage im Jahr 200 % Rendite einfährt, wäre das quasi ein Nichts für den Ölfonds. Die Zeit, die der Analyst des Ölfonds mit Auswahl und Kauf des Wertes verbracht hat, wäre anderweitig vermutlich erheblich besser investiert worden. Auch machen diese vielen kleinen Investments es für Bürger schwer, den Überblick zu behalten.

Breit streuen ist wichtig, das wissen Sie bereits. Behalten Sie aber immer im Hinterkopf, dass jedes Investment Transaktionskosten mit sich bringt. Dazu zählen die Gebühren für den Kauf und Verkauf, aber auch die Zeit, die Sie aufwenden müssen, um das Investment auszuwählen, zu tätigen und dann in Ihre Bücher einzutragen. Je kleiner die Investition, desto höher sind relativ gesehen die Transaktionskosten. Kaufen Sie also nicht für Kleinstbeträge, sondern legen Sie pro Einzelanlage eine Mindestsumme oder einen Mindestanteil an Ihrem Depotwert fest, der einen gewissen Aufwand rechtfertigt. Monatlich in ein Produkt regelmäßig 30 Euro zu stecken, kann auf Dauer sinnvoll sein, weil

Banken für Sparpläne niedrigere oder gar keine Gebühren nehmen. Eine Einmalanlage hingegen sollte wegen der damit üblicherweise verbundenen höheren Gebühren erheblich größer ausfallen.

Zu viel Arbeit

Der Ölfonds wird zwar ein wenig aktiv gemanagt, doch wenn man genauer hinschaut, fällt auf, dass er breit in den Einzelwerten der großen Indizes, wie etwa DAX und Dow Jones, investiert ist und im Vergleich zur Benchmark (FTSE) ganz und gar keine radikal aktive Strategie fährt. Die Gewichtung mag anders sein und bei einem so riesigen Vermögen, wie es die Norweger verwalten, mag das auch gerechtfertigt sein, aber generell gilt: Langfristig ist es ertragreicher, auf einen Index zu setzen, als diesen durch die Auswahl von Einzelwerten (Stock-Picking) schlagen zu wollen.

Denken Sie stets daran: Es gibt diverse Methoden, um die angeblich besten Anlageprodukte auszuwählen, doch in der Regel ist der durchschnittliche Marktteilnehmer nicht besser als der Marktdurchschnitt, hat aber viel Zeit und Mühen investiert. In Einzelwerte der großen Indizes investiert zu sein ist per se keine schlechte Entscheidung, bedeutet es doch Risikostreuung. Kaufen Sie aber nicht die Aktien von BMW, Siemens, SAP und den anderen 27 DAX-Werten sowie anderer deutscher Indizes, die im entsprechenden MSCI Europe enthalten sind, einzeln. Gleiches gilt für andere Länder. Es macht viel weniger Arbeit, ist einfacher, schneller und günstiger, diese im Paket zu ordern, zum Beispiel über einen ETF.

Zu wenig Arbeit

Der Ölfonds ist nur ein kleiner Teil des norwegischen Vermögens. Diese Aussage mag Sie überraschen, die Fakten überzeugen Sie sicher. Das norwegische Finanzministerium geht davon aus, dass der Ölfonds nicht einmal 10 % des Volksvermögens ausmacht. Klar, da schlummern noch riesige Rohstoffvorkommen vor der Küste, mögen Sie jetzt denken. Das ist nicht ganz falsch. Doch so groß sind diese 45 Jahre nach der ersten Ölförderung nun auch wieder nicht. Sie machen nur rund 2,5 % des geschätzten Nationalvermögens aus. Der Großteil, satte 75 %, ist das Humankapital, also die zukünftige Arbeitsleistung der Norweger. Diese bildet der Ölfonds aber nicht ab. Den Rest machen Sachanlagen aus. Diese Daten zum norwegischen Nationalvermögen werden regelmäßig aktualisiert und vom Finanzministerium online gestellt.

Wenn Sie Ihr Vermögen und Ihre Geldanlage optimieren, sollten Sie nicht vergessen, dass auch Sie zukünftig einen regelmäßigen Strom an Arbeitseinkommen erwarten können. Je größer und zuverlässiger dieser vermutlich ist, desto mehr Risiko können Sie bei der Geldanlage eingehen. Schätzen Sie dazu den heutigen Gegenwert, den Barwert Ihrer zukünftigen Einnahmen. Dieser setzt sich aus allen zukünftigen Gehaltszahlungen (und anderen Einnahmen) zusammen, die, je weiter sie in der Zukunft liegen, desto stärker abgezinst werden. Das heißt, dass ein zukünftiges Einkommen von 50.000 Euro um einen Prozentsatz vermindert wird und damit weniger wert ist als die entsprechende Summe jetzt. Schließlich kann das Geld noch nicht investiert oder ausgegeben werden. Ein simples Beispiel: Wenn der Satz zur Abzinsung 2 % pro Jahr beträgt, sind 1.020 Euro, die Sie in einem Jahr bekommen, jetzt genauso viel wert wie 1.000 Euro heute. Mit Tabellenkalkulationsprogrammen lassen sich solche Berechnungen machen.

Gut zu wissen

Im Internet oder mit den vorgegebenen Formeln eines Tabellenkalkulationsprogramms können Sie den geschätzten Barwert Ihres zukünftigen Einkommens berechnen. Dabei gilt: Je unvorhersehbarer Ihre Karriere ist und je mehr das zukünftige Einkommen schwanken wird, desto vorsichtiger sollten Sie bei den Schätzungen vorgehen. Eine Beamtin, deren Laufbahn und damit Gehalt für die kommenden Jahrzehnte quasi feststeht, wird den Barwert ihres zukünftigen Einkommens erheblich genauer berechnen können als deren ehemalige Schulkameradin, die nun selbstständige Fitnesstrainerin ist.

Probieren Sie es mal aus. Die entsprechende Formel finden Sie in Ihrer Software oder im Internet. Je älter Sie sind, desto geringer ist der Barwert Ihres zukünftigen Vermögens, weil Sie weniger Jahre arbeiten und verdienen werden als ein jüngerer Mensch mit vergleichbarem Jahreseinkommen.

Ein kleines Vermögen anzusparen ist gut und wichtig – und 190.000 oder 160.000 Euro auf der hohen Kante sind ein ordentliches Sümmchen. Doch was ist mit 600.000 Euro? Je nach Alter und Einkommen dürften Sie diese 600.000 Euro als Barwert Ihres zukünftigen Lohnes locker haben, viele kommen sogar auf 1 Million Euro und mehr. Von dem Geld müssen Sie natürlich alle möglichen Ausgaben bestreiten, aber je sicherer Ihr zukünftiges Einkommen ist und je weniger es mit dem Aktienmarkt korreliert, das heißt meist, je stabiler es ist, desto höher ist das Risiko, das Sie eingehen können – auch weil die Gefahr, dass Sie zwischendurch bei unerwarteten Ausgaben an Ihre Ersparnisse müssen, geringer ist.

Auch die Ausgabenstruktur ist wichtig: Wenn Sie wenig zum Leben brauchen oder geringe Fixkosten haben und daher auch mit weniger Geld auskommen können, können Sie selbst dann höhere Risiken eingehen, wenn Ihr Einkommen stark mit dem Aktienmarkt korreliert.

Gut zu wissen

Sie können noch so gut investieren, in der Regel wird das Arbeitseinkommen, über Ihr Leben besehen, die größte Einnahmequelle bleiben. Berücksichtigen Sie auch, dass es manchmal eine gute Rendite in Form von gesteigertem Einkommen bringen kann, ein paar 1.000 Euro in sich selber zu investieren, zum Beispiel um eine neue Sprache zu lernen oder etwas anderes, das Sie im Beruf voranbringt oder für einen anderen qualifiziert. Ebenso ist natürlich der Kauf dieses Buches eine Investition gewesen, die zwar nicht Ihr Arbeitseinkommen erhöhen wird, aber hoffentlich die Rendite Ihrer Investments.

Zu wenig zu Hause

Um einer Überhitzung der heimischen Wirtschaft und einer zu starken Krone vorzubeugen, wird das Geld des Ölfonds ausschließlich außerhalb Norwegens und nicht in norwegischen Kronen investiert. Das ergibt Sinn für einen so riesigen Investor, der die heimische Wirtschaft sonst zu stark beeinflussen könnte.

Als Privatanleger müssen Sie nicht prinzipiell einen Bogen um Investments in Ihr Heimatland machen. Vor allem aber sollten Sie nicht die heimische Währung vernachlässigen. Anders als der Ölfonds riskieren Sie durch Ihre Käufe nicht, den Wechselkurs zu stärken.

Zu viel vor dem Haus

In Norwegen darf der Ölfonds aus gutem Grund nicht investieren. Gerade in den Anfangsjahren ist aber zu sehen, dass ein besonders großer Teil des Vermögens direkt vor der eigenen Haustür angelegt wurde: 50 % der Aktienanlage flossen in europäische Werte, so viel machen diese an den weltweiten Märkten aber gar nicht aus.

Privatanleger tendieren dazu, fast ausschließlich in heimische Unternehmen zu investieren. In der Finanzmarktforschung spricht man vom *Home-Bias,* wenn Investoren ihr Geld am liebsten in Länder und Unternehmen anlegen, die sie gut kennen. Das sind häufig jene, die geografisch und kulturell nahe sind. Das ist aber kein überzeugendes Kriterium für ein Investment, das eine gute und möglichst stabile Rendite bringen soll. Ja, der DAX und dessen Unternehmen spielen in der deutschen Presse und bei Diskussionen eine besonders große Rolle, aber das ist kein Grund, sie überzugewichten statt zu diversifizieren. Vermeiden Sie, stark in Aktien oder Regionen zu investieren, nur weil diese Ihnen sehr vertraut sind.

Gut zu wissen

Das Unternehmen, das Ihnen am nächsten ist, dürfte Ihr Arbeitgeber sein. Ist der börsennotiert, könnten Sie dazu neigen, länger als nötig dessen Aktien zu halten. Etliche Unternehmen vergeben Mitarbeiteraktien verbilligt. Schlagen Sie ruhig zu, verkaufen Sie aber, sobald Haltefristen abgelaufen sind. Warum? Aus dem ganz einfachen Grund, weil die Performance dieser Aktien stark mit Ihrem eigenen Einkommen korreliert. Wenn Ihr Arbeitgeber in Konkurs geht, verlieren Sie Ihren Job und gleichzeitig werden Ihre Aktien wertlos. Das ist zwar hoffentlich kein realistisches Szenario, aber es reicht auch, dass es dem Unternehmen plötzlich sehr viel schlechter geht und Ihnen betriebsbedingt gekündigt wird. Ihre Mitarbeiteraktien zu verkaufen und den Erlös breit zu streuen vermeidet die Gefahr, dass gleichzeitig Ihr Arbeitseinkommen wegfällt und die Aktien an Wert verlieren.

Zu viel Auf und Ab

Ja, Sie haben richtig gelesen: Beim Ölfonds geht es zu sehr auf und ab. Moment mal, diese Schwankungen, in der Fachsprache Volatilität genannt, machen die Finanzmärkte doch nun einmal aus und sollen ausgehalten werden, mögen Sie jetzt denken. Da haben Sie völlig recht und schon einen wichtigen Punkt verinnerlicht. Für Ihren Zukunftsfonds gilt das aber nur für Aktien; die Anleihen hingegen sollen so stabil wie möglich sein. Schließlich ist dieser Teil Ihres Portfolios dafür gedacht, das Risiko zu minimieren.

Die aktuelle Vorgabe für die Aufteilung des Ölfondsvermögens auf die Anlageklassen lautet: 70 % Aktien, 30 % Anleihen. Der Anleihenteil soll im Portfolio für Stabilität sorgen. In der Tat zeigt sich, dass bei den Norwegern die Rendite der Anleihen über die Jahre hinweg erheblich geringer schwankte als die der Aktien. Allerdings gab es etliche Anleihen, die binnen eines Jahres so stark ausschlugen, wie es selbst bei Aktien selten vorkommt. Schauen Sie sich nur die Performance brasilianischer Staatsanleihen im Jahr 2016 an: Sie legten 60 % zu. Das ist für den Ölfonds in dem Jahr ein nettes Zubrot gewesen, in anderen Jahren kann die Rendite aber genauso stark nach unten abweichen. Wenn Sie als Privatanleger Ihren Anleihenteil als Ruheanker im Depot nutzen wollen, empfiehlt es sich, auf solch volatile Instrumente zu verzichten. Sie brauchen keine Anleihen mit Aktiencharakter.

Gut zu wissen

In Zeiten extrem niedriger Zinsen wie heutzutage ist es schwer, mit sicheren Finanzprodukten eine reale Rendite zu erzielen, die positiv ist. Oft wird nicht einmal die Inflationsrate ausgeglichen. Wenn Sie an die guten alten Zeiten mit hohen Zinsen zurückdenken, sollten Sie aber nicht vergessen, dass damals in manchen Jahren die Preissteigerungsrate ebenfalls sehr hoch war und es deshalb auch schon früher Zeiten gab, in denen die Zinsen so gering waren, dass das gesparte Geld immer weniger wert wurde. Zu dem Schluss kommt auch die Deutsche Bundesbank. »Die reale Rendite von Bankeinlagen unterlag im Zeitverlauf nur vergleichsweise geringen Schwankungen. Seit den 90-Jahren bewegte sie sich meist unter 1 % und war bisweilen sogar negativ«, heißt es in einer Untersuchung.[106]

Hinzu kommen Währungsrisiken. Bei langfristigen Investments wie in Aktien sind diese zu vernachlässigen. Was Anleihen angeht, deren (Rest-)Laufzeit üblicherweise nur ein paar Monate oder Jahre beträgt, sollte das Risiko von Wechselkursschwankungen vermieden werden. Das tun Sie ganz einfach, indem Sie nur in Anleihen investieren, die in heimischer Währung ausgestellt sind. Das dürften in Ihrem Fall Euro oder Schweizer Franken sein.

Die von NBIM im Herbst 2017 vorgeschlagenen Änderungen des Anleiheanteils sehen vor, nur noch auf Staatsanleihen und auf die ganz großen Währungen Euro, US-Dollar und Britisches Pfund zu setzen. Das reduziert Währungsschwankungen. Die norwegische Krone ist ja ohnehin tabu, deshalb gibt es nicht die Möglichkeit, in die Heimatwährung zu investieren. Nur auf die bedeutenden Währungen von Ländern zu setzen, mit denen Norwegen viel Handel treibt, ist die beste Alternative. Unternehmensanleihen mögen häufig eine höhere Rendite versprechen als die von Staaten, schwanken aber auch stärker. Deshalb ist es besser, lieber gleich auf Aktien zu setzen. Die deckt der Aktienteil des

Portfolios ab. Für dessen sicheren Teil wird auf Unternehmensanleihen verzichtet.

Alles klar? Wenn Sie auf diese 7 Fragen mit Ja antworten, haben Sie verstanden, was Sie vom Ölfonds NICHT übernehmen sollten

1. Haben Sie den Überblick über Ihren Zukunftsfonds, ohne dass zu detaillierte Informationen Ihnen den Blick verstellen?
2. Besteht Ihr Zukunftsfonds aus maximal zwölf ETFs (exklusive Immobilien, eventuellen Einzelwerten und speziellen ethischen Anteilen), die jeweils mindestens 2 % des gesamten Fonds ausmachen?
3. Wenden Sie, nachdem Sie den Zukunftsfonds einmal etabliert haben, weniger als 2 Stunden im Monat für dessen Verwaltung auf?
4. Haben Sie berücksichtigt, dass Ihr Kapital erheblich mehr ist als Ihr Zukunftsfonds und dazu auch andere Wertgegenstände, Bares sowie insbesondere Ihr zukünftiges Einkommen zählen?
5. Haben Sie Geld vor der Haustür, also in Europa inklusive Deutschland, investiert, ohne dass die Unternehmen von dort Ihren Zukunftsfonds dominieren?
6. Halten Sie Mitarbeiteraktien – wenn Sie welche angeboten bekommen haben – nur so lange wie nötig, um gewisse finanzielle Vorteile daraus zu ziehen?
7. Haben Sie im Anleihepart Ihres Zukunftsfonds auf Anleihen von Unternehmen sowie in Fremdwährung verzichtet?

8 Irren ist menschlich. Darum legen bisher so wenige Privatanleger »norwegisch« an

Um wirklich erfolgreich nach norwegischem Vorbild anlegen zu können, gilt es zu verstehen, wieso so viele Privatinvestoren einer solch eigentlich einfachen wie logischen und erfolgversprechenden Strategie nicht folgen. Wenn Sie die psychologischen Gründe und damit allzu menschlichen Schwächen kennen, die dahinterstecken, dass Kleinanleger lieber auf die teure Jagd nach Überrenditen gehen und langfristig kaum nennenswerten Erfolg haben, wird es Ihnen leichter fallen, diese Fehler zu vermeiden. Dann können Sie wirklich mit der norwegischen Finanzformel langfristig erfolgreich sein.

Trotz der vielen Untersuchungen, die zeigen, dass Privatanleger an der Börse de facto nicht erfolgreicher (sondern eher erheblich schlechter) als der Marktdurchschnitt abschneiden, glauben viele, besser zu sein als der Rest und der Markt oder – wenn sie es noch nicht sind – es zumindest werden zu können, wenn sie ihrer Intuition oder bestimmten Tipps folgen. Die Idee hinter diesem Buch, das die Strategie des norwegischen Ölfonds nachahmt, ist aber eine andere: Mit wenig Aufwand Märkten zu folgen und damit mehr Rendite zu erwirtschaften als bisher. Sie sind immer noch nicht überzeugt, sondern meinen, lieber auf tolle Tipps oder Ihren eigenen Riecher zu vertrauen, da Sie die Märkte schlagen wollen? Da sind Sie nicht der Einzige. Leider. Zum Schluss erfahren Sie nun, wieso Menschen immer wieder dem Irrglauben erliegen, an der Börse besser sein zu können als die meisten – und dann aber langfristig unterdurchschnittlich abschneiden. Wenn Sie das einsehen, werden Sie den norwegischen Ansatz aus Überzeugung nachahmen.

Gut zu wissen
Forschungsergebnisse zeigen, dass der durchschnittliche Privatinvestor nicht besser ist als der Markt. Dennoch meinen viele Anleger, diesen schlagen zu können, enden aber mit einem schlechteren Ergebnis. Diese Fehleinschätzung lässt sich durch einen ganz einfachen Satz erklären: Irren ist menschlich. Indem Sie die wichtigsten Irrtümer durchschauen, lernen Sie, rationaler anzulegen und so erfolgreicher als bisher zu sein.

Der Mensch ist vernunftbegabt, aber nicht vernünftig

Der Mensch ist kein völlig rationales Wesen – und das ist auch gut so. Die traditionelle Wirtschaftswissenschaft sieht das aber anders. Ökonomen sprechen gerne vom Homo oeconomicus, dem Menschen, der bei jeder Entscheidung seinen Nutzen maximiert, diesen schnell errechnen kann und stets konsistent handelt. Das geht so weit, dass in einem der international bekanntesten wirtschaftswissenschaftlichen Aufsätze des späteren Nobelpreisträgers Garry Becker sogar die Partnerwahl als rational lösbares Marktproblem (schließlich sind gute Partner eine knappe Ressource) betrachtet wird.[107] Dass dem nicht so ist, wissen wir alle aus dem täglichen Leben. Von daher hat jeder mit gesundem Menschenverstand und ein Stück weit Gefühl den klassischen Ökonomen, seien sie noch so gut bezahlt und noch so mit Preisen überschüttet worden, etwas voraus.

In letzter Zeit ist auch bei den Zahlenmenschen angekommen, dass wir Entscheidungen eben nicht wie eine Maschine mithilfe von Algorithmen lösen, sondern mit Faustregeln und aus dem Bauch heraus. Wirtschafts- und andere Wissenschaftler, die dieses Postulat anerkennen und untersuchen, haben die Verhaltensökonomie (engl. *behavioural economics*) etabliert. Auch der im Jahr 2017 mit dem Nobelpreis geehrte US-Ökonom Richard Thaler forscht auf diesem Gebiet. Einer der führenden Forscher in Deutschland ist der Ökonomieprofessor Axel Ockenfels von der Universität zu Köln. Durch die Beobachtung menschlichen Verhaltens sind sie auf etliche Grundmuster gestoßen, in denen sich die meisten von uns vermutlich wiedererkennen und die auch beim Anlageverhalten eine Rolle spielen.

Wer diese allzu menschlichen Fehler kennt, kann sie leichter vermeiden. Ich möchte Ihnen daher die bekanntesten davon vorstellen.

Gut zu wissen

Schwächen und Fehler machen uns erst zu dem, was wir sind. So sympathisch es oft ist, nicht perfekt zu sein, so problematisch ist das, wenn es darum geht, große finanzielle Entscheidungen für die Zukunft zu fällen. Psychologen, allen voran der ebenfalls mit dem Nobelpreis für Wirtschaftswissenschaften geehrte Daniel Kahneman, haben im menschlichen Verhalten Muster entdeckt, die zu Entscheidungen führen, die den klassischen rationalen Lösungen widersprechen. Wer sich damit näher beschäftigen möchte, dem sei der grundlegende Artikel von Kahneman und seinem Kollegen Amos Tversky zur Prospect Theory sowie Kahnemans Buch *Schnelles Denken, langsames Denken* empfohlen.[108]

Selbstüberschätzung (*overconfidence*)

Forscher beobachten, dass Menschen sich häufig überschätzen. Glauben Sie, dass Sie besser Auto fahren als die 50 % schlechtesten Autofahrer? Ich auch. Und jetzt fragen Sie mal auf der Straße und in Ihrem Bekanntenkreis nach. Vermutlich werden mehr als die Hälfte der Befragten ebenfalls meinen, dass sie besser fahren als die schlechtesten 50 % der Fahrer. Das ist aber rein statistisch schon nicht möglich, denn in der Summe würden sich hier mehr als 100 % ergeben. Wenn Sie also 1.000 Leute auf der Straße befragen und diejenigen, die meinen, sie führen überdurchschnittlich gut, in eine Ecke schicken, stünden da vielleicht 640 Leute. Es dürften aber nur

500 sein, denn das wäre die Hälfte.[109] In diesem Fall irren sich also 140 Menschen.[110]

Ähnlich sieht es bei der Aktienanlage aus. Hier hat ebenfalls eine Mehrheit das Selbstvertrauen, besser als der Markt zu sein. Der ist aber nichts als die Summe der Anleger, und wenn nicht ausgerechnet diejenigen mit größeren Vermögen (denn die Summe macht den Markt aus, nicht die Zahl der Investoren) die schlechteren Investoren sind, ist es nicht möglich, dass eine Mehrheit den Markt schlägt, mag jeder Einzelne davon auch noch so von sich überzeugt sein.

Dieses Phänomen nennt sich Selbstüberschätzung. Manchmal mag es gut sein, sich besonders viel zuzutrauen. Denn wer mit viel Selbstbewusstsein in eine Geschäftsidee oder Beziehung startet, schlägt sich unter Umständen besser. Das wäre dann eine Form von selbsterfüllender Prophezeiung (*selffulfilling prophecy*). Das ist eine Vorhersage, die deshalb eintritt, weil man an sie glaubt und entsprechend handelt. Bei Beziehungen und Geschäftsideen mag das funktionieren, denn eine positive Grundstimmung kann ganz klar dazu beitragen, ein Projekt gut auf den Weg zu bringen (ebenso kann allerdings eine Übertreibung mit sich bringen, dass Risiken übersehen werden). Auf den Finanzmärkten ist dieser psychologische Einfluss jedoch nicht gegeben, denn kein Sektor oder Unternehmen wird sich besser entwickeln, nur weil Sie als einzelner Aktionär ganz fest daran glauben.[111] Selbstüberschätzung ist also allenfalls eine Form von Selbstbetrug.

Rückschaufehler (*hindsight-bias*)

Man neigt besonders dazu, sich zu überschätzen, wenn man den Eindruck gewinnt, mit seinen Annahmen bisher ziemlich gut gelegen zu haben. Damit wird die Selbstüberschätzung durch den Rückschaufehler bestärkt. Das ist eine Art »Hinterher ist man immer klüger« und beschreibt das Phänomen, gute wie schlechte Entwicklungen im Nachhinein »immer schon gewusst« zu haben, manch einer spricht auch von »rationalisieren«. Erinnern Sie sich an den drastischen Absturz, gefolgt von einer Rallye bei britischen Aktien unmittelbar nach dem Brexit-Votum oder auch – um eine längere Entwicklung zu betrachten – erst

Crash und dann Kurserholung nach den Anschlägen vom 11. September 2001, oder der Finanzkrise von 2008 oder Absturz und Erholung im Zuge der Corona-Krise Anfang 2020? Wie viele Leute haben im Nachhinein gesagt: »Das war ganz klar eine Überreaktion, wie die Aktien da abgestürzt sind, die mussten ja aufholen«? Doch wenn es denjenigen, die dies im Nachhinein behaupteten, schon immer so klar war, warum haben sie dann den Kurssturz nicht genutzt, um sich massiv mit Papieren einzudecken, nur um sie später wieder abzustoßen und sich eine goldene Nase zu verdienen? Dann wären sie besser als der Markt gewesen. Sie waren es aber nicht, sondern haben es nur im Nachhinein behauptet und haben damit einmal mehr Argumente dafür geliefert, dass es letztlich nur Zufall ist, den Marktdurchschnitt zu schlagen.

Kontrollillusion (*illusion of control*)

Die Kontrollillusion steht für den Gedanken, Dinge größtenteils selbst in der Hand zu haben und vor allem Erfolge auf die eigenen Fähigkeiten und nicht auf Zufall oder Glück zurückzuführen.

Kann es sein, dass sich zwar viele Anleger irren, wenn sie glauben, besser als der Markt zu sein, einige wenige es aber dennoch schaffen, dauerhaft deutlich besser abzuschneiden als der Rest? Es wäre statistisch möglich, wenn es genügend andere gäbe, die dauerhaft schlechter wären als der Durchschnitt. Auch hier gibt es diverse wissenschaftliche Untersuchungen, die in Abrede stellen, dass solche Erfolge auf bewussten klugen Entscheidungen basieren, stattdessen sei diese überdurchschnittliche Performance jeweils Zufall. Sie sehen erneut: Im Schnitt ist der durchschnittliche Marktteilnehmer nicht besser als der Markt – und sollte sich damit zufriedengeben. Denn ein Ergebnis wie das des Ölfonds ist erheblich besser als das, was ein schlecht gemanagtes Portfolio, bei dem ständig teuer ge- und verkauft wird, oder das Festgeld einbringen.

Alles klar? Wann Sie besondere Vorsicht walten lassen müssen

1. Sagen Sie »Nein Danke«, wenn Ihnen jemand ganz heiße Anlagetipps gibt, die enorme Rendite versprechen und angeblich so gut wie sicher sind. Diese Leute leiden womöglich an Selbstüberschätzung und hoffen, dass Sie davon auch befallen werden. Das würde bedeuten, dass Sie glauben, anders als alle anderen den richtigen Tippgeber aufgetan zu haben. Dann würden Sie nicht nur in dessen Empfehlung investieren, sondern für einen Aktienbrief mit regelmäßigen Tipps womöglich auch noch viel Geld ausgeben. Wer daran vor allem verdienen würde, ist klar.
2. Seien Sie ebenso kritisch bei Crash-Propheten, die angeblich die Finanzkrise 2008 oder andere Abstürze vorhergesagt haben. Es ist nicht unwahrscheinlich, dass deren Prognosen sehr vage waren und/oder sie viele andere Dinge auch vorausgesagt haben, diese aber nicht eingetreten sind. Diese Misserfolge bleiben aber unerwähnt. In dem Fall ist die angebliche Prognose wohl eher ein Zufallstreffer, der sich gut nachträglich rationalisieren lässt.
3. Ärgern Sie sich nicht, wenn bestimmte Einzelinvestments – egal ob eine Aktie wie Tesla oder so etwas wie die Kryptowährung Bitcoin – sich über einen Zeitraum sehr gut entwickelt haben, Sie diesen Boom aber verpasst haben. Das fällt Ihnen natürlich erst im Nachhinein auf und dann erscheint es auch so verdammt logisch, dass ausgerechnet diese Werte explodieren mussten. Auch dies ist ein Rückschaufehler. Doch es gibt bestimmt ebenso viele Werte, die entsprechend schlecht gelaufen sind und in die Sie auch hätten investiert sein können – es aber zum Glück nicht gewesen sind. Haben Sie einmal ziemlich gut gelegen, seien Sie ehrlich, vermutlich war auch das purer Zufall und Sie geben sich nur im Nachhinein der Kontrollillusion hin.

Schlussbemerkung

»Til lykke!« Glückwunsch! Sie haben es geschafft und sich intensiv mit den Erwägungen des norwegischen Ölfonds und der daraus abgeleiteten optimalen Strategie für Privatanleger beschäftigt. Vermutlich haben Sie unterwegs mit ein paar falschen Vorstellungen aufräumen müssen. Dafür verstehen Sie Finanzmärkte jetzt viel besser und wissen, wie Sie Ihre Chance erhöhen, langfristig finanziell erfolgreich zu sein.

Lesen Sie wichtige Teile dieses Buches ruhig noch einmal, rechnen Sie Ihre aktuelle und mögliche zukünftige finanzielle Situation durch und informieren Sie sich im Netz über konkrete Anlageprodukte und Dienstleistungen der Banken, um Ihren Zukunftsfonds gut vorzubereiten. Schauen Sie auch auf meine Website www.reichwie.de/norwegen. Warten Sie mit Ihrer Entscheidung aber nicht zu lange, denn Market-Timing ist letztlich eine Illusion. Stattdessen gibt es nur einen perfekten Zeitpunkt, um die Norwegische Finanzformel für sich umzusetzen: jetzt!

Sie sollten nun bestens darauf vorbereitet sein, finanziell einer ähnlich sicheren Zukunft entgegenzusehen wie Norwegen. Vor dem Lesen dieses Buches haben Sie vermutlich entweder gar nicht gespart oder ziemlich unprofessionell – so wie wohl ein Großteil der Deutschen. Nun aber dürften Sie verstanden und verinnerlicht haben, was Sie von Norwegen lernen können. Damit haben Sie gute Aussichten, in 10, 20 oder 30 Jahren mit einem soliden Vermögen dazustehen, das Sie nicht nur gar nicht so viel Geld, sondern vor allem nicht so viel Zeit und Mühe gekostet hat. Zugleich haben Sie ethische Ansprüche an Ihre Geldanlage gestellt. Beides halte ich übrigens für mindestens ebenso wichtig wie den finanziellen Vorteil und auch da können wir alle ein bisschen von Norwegen und den Norwegern lernen.

Statt verbissen daheim am Computer zu sitzen und zu versuchen, den Index zu schlagen, dafür aber frustriert schlechter als der Durchschnitt zu sein, nutzen Sie doch lieber entspannt die norwegische Finanzformel und genießen ansonsten das Leben, und das dank ethischer Anlageprodukte sogar noch mit einem relativ guten Gewissen. Das würde Sie auch ein bisschen norwegischer machen. Denn Freizeit, Feierabend und die Natur haben hoch oben im Norden Europas einen besonders hohen Stellenwert. Wie wir uns in der Hinsicht von Nordeuropa inspirieren lassen könnten, wäre dann allerdings ein anderes Thema. Und ein anderes Buch.

Anmerkungen

1 https://www.fmglobal.com/research-and-resources/tools-and-resources/resilienceindex

2 »Die Deutschen arbeiten für ihr Geld, aber sie lassen ihr Geld nicht arbeiten«, schreibt Capital-Chefredakteur Horst von Buttlar im Stern und zitiert damit den Chefvolkswirt der Allianz. 29.9.2018 https://www.stern.de/wirtschaft/horst-von-buttlar/horst-von-buttlar--die-welt-wird-reicher---und-wir-deutschen-sparen-falsch-8381478.html

3 Falls nicht anders erwähnt, ist stets der DAX30 gemeint.

4 http://www.swfinstitute.org/sovereign-wealth-fund-rankings/

5 Die jährliche DAX-Entwicklung sowie durchschnittliche jährliche Daten über einen längeren Zeitraum lassen sich ganz einfach hier ablesen: https://www.dai.de/de/das-bieten-wir/studien-und-statistiken/renditedreieck.html Für weitergehende historische Dax-Daten empfiehlt sich auch: https://www.finanzen.net/index/DAX/Historisch

6 https://www.faz.net/aktuell/finanzen/norwegischer-oelfonds-als-vorbild-fuer-privatanleger-15418772.html 28.01.2018.

7 http://www.handelsblatt.com/my/finanzen/anlagestrategie/fonds-etf/norwegischer-staatsfonds-ein-vorbild-aus-dem-norden/20317944.html 13. September 2017

8 https://www.handelsblatt.com/unternehmen/management/yngve-slyngstad-chef-des-norwegischem-staatsfonds-erzielt-rekordrendite-und-tritt-ab/25594052.html

9 David Chambers, Elroy Dimson und Antti Ilmanen arbeiten in »The Norway Model« wissenschaftlich die Vorzüge des norwegischen Fonds gegenüber anderen großen Fonds heraus. Die drei Wissenschaftler empfehlen den Ölfonds anderen institutionellen Investoren zum Vorbild, die norwegische Finanzformel hilft hingegen Privatanlegern, von Norwegen zu lernen.

10 http://www.handelszeitung.ch/invest/stocksDIGITAL/anlegen-wie-der-groesste-staatsfonds-der-welt-1477999 Annika Janssen 11. September 2017

11 FAS 24. September 2017 S. 36

12 http://factpages.npd.no/factpages/default.aspx?culture=en&nav1=field&nav2=PageView|All&nav3=43506 Im Energiesektor wird mit Ölequivalent gerechnet, eine Maßeinheit, die auch Gas miteinbezieht.

13 http://www.norskpetroleum.no/en/facts/field/ekofisk/

14 http://www.kulturminne-ekofisk.no/modules/module_123/templates/ekofisk_publisher_template_category_2.asp?strParams=8 %233 %23769 1750l786 %23&iCategoryId=709&iInfoId=0&iContentMenuRootId=1011&strMenuRootName=&iSelectedMenuItemId=1170&iMin=503&iMax=504

15 http://www.geo365.no/wp-content/uploads/2014/07/711x915_brev_NGU.jpg

16 Vgl. Skredderberget (2015) Position 207 und http://www.geo365.no/olje-historie/det-norske-oljeeventyret-opptakten/

17 Vgl. Skredderberget (2015) Position 353

18 http://www.conocophillips.no/our-norway-operations/greater-ekofisk-area/

19 http://www.norskpetroleum.no/fakta/felt/

20 https://www.nettavisen.no/økonomi/roser-norsk-oljefond/239937.html

21 Siehe z.B. dieses Ranking des Wirtschaftsmagazins Forbes: https://www.forbes.com/profile/yngve-slyngstad

22 https://www.steuerzahler.de

23 Auch wenn der Ölfonds nunmehr seit 22 Jahren in Aktien investiert, wird in diesem Buch häufig auf 20-Jahresbasis gerechnet. Das hat den einfachen Grund, dass wir gewohnt sind, bei langfristigen Planungen in Dekadenschritten zu denken. Die durchschnittliche jährliche Rendite des Fonds war für beide Zeiträume in etwa ähnlich. Eine längere Frist von 22 statt 20 Jahren würde zu einer entsprechend höheren absoluten Summe führen – Tabelle 1, in der auch Berechnungen für eine 22-jährige Frist enthalten sind, zeigt dies anschaulich.

24 Das ist manchmal extrem technisch. Siehe zum Beispiel hier https://www.nbim.no/en/transparency/news-list/2015/the-funds-management-has-resulted-in-excess-return/

25 https://www.destatis.de/DE/Themen/Wirtschaft/Preise/Verbraucherpreisindex/_inhalt.html

26 NBIM Ölfonds Jahresbericht 2019

27 http://www.finanztip.de/indexfonds-etf/investmentsteuerreformgesetz/

28 Selbst der durch die Corona-Krise bedingte Crash im ersten Quartal 2020 hat diesen Wert nur leicht unter den von Ende 2018 gedrückt: 5,3 %.

29 https://www.aftenposten.no/okonomi/Han-skal-velge-Norges-viktigste-tall-603205b.html

30 Wie es dem norwegischen Ölfonds gelang, sich in den Stunden bevor Lehman Brothers' in Konkurs ging, von Geschäften mit der Bank zu trennen, beschreibt Skredderberget (2015) Position 49 ff. im E-Book.

31 Ganz konkret auf den Ölfonds bezogen siehe dazu Chambers, David, Dimson, Elroy, Ilmanen, Antti (2011), S. 12.

32 Im Herbst 2017 wurde der Anteil für 112,5 Millionen Pfund auf 50 % aufgestockt. https://www.nbim.no/en/transparency/news-list/2017/fund-adds-to-existing-investment-in-london/ und https://www.nbim.no/en/transparency/news-list/2013/fund-expands-partnership-with-the-crown-estate/. Es handelt sich trotz der unterschiedlichen Bezeichnungen um das selbe Portfolio.

33 http://www.norges-bank.no/Publisert/Brev-og-uttalelser/2016/2016-12-01-Brev/

34 https://www.regjeringen.no/no/aktuelt/rapport-om-aksjeandelen-i-statens-pensjonsfond-utland/id2516178/

35 Mandat 3.3.2 https://www.nbim.no/no/organiseringen/styringsmodellen/styrende-dokumenter-fastsatt-av-hovedstyret/investeringsmandat-for-leder-av-norges-bank-investment-management/

36 Einen monatlich aktualisierten Überblick über diesen Index bekommen Sie im Internet: http://www.ftse.com/Analytics/FactSheets/Home/DownloadSingleIssue/GAE?issueName=GEISLMS

37 Das ergibt ein Vergleich der Entwicklung des DAX von Ende 1998 (Zählerstand 4.270,69) bis Ende 2019 (Zählerstand 13.249,01) mit der Ölfondsperformance Anfang 1998 bis Ende 2019 Die DAX-Daten lassen sich zum Beispiel unter www.finanzen.net finden. Erneut ist der Unterschied, dass der Ölfonds laufend unterschiedliche Summen investiert während beim Dax nur die durchschnittliche jährliche Performance über 22 Jahre gemessen wird – allerdings unter Berücksichtigung aller reinvestierten Ausschüttungen.

38 Norwegen ist beim Ölfonds jedoch ausgeschlossen wie an anderer Stelle erwähnt. Im FTSE Global All Cap nimmt es deutlich unter 0,5 % ein.

39 Frankfurter Allgemeine Zeitung, 21. Oktober 2017, S. 31

40 NBIM Return and Risk 2016, S. 2. Dies ist einer der Grundgedanken des Ölfonds, er taucht in ähnlicher Formulierung häufiger auf.

41 Ein Investor, der so groß wie der Ölfonds ist, muss natürlich berücksichtigen, dass er eventuell nicht genügend Abnehmer findet, wenn er alle seine Anteile an einem Unternehmen auf einmal abstoßen möchte. Für Privatanleger ist diese Überlegung irrelevant.

42 Siehe dazu Daten präsentiert von Weber (2015) S. 49

43 Dazu ein ebenso simples wie einleuchtendes Beispiel mit zwei börsennotierten Unternehmen gleicher Marktkapitalisierung. Das eine produziert nur Ski, das andere nur Wanderschuhe. Dass so etwas in der Realität nicht vorkommen mag, schmälert nicht die Aussagekraft. Entweder gibt es ein Jahr, in dem genug Schnee liegt, oder eines ohne. Dementsprechend sind mal nur Ski, mal nur Wanderschuhe gefragt. Jedes Wetter tritt mit

je gleicher, also 50-prozentiger Wahrscheinlichkeit ein und verhilft dem Hersteller des entsprechenden Produkts zu einer Million Euro Gewinn, die an die Aktionäre gehen, während die des anderen leer ausgehen. Dann wäre ein Portfolio mit gleichen Anteilen beider Aktien perfekt diversifiziert, weil der zu erwartende Gewinn stets gleich hoch ist. Wer nur in eines der beiden Unternehmen investiert, kommt zwar auf die gleiche Durchschnittsrendite, aber die Schwankungen von Jahr zu Jahr sind größer.

44 Vergleiche Weber (2015), S. 136

45 NBIM Ölfonds Risk & Return 2016, S. 45

46 Siehe dazu zum Beispiel Kommer (2015), S. 38 ff.

47 Dazu kommen gegebenenfalls zum Beispiel Bezugsrechte, etwa bei einer Kapitalerhöhung beziehungsweise Fusion sowie Aktienrückkäufe. Diese lassen sich ebenso wie Dividenden als Geldwert abbilden.

48 Dieses Phänomen ist bei Ökonomen unter dem Begriff »Beauty-Contest«, also Schönheitswettbewerb, bekannt und wurde vom britischen Ökonomen John Meynard Keynes geprägt. Der Name stammt von einem Preisausschreiben, bei dem derjenige gewinnt, der unter zur Wahl stehenden Fotos das ausgewählt hatte, das auch von den meisten anderen als das schönste ausgewählt worden war. Wenn man selber nur eine Stimme in einem Wettbewerb hat oder ein ganz kleiner Marktteilnehmer ist, geht es also nicht darum, welche Person man selber am schönsten oder wie wertvoll man eine Aktie findet, sondern wie man diesbezüglich die Erwartungen der großen Masse einschätzt, denn die sind entscheidend.

49 Siehe NBIM Ölfonds Jahresbericht 2019, S. 38 f.

50 Laut World Federation of Exchanges. https://focus.world-exchanges.org/statistics

51 Unter anderem wurden die OECD-Staaten Griechenland und Polen außen vor gelassen – und natürlich Norwegen. Siehe NBIM Ölfonds Jahresbericht 1998, S. 35

52 NBIM Ölfonds Jahresbericht 2001, S. 18

53 NBIM Ölfonds Jahresbericht 2008, S. 14

54 NBIM Ölfonds Risikobericht 2016, S. 14

55 Vgl. NBIM Ölfonds Risikobericht 2016, S. 16 f., und NBIM Ölfonds Jahresbericht 2016, S. 54.

56 NBIM Ölfonds Risikobericht 2016, S. 16

57 Im Jahresbericht werden Anleihen von Staaten, die nicht in der Heimatwährung ausgeben worden sind, in einer separaten Kategorie geführt (Government-related Bonds mit einem Anteil von 11,9 %). Der Einfachheit halber entfällt diese Unterscheidung hier. Siehe NBIM Ölfonds Jahresbericht 2019, S.57

58 NBIM Ölfonds Jahresbericht 2019, S. 57

59 Eine übersichtliche aktuelle Renditetabelle gibt es beispielsweise bei der

Comdirect-Bank für mehrere Währungen: https://www.comdirect.de/inf/anleihen/renditenvergleich/laufzeit.html. Detailliertere Informationen zu deutschen Staatsanleihen finden Sie bei der Deutschen Finanzagentur http://www.deutsche-finanzagentur.de/fileadmin/user_upload/institutionelle-investoren/pdf/kredit_renditetabelle.pdf.

60 Vergleiche für den folgenden Abschnitt NBIM Ölfonds Jahresbericht 2008, S. 38 f.

61 Alle Daten aus NBIM Immobilienbericht 2019.

62 Rest: Sonstiges 3,4 %, Ölfonds Jahresbericht 2019, S. 48.

63 http://www.faz.net/aktuell/finanzen/finanzmarkt/die-deutschen-berater-von-norwegens-staatsfonds-15206492.html

64 Der Finanzberater Matthias Krapp hat eine einfache Methode, die es erlaubt, unterschiedliche mentale und sogar reale Konten zu bilden und dennoch das Gesamtvermögen zu optimieren. Sein Beispiel lässt sich auch für eine Geldanlage nach dem norwegischen Ölfonds nutzen – für diejenigen, die unbedingt mit derartigen Konten arbeiten wollen. https://wissen-schafft-geld.libsyn.com/das-topf-modell

65 Liegt die Inflationsrate wie in letzter Zeit niedriger, reicht es, den entsprechenden niedrigeren Betrag zu erhöhen, um real denselben Effekt zu erzielen, nämlich Inflationsausgleich.

66 Weber (2015), S. 24 f.

67 In einem früheren Kapitel haben Sie erfahren, dass Apple-Aktien rund 1,64 % am Aktienanteil des Fonds ausmachen (Stand: Ende 2019) und damit nur 1,64 von 100 Euro in den US-amerikanischen IT-Giganten investiert sind. Microsoft liegt mit 1,46 %/Euro dahinter, SAP bei 39 und Allianz bei 36 Cent je 100 Euro (also 0,39 % und 0,36 % am Aktienanteil des Fonds). Angenommen, Sie als Privatperson haben 100.000 Euro, die in Aktien angelegt werden sollen. Um den Ölfonds nachzubilden, müssten davon rund 1.640 Euro in die Papiere von Apple fließen. Das entspricht beim Kurs Ende 2019 von 259,50 Euro) 6,3 Aktien. Schauen wir einmal auf SAP. Die Aktien sollten nur 390 Euro in einem nach norwegischem Muster aufgebauten 100.000 Euro-Depot ausmachen. Eine Aktie war Ende 2019 120,62 Euro wert – macht 3,2 Aktien. Das waren jetzt zwei größere Werte des Fonds und dennoch gibt es schon Schwierigkeiten, die Anteile möglichst genau abzubilden – wer nur 3 Aktien von SAP kauft, ist zu rund 10 % in dem deutschen Softwareriesen unterinvestiert (hält nur Anteile im Wert von rund 360 Euro statt 390 Euro), entsprechend zu viel besitzt, wer 4 Aktien kauft. Spätestens bei Unternehmen, die nur 0,01 % und damit 10 Euro je 100.000 investierten Euro ausmachen, dürfte es zu enormen Problemen kommen, den Fonds möglichst genau abzubilden. Ganz abgesehen davon werden die Gebühren für derartige Transaktionen ungefähr ebenso hoch sein wie die investierte Summe. Das würde es quasi unmöglich machen,

eine positive Rendite zu erwirtschaften. Schließlich müssten die Papiere dafür erst einmal um 200 % steigen (denn die Verkaufsgebühr dürfte in etwa ebenso hoch sein wie die für den Kauf).

68 Vgl. Scherff (2017)

69 https://www.verbraucherzentrale.de/wissen/geld-versicherungen/sparen-und-anlegen/finanzglossar-durchblick-von-a-wie-aktien-bis-z-wie-zins-15907

70 https://www.nbim.no/en/transparency/submissions-to-ministry/2017/bonds-in-the-government-pension-fund-global/. Auch wenn die Vorschläge nicht komplett umgesetzt wurden, sind diese ein guter Orientierungspunkt für Privatanleger.

71 https://www.comdirect.de/inf/anleihen/XS1909184753

72 https://www.spratings.com/en_US/topic/-/render/topic-detail/global-sovereigns abgerufen Januar 2018

73 http://www.deutsche-finanzagentur.de/de/private-anleger/bundeswertpapiere/

74 https://www.diw.de/documents/publikationen/73/diw_01.c.559709.de/17-23-1.pdf

75 http://www.faz.net/aktuell/finanzen/meine-finanzen/richard-thaler-so-ueberlisten-sie-sich-selbst-mit-dem-nobelpreis-15238160.html

76 http://worldhappiness.report/ed/2020/

77 https://www.spiegel.de/wissenschaft/natur/klima-wieviel-kohle-erdgas-und-erdoel-darf-noch-gefoerdert-werden-a-1011767.html

78 Siehe zum Beispiel https://www.woz.ch/1638/klimapolitik/norwegens-zwei-gesichter, https://www.greenpeace-magazin.de/nachrichten/trotz-oel-und-gasfoerderung-norwegen-will-durch-emissionshandel-bis-2030-klimaneutral oder http://www.zeit.de/wissen/umwelt/2015-11/klimawandel-norwegen-doppelmoral-kohleabbau-spitzbergen

79 https://www.regnskog.no/en/news/norwegian-state-commits-to-zero-deforestation-1

80 Die schwarze Liste finden Sie unter https://www.nbim.no/en/responsibility/exclusion-of-companies.

81 https://www.theguardian.com/business/2006/jun/07/supermarkets.asda

82 http://archive.fortune.com/2006/07/24/magazines/fortune/NorwaytoWMT.fortune/index.htm

83 https://www.regjeringen.no/no/aktuelt/to-selskaper---wal-mart-og-freeport---tr/id104384/

84 Zum Beispiel https://www.ft.com/content/4391c10b-2d16-3ffc-b5c1-cb198923a42bundhttps://www.wsj.com/articles/norway-oil-fund-drops-chinese-company-over-corruption-fears-1452162848

85 http://www.sueddeutsche.de/wirtschaft/norwegischer-staatsfonds-oel-fuer-moral-1.2080657

86 https://www.nbim.no/en/transparency/news-list/2016/decision-to-revoke-exclusion-of-company-from-the-government-pension-fund-global/

87 https://www.nbim.no/en/transparency/news-list/2017/decision-to-revoke-exclusion-of-company-from-the-government-pension-fund-global/

88 https://www.nbim.no/en/responsibility/our-voting-records/meeting/?s=DE0007664005&m=1131872&c=5643915

89 Responsible investment 2016, S. 36

90 https://www.nbim.no/en/responsibility/our-voting-records

91 Daneben gibt es stimmrechtslose Aktien und solche mit weniger Stimmrecht als andere. Diese auch in Deutschland übliche Praxis wird immer wieder kritisiert.

92 https://www.msci.com/msci-sri-indexes

93 Siehe zum Beispiel http://www.spiegel.de/spiegel/etf-wie-sinnvoll-indexfonds-sind-a-1184735.html

94 https://www.test.de/Fonds-von-UBS-Sauberer-Indexfonds-investiert-in-Schwellenlaendern-4792249-0/

95 https://www.msci.com/documents/10199/254ce438-da40-4b57-8bd0-c34f5f7dab6c

96 https://www.msci.com/documents/10199/7fd30718-84cb-4721-a1c8-2aeebed7d1dd

97 https://www.msci.com/documents/10199/641712d5-6435-4b2d-9abb-84a53f6c00e4. Stand Mai 2020.

98 http://www.faz.net/aktuell/wirtschaft/unternehmen/waffenhersteller-heckler-koch-schliesst-die-presse-aus-15152449.html

99 Skredderberget (2015), Position 928 im E-Book

100 http://www.businessinsider.de/deutsche-promis-gutverdiener-pleitegeier-2017-7#/

101 Skredderberget (2015) Position 928

102 https://www.regjeringen.no/globalassets/upload/kilde/odn/tmp/2002/0034/ddd/pdfv/154677-nou1988-21.pdf

103 In damaliger Version: https://www.w3.org/People/howcome/lover/1990-06-22nr36.html

104 Das lag natürlich auch am zu der Zeit schwächelnden US-Dollar. Da jedoch international breit darüber berichtet wurde, dass der Ölfonds ein solches Volumen erreicht hat, sei es auch hier erwähnt. Ansonsten wird sein Wert weiterhin in norwegischen Kronen oder Euro angegeben und die Rendite gemessen am Währungskorb.

105 http://www.ssb.no/300132/folkemengde-per-1.januar-fodte-dode-flyttinger-og-folketilvekst-sa-48

106 http://www.bundesbank.de/Redaktion/DE/Downloads/Veroeffentlichungen/Monatsberichtsaufsaetze/2015/2015_10_spar_und_anlageverhalten.pdf

107 http://www.nber.org/chapters/c2970.pdf

108 http://www.jstor.org/stable/1914185

109 Die wohl bekannteste Studie zum Thema stammt vom Schweden Ola Svenson. http://www.sciencedirect.com/science/article/pii/0001691881900056?via%3Dihub

110 Genau genommen mindestens 140 Leute, denn natürlich könnte es auch sein, dass manche ihr Fahrkönnen schlechter einschätzen, als es wirklich ist.

111 Etwas anderes ist ein Sonderfall wie der, dass viele an den Niedergang einer Bank glauben, ihr Geld abziehen und diese dadurch in Finanznot bringen. Dieses Beispiel bringt sogar Robert K. Merton in seinem namensgebenden Forschungsartikel »The Self Fulfilling-Prophecy« https://pdfs.semanticscholar.org/da1c/068dcd4fffd6881c2be25d5ca9f327033332.pdf BESSER: https://www.jstor.org/stable/4609267, S. 194f. Wenn also zahlreiche Marktteilnehmer an etwas glauben, mag es anders aussehen, das gilt aber nicht, wenn zahlreiche Marktteilnehmer an ihre Überlegenheit glauben, und nur dieser Fall ist hier letztlich relevant.

Glossar

Geldanlage und Wertpapiermärkte sind nicht jedermanns Sache und das ist verständlich. Schließlich gibt es Interessanteres. Dennoch ist es gut, dass Sie sich damit beschäftigen wollen. Um es Ihnen so einfach wie möglich zu machen, geht es hier um die Klärung einiger wichtiger Begriffe, und zwar nicht im wissenschaftlichem Jargon, sondern vereinfacht und damit leicht nachvollziehbar. Im Internet gibt es mehrere Lexika mit weiteren Definitionen aus dem Finanzbereich. Hinweise dazu finden Sie in der Linksammlung im Anhang. Weil Englisch in der Finanzwelt die Standardsprache ist, finden Sie in Klammern die entsprechenden Bezeichnungen auf Englisch.

Aktie (*share, stock*)
Die Aktie ist ein Wertpapier, das als Anteil an einer Aktiengesellschaft (AG oder in der europäischen Variante SE) ausgegeben wird. Das Unternehmen beschafft sich durch den Verkauf seiner **Aktien → Eigenkapital**, mit dem es seine Aktivitäten finanzieren kann. Der Aktionär wird dadurch zum Miteigentümer. Es gibt unterschiedliche Aktientypen wie Vorzugs- oder Stammaktien, die auf der **→ Hauptversammlung** unterschiedlich viel Macht haben.

Anlageklasse (*asset class*)
Unterschiedliche Formen der Geldanlage wie **→ Aktien** (*equities*), **→ Anleihen** (*bonds*) und Bares (*cash equivalents*) sowie Immobilien (*real estate*), Rohstoffe (*commodities*) und Währungen (*forex*) bilden je eine Anlageklasse. Die Instrumente darin ähneln sich meist auch stark, was Risiko und **→ Rendite** angeht, und reagieren ähnlich auf Änderung der äußeren Gegebenheiten. Neben den oben genannten bilden auch alternative Investments wie *Private Equity* oder Kunst eine eigene Anlageklasse.

Anleihe (*bond*)
Neben **→ Aktien** dienen auch Anleihen der Unternehmensfinanzierung. In diesem Fall erwirbt der Käufer keine Unternehmensanteile, sondern leiht Geld, es handelt sich deshalb wie ein Bankkredit um **→ Fremdkapital**. Staatsanleihen sind analog Verschuldungsinstrumente von Ländern.

Antizyklisch investieren (*anti cyclical investment*)
Hier wird Geld entgegen dem generellen Trend angelegt. Wenn es also einem Unternehmen oder Sektor und dessen Wertpapieren schlecht geht, werden diese als besonders attraktiv angesehen. Der Gedanke dahinter ist, dass es wieder zu einer Aufholjagd kommen wird. Eine feste Aufteilung eines Portfolios nach verschiedenen Assetklassen wie beim Ölfonds führt wegen Rebalancing (➔ **Umschichtung**) mit sich, dass bis zu einem gewissen Grad antizyklisch investiert wird.

Aufsichtsrat (*board of directors*)
Neben dem Vorstand, der für das Tagesgeschäft einer Aktiengesellschaft zuständig ist, hat diese auch noch den Aufsichtsrat als Kontrollgremium, der den Vorstand beraten und überwachen soll. Über dessen Zusammensetzung entscheiden die Aktionäre auf der ➔ **Hauptversammlung**. In Deutschland müssen stets auch Vertreter der Arbeitnehmer mit im Aufsichtsrat sitzen. Es gibt international unterschiedliche Regeln darüber, ob ein Vorstandsmitglied auch im Aufsichtsrat sitzen darf.

Ausfallrisiko (*default risk*)
Die Gefahr, dass ein Kreditnehmer seine Schulden nicht oder nicht fristgerecht bedienen kann, wird Ausfallrisiko bezeichnet. Ist dies besonders hoch, gilt der Schuldner als nicht kreditwürdig und Ratingagenturen wie Moody's, Fitch und Standard & Poor's warnen den Kreditgeber vor dem damit verbundenen Risiko, sein Geld nicht zurückzubekommen.

Depot (*custody account*)
Ein Konto, das Wertpapierbestände enthält. Privatanleger haben üblicherweise ein Depot bei ihrer Bank, über das die Geschäfte mit ➔ **Aktien** und ➔ **Anleihen** abgewickelt werden.

Dividende (*dividend*)
Die Dividende ist der an die Aktionäre ausgeschüttete Anteil am Gewinn eines Unternehmens. In Deutschland wird die Dividende meist einmal jährlich ausgezahlt, in anderen Ländern wie den USA durchaus quartalsweise.

Dividendenrendite (*dividend yield*)
Die ausgezahlte ➔ **Dividende** geteilt durch den Aktienkurs ergibt die Dividendenrendite.

Eigenkapital (*equity*)
Wenn Unternehmen ➔ **Aktien** ausgeben, so beschaffen sie sich damit Eigenkapital. Denn derjenige, der ein oder mehrere Aktien kauft, wird damit an der AG beteiligt, steckt also letztlich eigenes Geld ins (dann zum Teil) eigene Unternehmen.

ETF (*Exchange Traded Fund*)
Die drei Buchstaben stehen für Exchange Traded Fund. Das sind ➔ **Fonds**, die keine aktiven Manager haben, die darüber entscheiden, ob eine bestimmte Aktie gekauft werden soll oder nicht, sondern die lediglich einen bestimmten Index kopieren. Deshalb benutzt man auch den Ausdruck »passives Investieren«.

Fonds (*fund*)
An den Finanzmärkten ist es manchmal wie in der Küche. Dort werden unterschiedliche Zutaten, die nach Meinung des Kochs zusammenpassen und gemeinsam ein besseres Ergebnis versprechen, zu einem Fonds zusammengekocht. So wie es Gemüse- oder Fleischfonds gibt und diverse Unterkategorien möglich sind, gibt es in der Finanzwelt beispielsweise Aktien- und Geldmarktfonds sowie Fonds mit regionalen oder Branchenschwerpunkten wie Nordamerika, Welt, Energie oder Nachhaltigkeit.

Fondsmanager (*fund manager*)
Er wählt aus allen möglichen Geldanlagen die aus, die seiner Meinung nach gemeinsam den perfekten Mix ergeben, und lässt sich dafür bezahlen. Das Ergebnis nennt sich dann »aktiv gemanagter ➔ **Fonds**«. Um den oder die Fondsmanager zu bezahlen, werden jährliche Gebühren berechnet. Häufig fallen auch noch Kauf- und Verkaufsgebühren an, welche die ➔ **Rendite** schmälern.

Freibetrag
Kapitalgewinne sind in Deutschland zu versteuern – sobald diese höher sind als derzeit 801 Euro pro Person und Jahr. So hoch ist nämlich der Freibetrag. Auf ➔ **Dividenden**- und Zinszahlungen sowie realisierte Kursgewinne, die in der Summe darüber liegen, fallen 25 % Kapitalertragsteuer plus Solidaritätszuschlag und gegebenenfalls Kirchensteuer an.

Fremdkapital
Das ist das Geld, das Unternehmen einsammeln, ohne ihren Finanziers im Gegenzug Anteile am Unternehmen zu geben. Das klassische Geldleihen also. Der Geldgeber wird damit nicht Miteigentümer, sondern Gläubiger, und das Unternehmen Schuldner, weil es Geld schuldet. Da gibt es einmal den Bankkredit. Für Investoren interessanter sind ➔ **Anleihen**.

Hauptversammlung (*annual general meeting*)
Die zumeist jährlich stattfindenden Treffen der Aktionäre eines Unternehmens, auf denen sie über die Besetzung des ➔ **Aufsichtsrats** und andere grundlegenden Entscheidungen wie Höhe der ➔ **Dividende** abstimmen.

Index
An den Börsen bündeln Indizes ähnliche Wertpapiere. Am bekanntesten sind die Leitindizes wie für Deutschland der DAX (Abkürzung für Deutscher

Aktienindex) auch DAX-30 genannt, weil er die 30 größten Unternehmen enthält. International wird viel mit den großen Indizes von Anbietern wie MSCI oder FTSE gearbeitet. Für deren wesentliche Länderindizes spielt ebenfalls die Bedeutung der Unternehmen an der Börse die Hauptrolle. Sie verwenden aber etwas andere Kriterien, sodass der MSCI Germany oder Deutschland rund 60 Werte enthält und neben den DAX-Konzernen auch kleinere repräsentiert. Es gibt auch Branchenindizes wie den MSCI Global Health Care Index. Indizes machen es möglich, regionale, weltweite oder branchenspezifische Wertentwicklungen zusammenzufassen. Anleger messen ihren Erfolg üblicherweise in Relation zu ausgewählten Indizes als sogenannte Benchmark. ETFs bilden Indizes ab und erlauben so, in alle Werte zu investieren, die einen bestimmten Index ausmachen.

Inflation

Die Preissteigerung von Gütern und Dienstleistungen über Zeit heißt Inflation, üblicherweise wird diese als jährliche Inflationsrate ausgedrückt und von den statistischen Ämtern wie Eurostat oder dem Statistischen Bundesamt veröffentlicht. Persönliche Inflationsraten können je nach Konsumverhalten von den offiziellen abweichen, diese sind aber ein guter Anhaltspunkt.

ISIN (*International Securities Identification Number*)

Dieser zwölfstellige alphanumerische Code identifiziert jedes Wertpapier eindeutig. Die ersten beiden Buchstaben geben an, wo das Wertpapier ausgegeben wurde. Deutsche → **Aktien** beginnen dementsprechend mit DE.

Performance

Die Entwicklung eines Wertpapiers über einen bestimmten Zeitraum wird als Performance bezeichnet und meist in Prozent vom Ausgangswert angegeben.

Portfolio

Die Summe des Vermögens, hier meist alle Wertpapiere, die durchaus aus mehreren Depots bestehen kann.

Rendite (*yield/rate of return*)

So wie beim Ackerbau nach einer erfolgreichen Aussaat irgendwann die Ernte eingefahren wird, werfen Finanzanlagen Geld als Ertrag ab. Das nennt sich dann Rendite; häufig wird auch der Begriff → **Performance** benutzt. Um die Rendite unterschiedlicher Anlagen vergleichbar zu machen, wird diese als Anteil des ursprünglichen Investments ausgedrückt. Im Englischen wird der Begriff *yield* üblicherweise für feste Auszahlungen wie → **Dividenden** und Zinsen gebraucht, *return* bezieht sich auf Kursentwicklungen. Die Nettorendite berücksichtigt Kosten, manchmal auch Steuern (→ **Freibetrag**).

Reale Rendite (*real rate of return*)
Neben der Brutto- und Nettorendite gibt es noch die reale Rendite, die üblicherweise, weil inflationsbereinigt, kleiner ausfällt, aber letztlich die entscheidende ist. Die reale Rendite kann vor oder nach Steuern (➔ **Freibetrag**) berechnet werden.

Risikoprämie (*risk premium*)
Ein Zuschlag, den riskantere Formen der Geldanlage langfristig bieten müssen, damit Anleger bereit sind, deren höheres Risiko, das sich in stärkeren Schwankungen zeigt, auszuhalten.

Umschichtung (*rebalancing*)
Der Vorgang, um eine gewünschte Verteilung innerhalb eines ➔ **Portfolios** (zum Beispiel auf verschiedene Anlageklassen) wieder zu erreichen. Häufig müssen dafür Wertpapiere ver- und/oder gekauft werden.

Währungskorb (*currency basket*)
Zusammenfassung verschiedener Währungen, zum Beispiel, um deren gemeinsame Entwicklung gegenüber einer anderen Währung auszudrücken. Der norwegische Ölfonds gibt die Performance basierend auf dem eigenen Währungskorb an. Für die internationale Kaufkraft des Fonds, also wenn weiter im Ausland investiert werden soll, ist diese entscheidend. Die Wertentwicklung in norwegischen Kronen wird an mancher Stelle auch berichtet, ist aber für das Tagesgeschäft nicht entscheidend. Währungen werden international mit drei Buchstaben abgekürzt. So steht EUR für den Euro, USD für den US-Dollar, CAD für den Kanadischen Dollar, CHF für den Schweizer Franken, GBP für das britische Pfund, JPY für den Japanischen Yen und NOK für die Norwegische Krone. Die bedeutendsten vier Währungen – EUR, USD, GBP, JPY – heißen zusammen G4-Währungen.

Wechselkurseffekt (*foreign currency effect*)
Die großen Währungen der Welt sind frei handelbar und schwanken dementsprechend im Wert. Das hat Einfluss auf die ➔ **Rendite** einer Geldanlage, wenn diese in einer anderen Währung ausgedrückt werden soll. Ist der Kurs einer amerikanischen ➔ **Aktie** am letzten Handelstag des Jahres in US-Dollar gerechnet exakt so viel wert wie am ersten, dann hat das Papier in US-Dollar gerechnet in dem Jahr 0 % zugelegt. Ist die amerikanische Währung im selben Zeitraum gegenüber dem Euro aber gestiegen, dann hat die Aktie in Euro gemessen an Wert gewonnen, denn für dieselbe Anzahl Dollar gibt es nun mehr Euro. Das nennt sich dann Wechselkurseffekt. Als Heimatwährung wird die eigene Ausgangswährung bezeichnet (in Ihrem Fall vermutlich der Euro), als Fremdwährung gelten alle anderen.

Links und Hinweise zu Organisationen, Websites und anderen relevanten Angeboten

Aktuelle relevante Hinweise und Links zum Thema des Buches finden Sie stets auf der Website des Autors www.reichwie.de/norwegen, Twitter: @reichwie.

Organisationen

Dachverband der Kritischen Aktionärinnen und Aktionäre Die Kritischen Aktionäre verlangen von börsennotierten Konzernen eine nachhaltige Geschäftspolitik. Der Verband und seine 28 Mitgliedsorganisationen fordern mehr Umweltschutz, die Einhaltung von Arbeits- und Menschenrechten, mehr Transparenz und Stopp der Rüstungsproduktion. Seit 1986 nutzen die Konzernkritiker auf Aktionärsversammlungen ihr Rederecht. Zahlreiche Kleinaktionäre und Stiftungen übertragen dem Dachverband das Stimmrecht an ihren Aktien und geben so den Forderungen mehr Gewicht. Auf seiner Website informiert der Verband über bevorstehende Aktionärsversammlungen und veröffentlicht seine Anträge, Pressemitteilungen und Reden.
www.kritischeaktionaere.de

Deutsche Schutzvereinigung Wertpapierbesitz Interessenvertretung von Privatanlegern, die Lobbyarbeit für Kleinaktionäre macht und sich Stimmrechte übertragen lässt. In lokalen Investmentclubs treffen sich Mitglieder, um Ideen und Meinungen auszutauschen. Der Verein ist weniger politisch als die Kritischen Aktionäre.
www.dsw-info.de

Forum Nachhaltige Geldanlage Das FNG repräsentiert vor allem Finanzinstitute und Anbieter von Finanzprodukten und setzt sich für die Stärkung nachhaltiger Geldanlage ein. Auf der Website bietet es eine jährliche Studie zum Status quo der nachhaltigen Geldanlage in den deutschsprachigen Ländern.
www.forum-ng.org

Websites und andere Angebote

Behavioral Finance Portal Ein Angebot der Universität Mannheim mit Risikosimulator und interessanten Artikeln zum Thema.
www.behavioral-finance.de

Economist Die britische Wochenzeitschrift ist immer noch die beste Publikation, um die Zusammenhänge von Politik, Wirtschaft und Finanzmärkten nachvollziehen zu können. Sie berichtet über die großen Tech-Trends ebenso wie über die Gründe für das Auf und Ab an den Rohstoffmärkten sowie über behavioural finance.
www.economist.com

Finanzblogroll Eines von unglaublich vielen Internetangeboten mit Meinungen zur Geldanlage. Finanzblogroll trägt die Posts diverser deutschsprachiger Blogs zusammen. Darunter sind immer wieder einige lesenswerte Beiträge, weniger wegen der Tipps als vielmehr als Denkanstöße.
www.finanzblogroll.de

Finanzen.net Eine der vielen Websites mit umfangreichem Überblick über in Deutschland handelbare Instrumente. Die Wertentwicklung von Aktien und ETFs kann mit ausgewählten Benchmarks verglichen werden. Für einige Aktien bietet finanzen.net auch an, nicht nur die Kursentwicklung historisch darzustellen, sondern auch die Wertentwicklung bei reinvestierten Dividenden.
www.finanzen.net

Finanztest Die Stiftung Warentest hat eine eigene Zeitschrift zum Thema Geld und informiert auch ausführlich im Netz. Hier gibt es diverse Tests zu Angeboten verschiedener Banken sowie Artikel zum Beispiel zum Thema nachhaltige Geldanlage (zum Teil kostenpflichtig).
www.test.de/geldanlage-banken

Finanztip Ein weiteres Verbraucherportal mit interessanten Tipps und Preisvergleich von Banken.
www.finanztip.de

JustETF Sehr umfangreiche Datenbank mit in Deutschland handelbaren ETFs und aktuellen Preisen der Banken. JustETF bietet auch die Anlage eines Musterportfolios und informiert dann über Wertentwicklung sowie wann Rebalancing notwendig wird (teilweise kostenpflichtig).
www.justetf.com

Morningstar Die deutschsprachige Internetseite des amerikanischen Analyseunternehmens bietet ebenfalls eine Datenbank mit detaillierten Informationen zu zahlreichen ETFs, Fonds sowie Aktien und die Möglichkeit, Musterportfolios anzulegen (teilweise kostenpflichtig). Laufend werden Artikel zu für viele Anleger relevanten Themen veröffentlicht, manchmal geht es dabei recht technisch zu.
www.morningstar.de

MSCI Der große Indexanbieter informiert im Netz über die Zusammensetzung und Wertentwicklung seiner Indizes, die Basis für viele ETFs sind.
www.msci.com

Investopedia Bei diesem sehr umfangreichen englischsprachigen Internetangebot mit Informationen aus der Finanzwelt ist das Börsenlexikon sehr empfehlenswert. Viele der Artikel zu aktuellen Marktentwicklungen sollten hingegen vor allem von jenen, die an die Portfoliotheorie und effiziente Märkte glauben, mit Vorsicht gelesen werden.
www.investopedia.com/dictionary

FAZ Börsenlexikon Die *Frankfurter Allgemeine Zeitung* bietet ein mit über 700 Begriffen auch recht umfangreiches Börsenlexikon. Was die Details angeht, kann es allerdings nicht mit Investopedia mithalten. Dafür sind die Texte auf Deutsch.
boersenlexikon.faz.net

NBIM Die Verwalter des norwegischen Ölfonds informieren live, wie sich die Investitionen gerade entwickeln. Quartalsweise gibt es einen detaillierteren Bericht, der als pdf zur Verfügung steht, daneben gibt es noch einmal jährlich einen Überblick über alle Aktien, die der Fonds hält. NBIM veröffentlicht auch Stellungnahmen und Aufsätze zu relevanten Themen. Diese Publikationen können auch Privatanlegern helfen, Märkte besser zu verstehen.
www.nbim.no

Volker Loomans Vermögensfrage Wer die regelmäßige Kolumne vom Finanzanalytiker Volker Looman in der *FAZ* liest, fühlt sich richtig, richtig arm. Denn seine Beispiele handeln sehr häufig von Leuten mit einem satten sechsstelligen Einkommen und nicht selten Millionenvermögen. Doch gelingt es ihm, schwierige finanzielle Fragestellungen einfach zu erklären. Loomans große Qualität ist, dass er an mehr als Geld denkt. Er bezieht mit ein, dass die Dinge im Leben nicht immer so laufen wie geplant (Job, Privatleben) und dass das auch finanzielle Konsequenzen haben kann. Er lässt nicht unerwähnt, dass Wünsche und Möglichkeiten manchmal auseinanderklaffen und wir Menschen auch Fehler machen. Außerdem kann ja jeder die genannten Einkommen, Vermögen und andere Beträge einfach durch eine passende Zahl zwischen 3 und 10 teilen, um auf für den Durchschnittsdeutschen realistischere Zahlen zu kommen.
www.faz.net/aktuell/finanzen/meine-finanzen/vermoegensfragen/

Zinsen berechnen Wer mit Tabellenkalkulationsprogrammen nicht so firm ist, kann mit dieser Website die meisten Rechnungen für Sparpläne erheblich schneller machen und zum Beispiel binnen Sekunden kalkulieren, was aus

dem eigenen Zukunftsfonds in 20 Jahren werden dürfte – und für wie viele Jahre dieses Geld reicht, wenn monatlich ein bestimmter Betrag entnommen wird. (Das wäre in dem Fall der »Vorsorgerechner« mit der Funktion »Sparplan mit Entnahmeplan« in der »Vorsorge«.)
www.zinsen-berechnen.de

Literatur

Bernau, Patrick (2017): So überlisten Sie sich selbst – mit dem Nobelpreis http://www.faz.net/aktuell/finanzen/meine-finanzen/richard-thaler-so-ueberlisten-sie-sich-selbst-mit-dem-nobelpreis-15238160.html

Bomsdorf, Clemens: diverse Artikel zum Ölfonds, erschienen unter anderem in *Die Welt, Financial Times Deutschland, Wirtschaftswoche* , Die Zeit und *Bulletin.*

Chambers, David, Dimson, Elroy, Ilmanen, Antti (2012): The Norway Model, *Journal of Portfolio Management*, Vol. 38, No. 2 2012 https://www.cfapubs.org/doi/abs/10.2469/dig.v42.n2.52

Deutsche Bundesbank (2015): *Das Spar- und Anlageverhalten privater Haushalte in Deutschland vor dem Hintergrund des Niedrigzinsumfelds*, Monatsbericht Oktober 2015

Kommer, Gerd (2018): *Souverän investieren mit Indexfonds und ETFs.*

Mayer, Thomas (2017): Riskante Staatsanleihen, in *Frankfurter Allgemeine Sonntagszeitung*, 27. August 2017, S. 32

Nienhaus, Lisa (2017) Das ist viel zu riskant! Interview mit dem Nobelpreisträger Eugene Fama http://www.zeit.de/2018/01/eugene-fama-bitcoins-welt wirtschaft-aktienmarkt-kinder

Norges Bank Investment Management (NBIM): Jahres- und Quartalsberichte des Ölfonds 1998–2020 sowie entsprechende Publikationen zu Immobilien, verantwortlichem Investment und Risiko; alle abrufbar unter *www.nbim.no*

Scherff, Dyrk (2017): Achtung, Steuer! in *Frankfurter Allgemeine Sonntagszeitung*, 27. August 2017, S. 32

Skredderberget, Asle (2015): *Usannsynlig rik. Historien om Norges oljefondet.*

Thiel, Christian (2017): *Schatz, ich habe den Index geschlagen!*

The Economist (1977): The Dutch Disease. November 26., pp. 82–83

Weber, Martin (2007): *Genial einfach investieren*, E-Book

Register